Elisa Bortoluzzi Dubach, Chiara Tinonin

Großzügigkeit im Dialog

Haupt

Elisa Bortoluzzi Dubach, Chiara Tinonin

Großzügigkeit im Dialog

Der Leitfaden für die Zusammenarbeit mit Mäzenen und Philanthropen

Haupt Verlag

Die Autorinnen und der Verlag danken ganz herzlich den Spendern, die zur Drucklegung dieses Buches beigetragen haben:

Denise Benedick, Mäzenin und Stifterin
Christoph Brenner, Generaldirektor der Stiftung Conservatorio della Svizzera Italiana
Giuseppe Fontana, Unternehmer
Viviana Kasam, Präsidentin BrainCircle Italien und BrainCircle Lugano, Mäzenin
Lady Owen-Jones, Mäzenin
Mariavittoria Rava, Stifterin, Präsidentin der Fondazione Francesca Rava N.P.H. Italia Onlus
Fondazione Araldi Guinetti
Goethe-Stiftung für Kunst und Wissenschaft
Ernst Göhner Stiftung

und allen Gönnern, die nicht namentlich erwähnt werden möchten.

Die italienische Originalausgabe erschien 2020 unter dem Titel *La relazione generosa. Guida alla collaborazione con filantropi e mecenati* bei FrancoAngeli, Mailand.

1. Auflage: 2022

ISBN 978-3-258-08284-4

Gestaltung und Satz Inhalt: Die Werkstatt Medien-Produktion GmbH, Göttingen
Gestaltung Umschlag: Tanja Frey nach Vorlage der italienischen Originalausgabe.
Umschlagbild: Wassily Kandinsky, *Murnau – Kohlgruberstrasse,* 1908 (Merzbacher Kunststiftung), mit freundlicher Genehmigung durch Werner Merzbacher.

Wir verwenden FSC®-Papier. FSC® sichert die Nutzung der Wälder gemäß sozialen, ökonomischen und ökologischen Kriterien.
Gedruckt in Slowenien

MIX
Papier aus verantwortungsvollen Quellen
FSC® C106954
FSC www.fsc.org

Diese Publikation ist in der Deutschen Nationalbibliografie verzeichnet. Mehr Informationen dazu finden Sie unter http://dnb.dnb.de.

Der Haupt Verlag wird vom Bundesamt für Kultur für die Jahre 2021–2024 unterstützt.

www.haupt.ch

Inhaltsverzeichnis

Geleitwort

Viviana Kasam[1]

Seit dreißig Jahren organisiere ich Kulturevents und wissenschaftliche Veranstaltungen, oft auch auf institutioneller Ebene, und schon seit jeher träume ich davon, auf einen Mäzen zu treffen, der sich meiner Sache verschreibt und mir bei der Umsetzung hilft. Es geschah nur selten, eher sporadisch. Einfacher war es, private und öffentliche Unternehmen als Sponsoren zu finden. Gerne hätte ich Elisa Bortoluzzi Dubach viel früher kennengelernt, um von ihrer großen Erfahrung im Bereich der Philanthropie Gebrauch machen zu können.

Elisa, die seit zwanzig Jahren mit Mäzenen und Philanthropen arbeitet, kennt deren Mentalität sehr genau, ebenso wie deren Erwartungen und was sie dazu bringt, ihr Herz (und ihr Portemonnaie) zu öffnen. Ihre Ratschläge sind daher für all jene wertvoll, die die Großzügigkeit von Privatleuten und Stiftungen nutzen möchten. Sie kann ihnen vermitteln, welche Verhaltensweisen vor, während und vor allem nach einer solchen Interaktion die richtigen sind – zu oft vergisst man, seine Dankbarkeit auszudrücken, wenn das Ziel erst einmal erreicht ist.

Der Schlüsselbegriff ist das, was Elisa und ihre Co-Autorin Chiara Tinonin „die *großzügige Beziehung*" nennen. Das bilaterale Verhältnis also, das sich zwischen dem Gebenden und dem Begünstigten bilden muss, die „gleiche Wellenlänge", die für ein gutes Gelingen des Projekts unverzichtbar ist. Es hat seine eigenen Regeln, wie jede positive Beziehung. Es ist dieser Einklang, den die beiden Autorinnen in ihrem schriftstellerischen Bund vorleben, aus dem eine multidisziplinäre, detailreiche und in Form und Substanz visionäre Veröffentlichung hervorgegangen ist.

Ich bin daher überzeugt, dass dieses Buch nicht nur für diejenigen eine hilfreiche Lektüre darstellt, die auf der Suche nach Geldern sind, sondern auch für die Gebenden, denn es stellt das Wesen und die Regeln des Verhältnisses zwischen Wohltätern und Begünstigten klar heraus.

Doch diese Publikation ist mehr als ein Handbuch. Dieses Buch ist das Bildnis der Seele Elisas, ihrer Gedanken, ihres Engagements, ihres Eifers. Es ist ihr ansteckendes Lachen, in Worte umgesetzt.

Wir lernten uns vor zwei Jahren kennen, dank eines gemeinsamen Freundes, der intuitiv die Wahlverwandtschaft erkannte, die eine Basis nicht nur für eine Freundschaft, sondern auch für eine professionelle Zusammenarbeit darstellen konnte. Wenn ich dieser Affinität einen Namen geben sollte, würde ich sie „das Glück des

---

1 Die Journalistin und Mäzenin Viviana Kasam ist Vorsitzende des BrainCircle Italia und des BrainCircle Lugano, zweier gemeinnütziger Vereine mit dem Ziel, die neuesten Studien im Bereich der Neurowissenschaften zu verbreiten.

Guten“ nennen. Also das Bewusstsein, Gutes zu tun, denn wie Elisa und Chiara schreiben, hilft das Großzügigsein uns selbst noch vor den anderen. Es gibt dem Leben einen Sinn und eine innere Freude, die nur durch eine solche altruistische und selbstlose Geste hervorgerufen werden können.

Ich stamme aus einer Familie, in der die *tzedakà* – ein unübersetzbarer hebräischer Ausdruck, denn er impliziert ein Konzept, das weit über das Wort Wohltätigkeit hinausgeht – eine religiöse Vorschrift ist, eine Verpflichtung, ein Lebensstil. Mein Vater meinte immer: „Ich habe das, was ich gegeben habe.“ Und geben bedeutete für ihn nicht nur, Geld zu verteilen, sondern auch Zeit und Engagement, und vor allem bedeutete es nicht, Almosen zu geben, sondern die Begünstigten zu befähigen, sich ihren Lebensunterhalt selbst zu verdienen.

Daher war seine Mission vor allem auf Bildung gerichtet, auf die grundlegende Schulbildung, aber auch auf das Universitätsstudium, auf Bildung für behinderte Menschen und auch für Immigranten aus allen Ländern, mit allen Nationalitäten und Religionen, für die er in Israel Zentren errichtete, in denen sie Hebräisch lernen konnten. Sein Gesicht leuchtete auf, wenn er davon sprach. Ich erinnere mich auch, dass er bis zu den letzten Tagen seines Lebens die Taschen immer voller Bonbons hatte, wenn er auf die Straße ging, um sie an die Kinder zu verteilen, denen er begegnete. Seine Augen funkelten vor Glück. Vor Kurzem las ich in einer Studie, Bonbons in der Tasche zu tragen sei „eine kleine Dosis Glück“, die zum Wohlbefinden beiträgt.

Im Verlauf meiner journalistischen Tätigkeit habe ich Interviews mit Nonnen in Klausur gemacht, mit tibetischen Lamas und bolivianischen Schamanen. Alle stimmen sie darin überein, dass die Energie der guten Taten, seien es Gebete, Nächstenliebe, Hingebung an andere, nicht nur den Effekt hat, auf globaler Ebene positive Energien freizusetzen, sondern auch zu mehr Gelassenheit beiträgt, zu einem gesünderen und längeren Leben, zu einer Verbesserung des Karmas, wie die Menschen im Orient sagen. Ich glaube daran, dass die traditionellen Kulturen auf universellen Grundlagen beruhen, dass sie zu guter Letzt gemeinsame Prinzipien haben. Und ich habe am eigenen Leib erlebt, wie viel Freude, Gelassenheit und Kraft es mir gibt, anderen zu helfen.

Aufgrund meiner Haupttätigkeit, die mit der Verbreitung der Neurowissenschaften zu tun hat, war es selbstverständlich, dass ich mich auch gefragt habe, welchen Effekt Freigiebigkeit wohl auf das Gehirn haben mag und ob es für mein Gefühl, mich wohler zu fühlen und länger und gesünder zu leben, wissenschaftliche Belege gibt. Es gibt sie. Zahlreiche Untersuchungen aus aller Welt haben belegt, dass Menschen, die Gutes tun, länger und besser leben, denn sie fühlen sich gebraucht, sind zufrieden, weil sie etwas für die Gesellschaft Nützliches tun, und bleiben außerdem auch im Alter aktiv und am Leben interessiert.

Großzügigkeit macht glücklich, stimuliert das Immunsystem, verbessert die Gesundheit, verzögert den Alterungsprozess.

Sie ist ein Elixier für ein langes Leben.

Doch sie hat ihre Regeln und Geheimnisse.

Danke, Elisa und Chiara, dass ihr sie mit uns allen teilt.

Viviana Kasam

Vorwort

Unsere Art, zu denken und zu existieren, wird von unseren Überzeugungen, unserer Interaktion mit dem sozialen Gefüge und den moralischen Prinzipien beeinflusst, die unsere Entscheidungen leiten – von den kleinsten, alltäglichen und scheinbar unbedeutenden bis hin zu den größten und tiefgreifendsten, die wir als epochal empfinden.

Ob wir in einer Großstadt, einer Kleinstadt oder am Waldrand leben, jeder von uns baut seine Existenz und seine Beziehungen auf der Basis der Werte auf, die er gelernt und verinnerlicht hat. Altruismus, Großzügigkeit und Reziprozität sind deren wichtigste Säulen.

Das vorliegende Buch handelt von diesen Werten und hat zum Ziel, einen Bereich klar, einfach und tiefgreifend zugänglich zu machen, der für viele immer noch geheimnisvoll ist: das philanthropische Projekt. Mit anderen Worten die mitreißende und befreiende Energie, die aus einer wohlwollenden Haltung gegenüber anderen entsteht, aus dem Wunsch von Mäzenen, einen positiven Einfluss auf die Zivilgesellschaft zu haben.

Warum wir ein Buch über Mäzenatentum und Philanthropie geschrieben haben? Weil es unsere Absicht ist, den Dialog zwischen Gebern und Empfängern zu erleichtern, die vielen Affinitäten zwischen ihnen zu erforschen und eine scheinbar schwierige Aufgabe in eine faszinierende und schöne Möglichkeit des Lebens zu verwandeln.

Das Buch ist auf einer soliden praktischen Basis aufgebaut, ruht aber auch auf einem theoretischen Fundament, das eine breitere Interpretation der Philanthropie eröffnet als andere Studienkontexte. Die Vision, die den Leser begleitet, ist die *großzügige Beziehung:* die Allianz, die ein Mäzen und ein Begünstigter aufbauen, wenn sie ihre jeweiligen Werte und Ressourcen vollständig teilen können, um gemeinsame Ziele zu erreichen.

Das erste Kapitel beschäftigt sich mit den Ursprüngen von Philanthropie und Mäzenatentum und nähert sich einer gemeinsamen Definition an, zeigt aber auch, was Mäzenatentum nicht ist und wie in der großzügigen Geste Elemente der Zweideutigkeit verborgen sein können. Das zweite Kapitel untersucht daher die Beweggründe, die einen Mäzen zum Spenden antreiben, und bringt die psychologischen Aspekte ans Licht, die eher im Schatten bleiben. Es bietet dem Leser eine Karte der am häufigsten wiederkehrenden Verhaltensmerkmale – etwas, das nicht nur für diejenigen, die eine philanthropische Spende suchen, sondern auch für die Mäzene selbst nützlich sein kann.

Das dritte Kapitel führt den Leser in eine eher technische und planerische Dimension ein und bietet an, Techniken für den Einstieg in eine philanthropische Beziehung zu erkunden. Das vierte, fünfte und sechste Kapitel enthalten eine angewandte Lektüre des *Moves Management,* eines siebenstufigen Pfads, der den Fokus von der Spende eines Mäzens auf die Beziehung zu einem Mäzen verlagert und den Antragsteller dazu bringt, Philanthropie aus einer langfristigen Perspektive zu betrachten.

Es folgt das siebte Kapitel, das sich auf den Begünstigten konzentriert und ihm hilft, mit allfälligen Schwierigkeiten umzugehen, die er in seiner persönlichen Erfahrung mit einem Mäzen machen kann.

Das achte Kapitel rahmt die Philanthropie als globales Phänomen ein, analysiert ihre widersprüchlichen Aspekte, erforscht sie aus verschiedenen Blickwinkeln, um den Elementen nachzugehen, die diesen Sektor nicht immer transparent machen.

Das letzte Kapitel schließlich ist der strategischen Philanthropie und der systemischen Philanthropie gewidmet, neuen Arbeitsparadigmen, die uns die neuesten Entwicklungen dessen zeigen, was für uns Autorinnen einer der faszinierendsten, nützlichsten und produktivsten Wege ist, die Menschen bei der Gestaltung einer besseren Zukunft zu vereinen.

Ein Weg, der den Wunsch schuf, dieses Buch zu schreiben, davon träumend, eine Brücke zwischen den Welten zu bauen. Wir hoffen, dass der Leser diese Reise genießen wird, so wie wir es genossen haben, sie erst zu erleben und dann zu beschreiben.

Elisa Bortoluzzi Dubach und Chiara Tinonin

Danksagungen

Wir möchten all jenen danken, die zu diesem Buchprojekt beigetragen und es unterstützt haben: unseren Familien und den Freunden, die uns mit ihren engagierten und wertvollen Ratschlägen zur Seite standen.

Insbesondere: Guido Belli; Caterina Carletti, Dozentin und Spezialistin für Corporate Social Responsibility an der Fachhochschule Scuola universitaria professionale della Svizzera italiana (SUPSI); dem Schriftsteller Fulvio Fiori, der die Entstehung dieses Buchs mit seinem meisterhaften Stil begleitet hat; Hansrudolf Frey, Verleger, Preisträger des Thurgauer Kulturpreises 2012; Diana Petech, Zen-Meisterin in der Tradition von Thich Nhat Hanh; Heike Pohl, Philanthropie-Spezialistin; Francesco Stefanini (MInstF, AdvDip), Gründer von Global Fundraising Consultancy Ltd.; Alessandra Toni, Journalistin, und Marta Valdata, Kunsthistorikerin.

Ein besonderer Dank geht an Viviana Kasam, Präsidentin von BrainCircle Italien und BrainCircle Lugano, Mäzenin, die seit Beginn an dieses Projekt geglaubt und bedeutsame Ideen beigetragen hat; an Ernst Fehr, Professor für Mikroökonomik und Experimentelle Wirtschaftsforschung am Institut für Volkswirtschaftslehre der Universität Zürich, der im Nachwort seine wegweisende Forschung über Mäzenatentum und Glückseligkeit mit uns teilt, und an Werner Merzbacher, Sammler und Mäzen, der uns die Reproduktion des wundervollen Werks von Wassily Kandinsky für das Buchcover zur Verfügung gestellt hat.

Wir danken den Kollegen aus der Welt der Psychologie, der Wirtschaftswissenschaft und der Philanthropie dafür, dass sie während unserer Forschungsarbeit über die philanthropische Beziehung ihren wertvollen Standpunkt zum Ausdruck gebracht haben (in alphabetischer Reihenfolge): Daniela Aloisi, Kommunikationsspezialistin; Luca Aloisi, Kommunikationsspezialist; Barbara Basting, Ressortleiterin Bildende Kunst, Kulturabteilung der Stadt Zürich; Andrea Bignasca, Direktor Antikenmuseum Basel und Sammlung Ludwig; Guido Braschler, Geschäftsführer Gemeinnützige Dachstiftungen Accentus, Empiris und Symphasis; Olivier Burger, Leiter Unternehmenskommunikation, Verkehrshaus der Schweiz; Carola Carazzone, Generalsekretärin von Assifero, dem italienischen Dachverband der Förderorganisationen; Mariacristina Cedrini, Vorstandsmitglied von Bracco Suisse SA, Senior Advisor & Verwaltungsausschuss Fondazione Bracco; Andreas Cueni, Fundraising-Spezialist; Ramona Gatto, Betriebswirtin und klinische Psychologin; François Geinoz, Direktor der Limmat Stiftung und Präsident von proFonds, dem schweizerischen Dachverband der gemeinnützigen Stiftungen und Vereine; Angela Greco, Verantwortliche für Philanthropie der Stiftung Fondazione Conservatorio della Svizzera italiana; Valentina Guerrini, Senior Director Philanthropy, EMEA and APAC ALTRATA; Michela Guicciardi, Leiterin der Abteilung Philanthropie von Family Strategy Srl; Philip Kramer, Philanthropie-Experte und Geschäftsführer Stiftung Universität Luzern; Sabrina Liberalato, Expertin für internationale Kooperation, Veränderungstheorie und soziale Auswirkungen; Lucia Martina, Konsulentin für Philanthropie und Nachhaltigkeit; Francesca Mereta, Koordinatorin der externen Kommunikation von Assifero, dem italienischen Dachverband der Förderorganisationen; Patrizia Misciattelli delle Ripe, Gründerin und Präsidentin von AIFO Associazione Italiana Family Officer und Gründerin und CEO der Family Strategy Srl; Luca Ostacoli, außerordentlicher Professor für klinische Psychologie am Institut für Klinische und Biologische Wissenschaften der Universität Turin, und Francesca Malandrone, Psychologin und Doktorandin in Medizin und Experimenteller Therapie an der Universität Turin; Fabio Poma, Präsident der Generaldirektion WMM Group SA; Pier Luigi Sacco, Professor für Kulturökonomie, Universität IULM Mailand und Senior Researcher metaLAB (at) Harvard; Antonella Santuccione Chadha, Mitgründerin und CEO (pro bono) von Women's Brain Project (WBP), Head of Stakeholder Engagement bei Biogen; Roger Tinner, Geschäftsführer Swissfundraising.

Des Weiteren danken wir Christian Bleher und Mia Prucker für das Lektorat und vor allem Matthias Haupt, unserem Verleger, für die kompetente Betreuung.

Aus Gründen der leichteren Lesbarkeit verzichten wir in diesem Buch darauf, neben den männlichen auch die weiblichen Bezeichnungen aufzuführen. Alle hier im generischen Maskulinum erscheinenden Berufsbezeichnungen stehen für eine Funktion und schließen männliche und weibliche ausführende Personen gleichermaßen ein. Die Autorinnen danken den Leserinnen für ihr Verständnis.

Philanthropie und Mäzenatentum

1

Definitionen, Geschichte und Kontext

Dieses Buch geht von einer Definitionsfrage aus: Was verstehen wir unter Mäzenatentum, und was verstehen wir unter Philanthropie? Im ersten Kapitel werden wir sehen, wie die historische und semantische Unterscheidung zwischen Philanthropie und Mäzenatentum allmählich ihre Konsistenz verloren hat. Wir werden versuchen, eine einheitliche Definition zu finden, die dem Leser einige wesentliche Elemente liefert, die es ihm ermöglichen, sich in der Komplexität der heutigen Welt, einschließlich des Mäzenatentums, zu orientieren. Wenn wir die Ursprünge und die Geschichte von Philanthropie und Mäzenatentum nachzeichnen, können wir ihre Unterschiede und Gemeinsamkeiten erfassen. In den komplex strukturierten Gesellschaften der Antike wurzeln bereits die unterschiedlichen Facetten des Mäzenatentums als philanthropisches Phänomen, das die Renaissance dann noch verstärkte. Und der knappe Exkurs über Kunstmäzeninnen und Philanthropinnen ist nicht nur ein Zeugnis des weiblichen Universums – die Autorinnen sind ja beide Frauen. Er ist auch eine Anregung, darüber nachzudenken, dass einst auch Frauen, wenngleich auf eine untergeordnete Rolle beschränkt, in der Lage waren, grandiose und zukunftsweisende philanthropische Projekte zu verwirklichen.

Wir werden dieses erste Kapitel mit einer Reflexion über die Mehrdeutigkeit des Engagements der Großzügigkeit abschließen. Diese Mehrdeutigkeit ist, wie wir später sehen werden, eine Bedingung, die die Art und Weise des Aufbaus und der Pflege einer philanthropischen Beziehung im Laufe der Zeit direkt beeinflusst.

1 Ursprünge von Mäzenatentum und Philanthropie

Heutzutage ist es nicht unüblich, das Wort „Mäzenatentum" als Synonym für „Philanthropie" zu verwenden. Die Übereinstimmung der beiden Begriffe wird jedoch nicht von allen geteilt. Puristen behaupten, „Mäzenatentum" beziehe sich auf diejenigen, die Kunst und Kultur im weitesten Sinne unterstützen und finanzieren, oft um diese selbst zu genießen. „Philanthropie" hingegen konzentriere sich auf dringende soziale Fragen, wie den Kampf gegen Armut und Ungleichheit, den Zugang zu Bildung und Gesundheitsversorgung, den Schutz der Menschenrechte usw. Diese zweite Haltung ist die des „Königs-Philosophen", der die Polis regiert, oder jene des wohlwollenden Herrschers gegenüber seinen Untertanen, eine Haltung, die im Laufe der Geschichte die wohlhabendere Klasse ausgezeichnet hat. Diese war bereit, Menschen in Schwierigkeiten zu unterstützen und Marktversagen einzudämmen, indem sie öffentliche Leistungen um private Spenden ergänzte.[1]

Betrachtet man die Bedürfnisse derjenigen, die eine philanthropische Spende suchen, ist diese Unterscheidung völlig illusorisch: Ein Künstler, Musiker oder eine Schriftstellerin, die eine Form der finanziellen Unterstützung benötigen, um ihre Vorarbeiten durchzuführen und die Produktion ihrer Werke voranzutreiben, müssen dieselben Schritte unternehmen wie eine Organisation, die die Bildung von Kindern in einem Entwicklungsland unterstützt und dafür Fundraising betreiben muss.

Wenn man das Mäzenatentum bis zu seinem Namensgeber Gaius Cilnius Maecenas im Jahr 70 v. Chr. zurückverfolgt, so zeigt die Exegese: Großzügigkeit ohne persönlichen Gewinn wurde schon lange davor beschrieben. In der schriftlichen Überlieferung der Antike taucht ein mit Philanthropie verwandter Begriff bereits im ersten Buch des Abendlandes auf, in der *Ilias* Homers aus dem späten 8. Jahrhundert v. Chr. In dieser epischen Schilderung einer archaischen Gesellschaft, deren zentrale Wertvorstellungen um Ehre und Kampf kreisten, ist auch die Rede von *philophrosyne* – von freundschaftlicher Gesinnung gegenüber Menschen (*Ilias* IX, 256). Im Kontext des Trojanischen Krieges stellt diese Haltung das Gegenteil der zerstörerischen Wut des Achills dar. Sie ist eine genauso wertvolle Gabe, die selbst wunderbare Geschenke unter Menschen generieren kann, wie diejenigen, die Achill erhalten könnte, wenn er seinen Zorn beilegen würde. In der gewaltbereiten Welt der Helden handelt es sich dabei noch nicht um echte Philanthropie im heutigen Sinne. Vielmehr bezeichnete das Wort eine in diesem Kontext auffällig friedliche und freundliche Haltung unter Gleichgesinnten aus derselben Gesellschaftsschicht.

Interessanterweise taucht das Wort *philanthropos* erstmals im Athen des 5. Jahrhunderts v. Chr. in den neuen Gattungen der Tragödie und der Komödie bei Aischylos, Aristophanes und Epicharmos auf. Im 4. Jahrhundert v. Chr. wurde es von Rhetorikern wie Isokrates und Demosthenes erwähnt, und Xenophon gab in seinen *Memorabilien*[2] eine moderne Interpretation, indem er diesen Akt der Unentgeltlich-

---

1 Für eine Betrachtung der Philanthropie innerhalb der Wirtschaftswissenschaften vgl. Kolm S. C., Ythier J. M. (Hg.), *Handbook of the Economics of Giving, Altruism and Reciprocity*, 2 Bde., Elsevier, Amsterdam 2006.

2 Xenophon, *Memorabilien. Erinnerungen an Sokrates*, übertragen und erläutert von P. M. Laskowsky, Goldmann Verlag, München 1960.

keit als eine Demonstration nicht nur von Altruismus, sondern auch von Weitsicht und Entscheidungsfähigkeit vorstellte. Es war die wegweisende Epoche der ersten Demokratie der Welt, des von den eigenen Bürgern geführten Stadt-Staats (gr. *polis*), als sich die gesellschaftliche Kultur der Debatte wahrlich etablierte, deren signifikanteste Ausprägung die Institution des Theaters war. Der Philanthrop par excellence ist der Titane Prometheus mit seinem sprechenden Namen: Er ist „derjenige, der vorausdenkt" oder „vorsorgt". Dieses göttliche Wesen hatte zu Beginn der mythischen Weltentstehung gegen die tyrannische Herrschaft des Zeus rebelliert und sich mit einer List für die noch armseligen Menschen eingesetzt.

Die darauffolgende Entwicklung des Begriffs *philanthropia* lässt sich ähnlich bis in die Renaissance ablesen. Philanthropisches Handeln verlagert sich buchstäblich vom Mythos in die Realität. Die Gabe geht nun stets von Menschen aus, allerdings von den mächtigsten unter ihnen – Königen, Fürsten, politischen Machthabern –, und hat weiterhin wohlwollende, menschenfreundliche Aspekte, die sich vom eigenen Luxus abheben. Im antiken Rom wurde die Philanthropie im „Kreis der Scipionen" diskutiert, etwa zur Mitte des 2. Jahrhunderts v. Chr., allerdings im eher philosophischen und literarischen Sinn. Cicero war es, der die Brücke zur hellenischen Kultur schlug und die *magnificentia* einführte. So bezeichnete er den ethischen Wert, Großes zu leisten. Die *magnificentia* ist eng verbunden mit Institutionen, politischen Ämtern und öffentlichem Leben und wohl unterschieden vom privaten Luxus. Sie findet sich in Regierungspalästen, Tempeln, öffentlichen Spielen und gehört genau zu jenem ethischen Modell, das auch andere moralische Qualitäten wie Würde, Strenge, Ehre und Gerechtigkeit umfasst. Man möchte etwas Großes leisten, etwas Gutes tun, man möchte auch wenig begüterten und unglücklichen Menschen helfen. Da der Begriff im westlichen, griechisch-römischen Milieu entstanden ist, gilt er politisch auch als Distanzierungsmerkmal von den sogenannten Barbaren, denen man Grausamkeit und Menschenfeindlichkeit unterstellte. Neben dem Kampfgeist, der Frömmigkeit und dem bedingungslosen Einsatz für die Traditionen der *res publica* gehört nun in Rom die philanthropische Haltung (*humanitas*) zu den wichtigsten Tugenden eines Staatsmannes.

Ob im alten Griechenland oder in Rom, die philanthropische Haltung hatte jedoch auch andere oder anders gelagerte Gründe. Die griechischen Tyrannen, die hellenistischen Könige oder die römischen Kaiser investierten gezielt enorme Summen in Bildung, Kultur, Kunst und in das damalige Sozialwesen – sei es privat oder aus der Staatskasse. Die verkehrstechnische und sanitäre Infrastruktur wurde stark ausgebaut, öffentliche Plätze wurden mit großartigen, symbolträchtigen Bauten samt Tausenden von Statuen, Reliefs oder Malereien versehen. Dadurch wurden auch die schönen Künste direkt gefördert. Für die gesellschaftliche Ruhe sorgte in Rom periodisches, staatlich gesteuertes Verteilen von Getreide oder Brot. Für die Bildung, die Implementierung von Wertvorstellungen oder auch nur für die Unterhaltung sorgte hingegen die Organisation von Spielen – von musikalischen, theatralischen, aber auch athletischen Vorstellungen.

Bei dieser bedeutsamen Förderung auf allen Ebenen stand einerseits der Zusammenhalt der Gesellschaft im Vordergrund. Diese profitierte vom neuen infrastrukturellen Wohlstand und identifizierte sich auch stark mit den Bauten und mit den Kunstwerken, die die eigene Geschichte und Werte erfolgreich vor Augen führten. Gleichzeitig setzte sich die Gesellschaft von Feinden und Fremdvölkern ab. Andererseits stärkte die philanthropische Haltung das Ansehen der Stifter und Auftraggeber in höchstem Maße. Aufgrund der bruchstückhaften Überlieferung ist es heute schwierig abzuwägen, welcher Aspekt der Philanthropie schlussendlich mehr Gewicht hatte. Sicher ist, dass das Phänomen von Beginn an alle Elemente enthielt: echte soziale Sorgen, Altruismus, Weisheit, privates Ansehen und übergeordnetes, politisches Handeln.

1.1 Die Pracht und Freigiebigkeit der Renaissance

All dies inspirierte auch die Prinzipien der Renaissance. Am Hof von Lorenzo de' Medici, genannt *il Magnifico*, waren Künstler, Philosophen und Dichter anzutreffen, darunter Leonardo da Vinci, Pico della Mirandola, die Brüder Pulci, Poliziano und Giuliano da Sangallo. Die politische Tätigkeit war mit künstlerischer und literarischer Aktivität verbunden, wie Machiavelli betonte. Mäzenatentum und Philanthropie verwandelten sich in eine ausgefeilte Regierungskunst. Dies geschah nicht nur mit den Medici in Florenz, sondern auch mit den Gonzaga in Mantua, den Montefeltro in Urbino, den Este in Ferrara, den Visconti und den Sforza in Mailand. Ihre städtischen Paläste, ländlichen Villen, geisteswissenschaftlichen Schulen, Kunstsammlungen wurden zu zentralen Elementen der Propaganda eines jeden Hauses. Gut beschrieben hat das Giovanni Pontano in *De magnificentia* (1498), einer Abhandlung über den Gebrauch des Geldes und die Ethik der Höfe.

Fürsten und Päpste engagierten sich in grandiosen künstlerischen, architektonischen, städtebaulichen und philanthropischen Projekten, die auf soziales Wachstum abzielten. Die Einstellung, den am meisten Benachteiligten finanziell zu helfen, war so tief verwurzelt, dass Papst Pius II., der kultivierte Humanist Enea Silvio Piccolomini, 1459 auf Bitten von Francesco Sforza das Fest der Vergebung einführte. Belohnt werden sollten diejenigen, die Geld für den Bau der Ca' Granda in Mailand spendeten, des damals größten Krankenhauses der Christenheit. Die päpstliche Bulle sah den Erlass der Sünden für jeden vor, der sich an dem Projekt beteiligte.

Es ist an dieser Stelle wichtig zu betonen, dass die Renaissance ein philanthropisches Modell etablierte, das sich über viele Jahrhunderte hinweg ausbreiten würde. Ein Modell, in dem die Liebe zu Kunst und Kultur von Zielen der persönlichen Macht- und Prestigebestätigung begleitet wurde, aber auch von dem starken

Wunsch, in sozialen Wandel und Wachstum zu investieren. Erst mit der Konsolidierung des Großbürgertums im 19. Jahrhundert entstand eine ähnliche Form der Einheit von Mäzenatentum und Philanthropie: ein Paradigma, in dem der Salon den Platz des Hofes der Renaissance einnahm, jedoch mit einem erneuerten Verantwortungsbewusstsein gegenüber künftigen Generationen.

1.2 Kunstmäzeninnen und Philanthropinnen

Die Rolle von Fürsten und Päpsten in der historischen Entwicklung von Philanthropie und Mäzenatentum ist weithin bekannt. Dasselbe gilt nicht für die Rolle der Frauen.

Octavia, Schwester von Kaiser Augustus und Zeitgenossin von Maecenas, war eine große Protagonistin ihrer Zeit. Sie gründete eine der ersten öffentlichen Bibliotheken in Rom und unterstützte Gelehrte wie Vitruv bei der Erstellung ihrer Meisterwerke. In der Renaissance erhielt Caterina Cornaro, Königin von Zypern, Jerusalem und Armenien, vom venezianischen Senat den Titel „Adoptivtochter der Republik", weil sie Künstler vom Rang eines Giorgione, Lorenzo Lotto und Pietro Bembo an ihrem Hof empfing. Isabella d'Este sammelte Werke von Mantegna und Raphael und unterstützte Ariost. Durch ihre Heirat mit Heinrich IV., dem König von Frankreich, exportierte Maria de' Medici den ausgeprägten Sinn für kulturelles Mäzenatentum, den sie von ihrem Vater, dem Großherzog der Toskana Francesco II., geerbt hatte. Sie entsandte Boten in alle Himmelsrichtungen, um die besten künstlerischen Meisterwerke zu entdecken.

Als Garantinnen für Entwicklung und Prosperität von Gemeinschaften widmeten sich viele Frauen auch der Philanthropie. Mit ihrer Einfühlsamkeit und ihrem Sinn fürs Praktische gingen sie im Streben nach Innovation oft mit gutem Beispiel voran. Auch heute noch wird Philanthropie häufig mit Frauen in Verbindung gebracht. Sie seien wachsam für soziale Belange und verspürten die Neigung, Notlagen zu verringern. Frauen als Philanthropen legten oft eine ganz spezielle Art der Vermögensverwaltung an den Tag: innovativ, klug, konservativ. In der Wahl der Projekte seien sie jedoch oft risikofreudiger als Männer. Die Unterschiede zwischen der Philanthropie von Männern und Frauen hängen mit einer Reihe von Faktoren zusammen, darunter unterschiedliche geschlechtsspezifische Befindlichkeiten, historische und politische Bedingungen (Zugang zu Wahlen und Bildung), die lange Tradition des Engagements von Frauen in sozialen Einrichtungen, die Tatsache, dass

Frauen länger leben als Männer und dass sie, wenn sie Vermögen erben, die Philanthropie manchmal zu ihrem Beruf machen.[3]

Ein Beispiel dafür ist das Wirken von Anna Seiler, die ihre gesamte Hinterlassenschaft einer Stiftung vermachte und damit die Gründung der heutigen Universitätspoliklinik Berner Inselspital ermöglichte. Dieses Vorgehen hat viele Stifter inspiriert, denn vor über 650 Jahren legte Anna die Verwendung ihres Vermögens so detailliert fest, dass ihr Vermächtnis noch heute Modellcharakter hat.

Maria d'Enghien, die Fürstin von Tarent, gründete ein Krankenhaus und setzte als Witwe nicht nur ihre philanthropische Arbeit fort, sondern ging sogar so weit, eine Rüstung zu tragen, um ihr Volk zu verteidigen. In Burgund gründete Guigone de Salins zusammen mit ihrem Mann die Hospices de Beaune, ein Krankenhaus, das von einer Laienstiftung betrieben wurde und außerordentlich zukunftsweisend war, zumal es bereits im frühen 15. Jahrhundert entstand.[4]

Wenn wir an das weibliche Mäzenatentum in der Schweiz zu Beginn des 19. Jahrhunderts denken, dürfen wir die Schwestern Jeanne Françoise und Henriette Rath in Genf und ihr Rath-Museum nicht vergessen. Es wurde 1826 an der Place Neuve im klassizistischen Stil eingeweiht und war eines der ersten Gebäude in Europa, das eigens als Museum für die umfangreichen Gemäldesammlungen einer Stadt konzipiert wurde.[5] Neben Vermächtnissen von Sammlern und Künstlern unterstützten Großindustrielle und deren Frauen im Zuge der sozialen Umwälzungen Mitte des 19. Jahrhunderts zunehmend Museen. Das größte Vermächtnis der Epoche in der Schweiz war die Schenkung von Lydia Welti-Escher[6] im Jahr 1890: Sie vermachte ihr gesamtes Vermögen der Schweizerischen Eidgenossenschaft, woraus später – durch eine umstrittene Interpretation des Willens der Stifterin! – die Gottfried Keller Stiftung hervorging.

Im Großbürgertum des 19. Jahrhunderts gab es bedeutende Mäzeninnen und Philanthropinnen, die oft Vorläuferinnen des modernen kulturellen Mäzenatentums

3 Es ist unmöglich, über weibliches Mäzenatentum nachzudenken, ohne es zu historisieren. Von der Nachkriegszeit bis heute hat sich der gesellschaftliche Kontext, in dem Frauen agieren, völlig verändert. Die Zahl der gebildeten Frauen ist explodiert, und zuvor verwehrte Rechte wie das Wahl- und Arbeitsrecht wurden erlangt. Nach 1968 begann ein echter Bewusstseinswandel, der sich z. B. durch den Zugang zu einem hohen Bildungsniveau ausdrückte, das den Weg zu Führungspositionen eröffnete, zu einem Verdienst, der dem der Männer entsprach, in einem Kontext, der es den Frauen ermöglichte, ihre beruflichen Tätigkeiten auch dank angemessener sozialer Strukturen für Kinder auszuüben.
Der Prozess der Emanzipation der Frauen ist natürlich Voraussetzung für die Entwicklung eines neuen weiblichen Mäzenatentums, und darin liegt ein erstes bedeutendes Element der Differenz zum männlichen Universum. Vgl. Bortoluzzi Dubach E., Frey H., *Mäzeninnen: Denken-Handeln-Bewegen*, 2. Aufl., Haupt Verlag, Bern 2015, S. 37-38.

4 Ebenda, S. 14.

5 Vgl. https://www.letemps.ch/suisse/jeanne-henriette-rath-lart-geneve.

6 Vgl. https://blog.nationalmuseum.ch/2019/02/gottfried-keller-stiftung/; Jung J., *Lydia Welti-Escher (1858–1891)*, mit einer Einführung von Hildegard Elisabeth Keller, NZZ Verlag, Zürich 2013.

und der Philanthropie waren. Sie versuchten die Lebensbedingungen der weniger wohlhabenden Schichten nachhaltig zu verbessern und förderten die Künste. In den Salons dieser Frauen verkehrten Künstler, Musiker, Maler, und oft betätigten sie sich selbst künstlerisch.

In Deutschland gründete Helene Hecht[7] die Mannheimer Akademie für Musik, die Vorläuferin der heutigen Staatlichen Hochschule für Musik und Darstellende Kunst in Mannheim. Henriette Hertz[8] setzte als Schriftstellerin und Kunstsammlerin mit großer Leidenschaft erste Pfeiler weiblichen Mäzenatentums: Sie verwandelte den Palazzo Zuccari in Rom in den Sitz einer bedeutenden Bibliothek, der Biblioteca Hertziana, und in ein Zentrum für Konzerte, Debatten und Konferenzen. Auch Bertha Heraeus, die die grundlegende Rolle der Bildung für die soziale Entwicklung eines Landes erkannte und ihre Stiftung der Ausbildung von Lehrern widmete, gehört zu den Pionierinnen weiblichen Mäzenatentums.

In den Bereichen Gesundheit und Soziales ist das interessante Beispiel der drei Schwestern Vischer in der Schweiz erwähnenswert: Anna Elisabeth Burckhardt-Vischer, Charlotte His-Vischer und Juliana Birmann-Vischer gründeten 1862 die Stiftung Kinderspital in Basel.[9] Nach ihrem Tod vermachten sie ihr gesamtes Vermögen der Stiftung. Als erste Kinderklinik der Schweiz blieb sie für viele Jahrzehnte der architektonische Maßstab für Kinderspitäler.

Ebenfalls im Bereich der Gesundheit engagierte sich die Schweizerin Adelheid Page-Schwerzmann[10] in der Bekämpfung der Tuberkulose. Sie gründete 1912 die Tuberkuloseanstalt Adelheid in Unterägeri in Zug, die sie dann – wie 1918 die Kinderheilanstalt Heimeli – der Gemeinnützigen Gesellschaft des Kantons Zug vermachte. Sie galt als kunstsinnige Philanthropin und Mäzenin.

Die Aufmerksamkeit für die Armen und Bedürftigen inspirierte die Arbeit anderer großer Wohltäterinnen des 19. Jahrhunderts, wie die Marquise Giulia Colbert di Barolo, die sich in Turin den Armen, den Gefangenen und der Erziehung von Kindern widmete. Während des großen urbanen Wandels, der mit der industriellen Revolution in ihrer Geburtsstadt London verbunden war, arbeitete Octavia Hill am sozialen Wohnungsbau in heruntergekommenen und überfüllten Gegenden der Hauptstadt und war die Anführerin der Freiraumbewegung. Diese schlug als Erste die Erhaltung von grünen Vororten vor, die in der Gründung des National Trust for Places of Historic Interest or Natural Beauty mündete.

---

7 http://rhein-neckar-wiki.de/Helene_Hecht.

8 Vgl. Schmitz R. (Hg.), *Henriette Herz in Erinnerungen, Briefen und Zeugnissen*, Die Andere Bibliothek, Berlin 2013.

9 Vgl. https://altbasel.ch/fragen/kinderspital-basel.html.

10 Vgl. https://hommage2021.ch/portrait/adelheid-page-schwerzmann.

2 Auf dem Weg zu einer gemeinsamen Definition

Der Begriff „Mäzenatentum" meint im Allgemeinen „die Tendenz, Künstler oder Gelehrte zu schützen und zu begünstigen, sowohl aus Gründen des Prestiges als auch des Geschmacks",[11] oder „die Tendenz, die Künste und die Literatur zu begünstigen und denjenigen, die sie pflegen, großzügigen Schutz zu gewähren".[12] Folgende Definition hat sich über die Jahrhunderte erhalten: Ein Mäzen ist jemand, der Kunst und Kultur im weitesten Sinne fördert, ohne kommerzielle Gegenleistung.

Früher erwartete oft nur ein Mäzen eine psychologische (emotionale oder kognitive) Befriedigung, wie z. B. das Bewusstsein, sein Geld gut investiert zu haben oder sein persönliches Prestige in den Augen der Gesellschaft steigen zu sehen. Doch die Bedeutung des Mäzenatentums und der Philanthropie wächst. Es entsteht mehr und mehr eine Dreierbeziehung, die über den Mäzen und den Künstler oder die Künstlerin hinaus auch die Zivilgesellschaft einschließt. Dies macht heute eine erweiterte Definition nötig; eine, die die systemische Sicht berücksichtigt, in der Mäzenatentum heute operiert und sich entwickelt. Aus dieser neuen Sicht heraus betrachtet, befasst sich Philanthropie mit den Ursachen von Problemen; statt deren Symptome zu lindern, ist sie in der Lage, die wirklichen Bedürfnisse eines Gebietes zu analysieren, indem sie die verschiedenen dort lebenden Menschen vernetzt, mit dem Ziel, eine signifikante und dauerhafte Verbesserung zu bewirken.

Unter dem Begriff „Mäzenatentum" verstehen wir also die uneigennützige Unterstützung und Förderung von künstlerischen und kulturellen Aktivitäten und oft auch von Künstlern selbst in einer systemischen Logik. Im Zentrum steht das Streben nach Pflege, schöpferischer Kraft, Innovation und das Aufblühen der Kultur zum Nutzen ihrer Liebhaber und der gesamten Zivilgesellschaft.

Dem philanthropischen Aspekt des Mäzenatentums liegen Schlüsselwörter wie System, Fürsorge, Erzeugerkraft und Innovation zugrunde. Damit ist das Bestreben gemeint, neue Paradigmen, neue Strategien der Produktion, der kulturellen Wirkung und der Einbeziehung des Publikums zu schaffen. All das hilft Kunst und Kultur nicht nur zur Verwirklichung ihrer selbst, es bewirkt jene positiven Effekte, die die Lebensqualität und die Dynamik von Gemeinschaften zu verbessern vermögen.

Wie in der Vergangenheit, als Philanthropie und Mäzenatentum als Synonyme verwendet wurden, überschneiden sich heute beide Begriffe. In den Augen des Antragstellers verschmelzen sie, denn in beiden Fällen handelt es sich um Einzelpersonen, die mit ihrer Spende eine positive Veränderung im Leben eines Einzelnen oder einer Organisation bewirken wollen, ihnen helfen wollen, ihre wertvolle Mission zu erfüllen. Heute wächst auch das Bewusstsein dafür, dass Kunst und Kul-

11 Devoto G., Oli G. C., *Vocabolario della lingua italiana*, Le Monnier, Florenz 1971.

12 Enciclopedia Treccani.

tur strategische Hebel sind, um Integration, Zusammenhalt und soziale Innovation zu erzeugen. Kreativität im Denken und Handeln trägt dazu bei, dass sich unsere Gemeinden ausgewogen entwickeln; es fördert die aktive Beteiligung der Bürger; es hilft, soziale Dienste zu verbessern, Ineffizienz zu bekämpfen und Orte neu zu gestalten. Großzügigkeit gilt wie die Kultur selbst als ein grundlegendes Element der Zivilgesellschaft, und die Ausdifferenzierung ihrer Handlungsfelder verliert allmählich ihre Bedeutung.

3 Unterschiede zwischen Mäzenatentum und anderen Formen der Kulturförderung

Es gilt jedoch zu bedenken, dass Mäzenatentum spezifische Merkmale aufweist, die es von anderen Arten der Kunst- und Kulturförderung unterscheiden.

Wie alle anderen Menschen auch leben Mäzene ihre persönlichen Freiheiten und Vorlieben aus. Ihre Entscheidungen werden unter anderem von ihren Leidenschaften, Überzeugungen, Überlegungen und ihrem Lebensstil geleitet. Der Mäzen hat maximale Entscheidungsfreiheit und ist nur sich selbst gegenüber verantwortlich. Niemand kann den Mäzen zum Spenden verpflichten.

Das gilt auch für den Philanthropen, wenn er als Individuum agiert und sich nicht der Organisationsformen bedient, die ihre eigenen Regeln haben. Im letzteren Fall handelt der Spender auf der Grundlage einer Idee oder eines Themas, das er für wichtig hält, und nutzt seine übergreifenden Fähigkeiten, Investitionen und Netzwerke, um seine Ziele zu erreichen, auch durch seine eigenen gemeinnützigen Organisationen (hauptsächlich Stiftungen). Häufig professionalisiert all dies sein Engagement, es setzt ihm aber auch Grenzen.

Mäzenatentum ist keine Spende einer Stiftung

Wenn ein Mäzen auch eine Förderstiftung gründet, die in der Kunst oder anderen philanthropischen Bereichen tätig ist, gilt: Diese Stiftung ist eine von ihrem Stifter getrennte juristische Person. Das vom Mäzen eingebrachte Geld gehört ihr, der Mäzen[13] als natürliche Person und die Stiftung als juristische Person können sehr unterschiedliche Zuwendungen machen. Der Mäzen kann also philanthropische Entscheidungen treffen, die weit über den Rahmen seiner Stiftung hinausgehen. Ein Stiftungsbeitrag hingegen ist eine geplante und strukturierte Form der Unter-

13 Die Begriffe Mäzen und Stifter sind nicht gleichwertig. Ein Mäzen kann auch Stifter sein, wenn er eine eigene Stiftung gründet; ein Stifter muss aber nicht unbedingt auch Mäzen sein. Eine Stiftung kann auch von einer natürlichen Person errichtet werden, die nicht unbedingt sehr vermögend ist und hauptsächlich dank Fundraising-Aktivitäten arbeitet.

stützung, die ihren satzungsgemäßen Zweck erfüllt, indem sie einen positiven Einfluss auf die Zivilgesellschaft ausübt.[14] Im Gegensatz zum Mäzen, dessen Freiheit nahezu absolut ist,[15] ist eine Stiftung verpflichtet, ihr Vermögen in den Bereichen der Gemeinnützigkeit anzulegen, und zwar so, wie es die Satzung, also der Akt, mit dem der Stifter das Stiftungsvermögen für immer an den Stiftungszweck gebunden hat, und die vom Stiftungsvorstand festgelegte Strategie vorsehen. Wie der Mäzen, so erwartet auch die Stiftung keine wirtschaftliche Gegenleistung für das angelegte Geld, sondern nur das optimale Erreichen ihres Satzungszwecks.[16]

Mäzenatentum ist kein Sponsoring

Die Spende eines Mäzens ist auch keine Form des Sponsorings. Nicht selten ist ein Mäzen auch ein Unternehmer. In solchen Fällen spendet er oft Geld für soziokulturelle Projekte, entweder persönlich oder über seine Firma. Es ist klar, dass die beiden Fälle unterschiedliche Szenarien eröffnen. Man sollte sich dessen bewusst sein und zwischen mäzenatischen Spenden und Sponsoring unterscheiden.

Beim Sponsoring stellt ein Unternehmen einer kulturellen oder sozialen Einrichtung finanzielle Mittel, Dienstleistungen und/oder Know-how zur Verfügung. Im Gegenzug bekommt es einen Imagegewinn und/oder einen kommerziellen Nutzen, um die eigenen strategischen Ziele zu erreichen. Der Akt des Sponsorings wird vertraglich festgelegt und beinhaltet Gegenleistungen, deren Wert quantifizierbar sein muss. Im Gegensatz zum Mäzen hat der Sponsoring-Verantwortliche eines Unternehmens nur im Rahmen der übergeordneten Strategie des Unternehmens Entscheidungsfreiheit; er hat nur begrenzte finanzielle Mittel zur Verfügung, und er muss stets nachweisen, dass das Sponsoring einen konkreten Beitrag zum Erreichen der strategischen Ziele des Unternehmens leistet. Er erwartet einen Gegenwert, der in der Regel kommerzieller Natur ist.[17]

Mäzenatentum ist keine öffentliche Subvention

Nicht selten entscheidet sich ein Mäzen dafür, Projekte zu unterstützen, die direkt seiner Region zugutekommen. Auf diese Weise ergänzt seine Arbeit die der politischen Entscheidungsträger. Dies sollte aber nicht mit Projekten, Organisationen und Denkmälern verwechselt werden, die vom Staat und anderen öffentlichen Verwal-

14 Vgl. Bortoluzzi Dubach E., *Stiftungen. Der Leitfaden für Antragsteller*, Verlag Helbing und Lichtenhahn, Basel 2021.

15 Ein Mäzen ist für seine philanthropischen Entscheidungen eigentlich nur sich selbst oder allenfalls seiner Familie gegenüber verantwortlich.

16 Vgl. Bortoluzzi Dubach, Frey, *Mäzeninnen* …, S. 12-13.

17 Ebenda.

tungen subventioniert werden. Der Staat ist seinen Bürgern gegenüber für die Verwendung ihrer Steuergelder rechenschaftspflichtig. Er entscheidet, welche Projekte in Übereinstimmung mit dem Gesetz zu finanzieren sind. Ein Mäzen handelt immer privat, auch wenn die ganze Gemeinschaft davon profitiert.

4 Die Mehrdeutigkeit des Schenkens

So gesehen, könnten Philanthropie und Mäzenatentum als ein rein wohlwollendes und segensreiches Phänomen erscheinen. Doch von den verschiedenen Formen des Austauschs, die zwischenmenschlichen Beziehungen zugrunde liegen, ist das Schenken eine der mehrdeutigsten. Es schwebt zwischen dem Impuls der Großzügigkeit und dem Wunsch nach Prestige, zwischen Altruismus und der Freude an der Herausforderung. So stellt das Geschenk Beziehungen her und überlagert Wünsche, die nicht immer zusammenpassen. „Das Schenken beruht zwar auf Gegenseitigkeit, Austausch, aber aufeinander folgend und abwechselnd, so dass es nie eine direkte Gleichwertigkeit, eine perfekte Gegenseitigkeit gibt, sondern immer ein Risiko, eine Unsicherheit, ein Ungleichgewicht, eine Erwartung.“[18] In der Realität manifestiert sich das Schenken immer auf mehrdeutige Weise: „Es ist Freiheit und Zwang, Spontaneität und Zumutung, Hommage und Wettkampf.“[19]

Auf diesem Feld kann die psychologische Theorie, wie wir im nächsten Kapitel sehen werden, eine konkrete Orientierungshilfe bieten, insbesondere im Hinblick auf die drei Hauptdimensionen der Mehrdeutigkeit:

- die Tatsache, dass das Geschenk immer eine Beziehung zwischen Mäzen und Begünstigtem herstellt;
- die Unmöglichkeit für den Philanthropen zu wissen, ob er vom Begünstigten jemals etwas zurückerhalten wird;
- das gleichzeitige Bestehen einer objektiven und einer symbolischen Dimension der Gabe.

In den folgenden Kapiteln werden wir diese Aspekte im Detail behandeln; an dieser Stelle wollen wir nur festhalten, dass ein Klima der Großzügigkeit dann entsteht, wenn man das Geschenk in einem Geist der Aufgeschlossenheit gegenüber der

18 Somaini A., „Visibilità e invisibilità del dono“, in ders. (Hg.), *Il dono. Offerta, ospitalita, insidia*, Edizioni Charta, Mailand 2001, S. 40.

19 Ebenda, S. 34.

Neuartigkeit des Anderen empfängt.[20] Damit die Philanthropie die Entwicklung der kulturellen und sozialen Szenarien auf einem Gebiet unterstützen und auf strukturelle Weise zur Lösung von Problemen beitragen kann, müssen die an der Dreierbeziehung beteiligten Subjekte (Philanthropen, Künstler und Zivilgesellschaft) ihre Fähigkeit steigern, die eingesetzten Ressourcen effektiv zu nutzen, indem sie aus einer systemischen Logik heraus das Ganze im Blick haben. Wenn dies geschieht, wird Philanthropie zu einer positiven Beziehung, zu einer Beziehung der Zusammenarbeit und der Integration. Sie erfordert einen wechselseitigen Informationsfluss und ein starkes Streben nach langfristiger Nachhaltigkeit. Die Antragsteller sollten eine „kopernikanische Wende" bewerkstelligen, indem sie den Philanthropen zum Gravitationszentrum ihres Handelns machen. Es mag paradox erscheinen, aber sie sollten sich fragen: „Was biete ich?", statt: „Worum bitte ich?"

Schenken und Altruismus in Geschichte und Gegenwart

In der ersten Hälfte der 1990er-Jahre realisierte der Schweizer Literaturkritiker Jean Starobinski im Louvre die Ausstellung *Largesse*. Durch sie wollte er den Akt des Schenkens in einigen seiner wichtigsten Formen beleuchten. Die Ausstellung erzählte von der verschwenderischen Spendenpraxis im alten Rom, dem Mäzenatentum der Renaissance, der aufgeklärten Philanthropie und dem ehrenamtlichen Engagement. Die Geschichte ist in der Tat durchdrungen von „gegenständlichen Geschenken und symbolischen Geschenken, großzügigen Geschenken und unsachgemäßen Geschenken, symmetrischen oder asymmetrischen Geschenken, d. h. Geschenken, die in Gleichheit ihren Besitzer wechseln, und Geschenken, die sich durch ein beständiges Ungleichgewicht zwischen Geber und Nehmer auszeichnen".[21]

Denker wie Pitirim A. Sorokin, der in den späten 1940er-Jahren das Center for the Study of Creative Altruism in Harvard gründete, sind davon überzeugt, dass Liebe, Altruismus und Schenken mächtiger sind als Kriege, wenn es darum geht, ein ziviles Zusammenleben aufzubauen und den Menschen Lebensenergie, Gesundheit und einen kräftigeren Sinn für Engagement und bürgerliche Verantwortung zu geben.

Allerdings ist die Erforschung des Schenkens, die Anthropologen, Soziologen und Philosophen das ganze 20. Jahrhundert hindurch beschäftigt hat, von großer Komplexität. Der Soziologe Marcel Mauss zum Beispiel beschreibt in seinem

20 Offenheit für den anderen und gegenseitiger Austausch sind die Grundlage einer *großzügigen Beziehung*: Die Neigung eines Mäzens zum Geben kann mehr oder weniger ausgeprägt sein und hängt von verschiedenen Faktoren ab (biografischen und kognitiven Werten), aber sie trägt immer Bedeutungen in sich, die die Beziehung zu einem Begünstigten bereichern können, auch über die rein wirtschaftliche Unterstützung hinaus.

21 Somaini, „Visibilità …", S. 30.

berühmten Essay *Die Gabe* (1924)[22] das Schenken nicht als einen bloßen Akt der Liberalität, sondern als ein Band, das die Verpflichtungen zum Empfangen und Erwidern beinhaltet. Jacques Derrida interpretiert es als eine nicht zu erwidernde, unerwartete und unsichtbare Geste.[23] In den „Moralischen Schlussfolgerungen", mit denen Mauss seinen Essay schließt, werden wir aufgefordert, darüber nachzudenken, ob die Gabe noch einen Platz in unserer Gesellschaft hat und welche Art von Bedeutung sie in einem Kontext annimmt, der geprägt ist von einem hyper-beschleunigten menschlichen Austausch in Form von Kauf- und Verkaufsverträgen. Wir können seine Frage auch heute noch als relevant betrachten, insbesondere in Bezug auf die positiven Auswirkungen, die der Akt des Gebens auf das psychophysische Wohlbefinden des Gebers ausübt.

22 Mauss M., *Die Gabe. Die Form und Funktion des Austauschs in archaischen Gesellschaften,* Vorw. E. E. Evans-Pritchard, Übers. Eva Moldenhauer, Suhrkamp, Frankfurt 1968.

23 Derrida J., *Donare il tempo. La moneta falsa*, Raffaello Cortina, Mailand 1996.

Was den Mäzen motiviert

2

Aspekte und Methoden der *Großzügigkeit in der Beziehung*

Um ein Gespür für die Bedürfnisse von Mäzenen[1] zu bekommen, um zu lernen, wie man mit ihnen umgeht, muss man ihre Mentalität verstehen, ihre Art zu empfinden und zu handeln.

Dieses Kapitel dient also der Reflexion. Genauer: Es hilft Mäzenen, sich zu reflektieren, sich von außen zu betrachten und zu erkennen. Und den Begünstigten hilft es, eine neue Sicht auf ihre Gesprächspartner zu gewinnen, sie besser zu verstehen. Wenn wir uns in einen Mäzen hineinversetzen wollen, müssen wir analysieren, was es bedeutet, heute Philanthropie zu betreiben, müssen wir sehen, welchen Nutzen die Großzügigkeit für das Leben derjenigen bringt, die sie praktizieren, müssen wir beschreiben, was in einer Beziehung, die auf Großzügigkeit beruht, funktioniert und was nicht funktioniert. Es soll dem Begünstigten dazu verhelfen, die möglichen Neigungen und Motivationen des Mäzens zu begreifen und damit umzugehen. So kann ein bewusstes Mäzenatentum entstehen, eine Form von Philanthropie, deren Voraussetzungen nicht verschwiegen, sondern so angesprochen werden, dass beide Seiten rundum zufrieden sein können.

1 Die individuelle Dimension der Philanthropie

Vom Individuum her betrachtet ist Philanthropie eine Geisteshaltung, eine Art, in der Welt zu stehen, die sich aus sehr unterschiedlichen Motivationen speist. Altruismus ist nur einer der Gründe für den Wunsch einer Frau oder eines Mannes zu schenken. Gut möglich, dass Mäzenatentum schon in der Familie praktiziert wurde und man es von daher als seine Pflicht ansieht, zu schenken oder, allgemeiner gesprochen,

1 Wenn wir von einem Mäzen sprechen, meinen wir auch einen Philanthropen. Siehe Kapitel 1, Abs. 2, „Auf dem Weg zu einer gemeinsamen Definition“.

bestimmten sozialen Normen zu entsprechen. In manchen Fällen beruht die Schenkung auf einer Übereinkunft beider Seiten, der Mäzen und der Begünstigte verfolgen also je ein persönliches Interesse. Bisweilen verbirgt sich hinter dem philanthropischen Engagement ein materielles Bedürfnis oder auch der Wunsch, das eigene Prestige zu erhöhen.[2] Was wir heute auf alle Fälle wissen: Philanthropisches Engagement hat einen direkten Einfluss auf das psychisch-physische Wohlbefinden derjenigen, die es ausüben. Dies ist ein interessantes Diskussions- und Forschungsthema unter Wissenschaftlern und Branchen-Akteuren, die den Non-Profit-Sektor auf eine neue Art sehen, als jenen privilegierten Sektor der Wirtschaft nämlich, der unmittelbaren Nutzen für die Gesundheit von Individuen und Gemeinschaften erzeugt.[3]

1.1 Philanthropie und Glück

Macht es uns glücklich, wenn wir anderen gegenüber großzügig sind? Bevor wir diese Frage beantworten, sollten wir uns fragen: Was bedeutet es, glücklich zu sein? Im Laufe der Jahrhunderte haben Philosophen und Dichter, Psychologen und Ökonomen, Theologen und viele andere Gelehrte aus verschiedenen Wissensgebieten zu ergründen versucht, was Glück sei. Wir alle haben im Laufe unseres Lebens verschiedenste Formen von Glück erlebt, von der physischen Befriedigung beim Genuss einer Delikatesse über das Vergnügen, einen Abend mit Freunden und Freundinnen zu verbringen, bis hin zum Gefühl, ganz bei sich angekommen zu sein, wenn wir selbstgesetzte Ziele erreichen. Dies sind keine zufällig gewählten Beispiele, sie beziehen sich auf die beiden wichtigsten philosophischen Strömungen der Glücksphilosophie: Eudämonie und Hedonismus.

Eudämonie Das Konzept der Eudämonie[4] besagt, dass wir unserem Potenzial als menschliche Wesen gerecht werden, indem wir unsere wahre Natur leben, welche die Griechen als Daimon bezeichneten.[5]

Wir erleben eudämonische Freude, wenn das, was wir tun, mit unseren tiefsten Werten übereinstimmt und unserem Wunsch nach Selbstbestimmtheit entspricht; wenn wir unser Bedürfnis nach Autonomie, Kompetenz und Zugehörigkeit befriedigt haben und uns an Aktivitäten beteiligen, durch die wir uns lebendig und erfüllt

2 Siehe Schokkaert E., „The Empirical Analysis of Transfer Motives“, in Kolm S. G., Ythier J. M. (Hg.), *Handbook of the Economics of Giving, Altruism and Reciprocity*, Elsevier, Amsterdam 2006, Bd. 1.

3 Siehe die Science News auf Science Daily: „Giving Social Support to Others May Boost Your Health “, https://www.sciencedaily.com/releases/2021/11/211122135407.htm.

4 Aus dem Griechischen εὖ „gut“ und δαίμων „Genie, Dämon“.

5 Vgl. dazu James Hillmans „Acorn Theory“ in ders., *Charakter und Bestimmung. Eine Entdeckungsreise zum individuellen Sinn des Lebens,* Goldmann, München 1998.

fühlen, in Übereinstimmung mit unserem inneren Bild von uns selbst und unseren Vorsätzen.

Nehmen wir zum Beispiel einen Philanthropen, wie er häufig vorkommt, einen Menschen, der sich durch Entschlossenheit, Intelligenz und Hingabe eine wichtige wirtschaftliche und soziale Position aufgebaut hat. Eine Frau etwa, die an einem bestimmten Punkt ihres Lebens beginnt, einen Teil ihres Vermögens der Bildungseinrichtung zu schenken, an der sie ihren Abschluss gemacht hat. Sie richtet Stipendien ein, durch die diskriminierte oder benachteiligte junge Menschen Zugang zu Bildung erhalten. All das tut sie nicht nur, um die Auswirkungen sozialer Ungleichheit einzudämmen, sondern auch, um einen Teil ihrer selbst, ihrer persönlichen Geschichte zu schenken und ein Wertesystem, ihr Wertesystem, an begabte junge Menschen weiterzugeben. Diese Philanthropin wird durch jeden neuen jungen Menschen, der mit ihrer Hilfe einen Abschluss schafft, Freude und innere Befriedigung erleben.

Hedonismus Dem Konzept des Hedonismus[6] zufolge hängt das Wohlbefinden von der Lust oder der Abwesenheit von Nicht-Lust ab. Glück ist in diesem Fall „eine psychologische Belohnung, ein Indikator dafür, dass ein Anpassungsproblem erfolgreich gelöst wurde oder gleich gelöst sein wird“.[7] Da die Fürsorge für geliebte Menschen, das Pflegen guter sozialer Beziehungen, der Austausch von Gefälligkeiten und die Festigung des eigenen sozialen Status grundlegende Anpassungsziele sind, lässt sich sagen: Akte der Großzügigkeit steigern das hedonistische Glück. Eine Studie der evolutionären Verhaltensforschung hat zum Beispiel gezeigt, dass Personen einer Testgruppe, die mehr Geld für andere ausgaben als die Personen einer Kontrollgruppe, glücklicher waren als diese.[8] Diesem Schema zufolge hat das Glück jedoch eine Grenze.

Nehmen wir das Beispiel von vorhin, ändern aber den Ausgangspunkt: Ein Mäzen entscheidet sich, seine ehemalige Universität finanziell zu unterstützen, tut das aber nur um des sozialen Ansehens willen. Es schmeichelt ihm, wenn sein Name etwa bei öffentlichen Veranstaltungen wie der jährlichen Spendengala vor allen anderen erscheint. Jeder Absolvent, der vom Stipendium des Philanthropen profitiert, steigert jedoch keineswegs dessen Glück. Dieser Philanthrop ist ja nicht an den jungen Menschen interessiert, sondern am Prestige der Universität und an seinem eigenen.

6 Aus dem Griechischen ἡδονή „Vergnügen“.

7 Hill S. E., Del Priore D. J., Major B., „An Evolutionary Psychological Perspective on Happiness“, in Boniwell I., David S. A., Conley Ayers A. (Hg.), *The Oxford Handbook of Happiness*, Oxford University Press, Oxford 2013.

8 Vgl. Nachwort von Prof. Fehr in diesem Buch sowie Aknin L. B., Barrington-Leigh C. P., Dunn E. W., Helliwell J. F., Burns J., Biswas-Diener R., Kemeza I., Nyende P., Ashton-James C. E., „Prosocial Spending and Well-Being: Cross-Cultural Evidence for a Psychological Universal‘, in *Journal of Personality and Social Psychology* 104, 4, 2014, S. 635-652.

Fragen, die helfen, die Motive des Mäzens zu erkennen

1. Gibt es einen persönlichen Grund dafür, dass der Philanthrop oder Mäzen spenden möchte, und wenn ja, welchen? Beispiele: ein bedeutendes Ereignis im positiven oder negativen Sinn (ein wichtiger Geburtstag; ein persönlicher Verlust; die Erfahrung von Armut oder Krankheit in der Jugend); der Abschluss der beruflichen Aktivitäten und der Beginn eines neuen Lebensabschnitts; der Wunsch, sich zu verewigen, usw.
2. Welches Motiv treibt den Philanthropen oder Mäzen in Bezug auf seine gesellschaftliche Rolle an? Beispiele: Prestige, gesellschaftliche Bestätigung, internationale Positionierung, Aufbau neuer sozialer und unternehmerischer Netzwerke usw.
3. Hat der Antragsteller Hinweise, aus denen er ableiten könnte, ob der Mäzen vom Wunsch nach sofortiger Wunscherfüllung geleitet wird (dem hedonistischen Wesenszug) oder der Idee der Selbstverwirklichung (dem eudämonischen Wesenszug)? Hinweise: Interviews mit dem Mäzen; Bezug der unterstützten Projekte zu bekannten Ereignissen im Leben des Mäzens; öffentliches Auftreten (z. B. Posts in den sozialen Medien, Webseite); informelle Quellen, also Informationen, die aus dem Beziehungsnetz des Mäzens stammen.
4. Möchte der Mäzen über seine Spende gesellschaftlichen Einfluss erhalten? Wenn ja, welchen und in welchem Ausmaß? Beispiele, wie man diese Informationen einholt: Publikationen über die Errichtung von Förderstiftungen, denen die Messung des Impacts wichtig ist; die Zusammenarbeit mit bekannten Experten des Sektors; persönliche Wortmeldungen des Mäzens oder seiner Berater; Webseiten, die sich mit dem Thema beschäftigen, usw.

Wohlbefinden und Großzügigkeit

Schauen wir uns diesen Aspekt einmal genauer an. Die Positive Psychologie geht davon aus, dass jeder Mensch um sein eigenes mittleres Glücksniveau herum pendelt, auf das er sich nach positiven oder negativen Erlebnissen stets wieder einschwingt. Diese sogenannte Set-Point-Theorie[9] wird ergänzt durch die Theorie der „hedonistischen Anpassung“:[10] Der zufolge sammeln Menschen zwar Gegenstände und Erfahrungen, die sie glücklich oder unglücklich machen, ihr allgemeines Wohlbefinden bleibt aber trotzdem mehr oder weniger konstant. Diesen Theorien gemäß ist es vor allem die Persönlichkeit eines Menschen, die den Grad seines hedonistischen Glücks und subjektiven Wohlbefindens bestimmt. Unsere beiden Typen von Philanthropen, die sich für ihre geliebte Universität engagieren, haben auf den ersten Blick sehr unterschiedliche Persönlichkeiten. Es ist aber nicht gesagt, dass die eine

9 De Neve K. M., Cooper H., „The Happy Personality: A Meta-Analysis of 137 Personality Traits and Subjective Well-Being“, in *Psychological Bulletin* 124, 1998, S. 197-229.

10 Brickman P., Campbell D., „Hedonic Relativism and Planning the Good Society“, in Appley M. H. (Hg.), *Adaptation-Level Theory: A Symposium*, Academic Press, New York 1971, S. 287-302.

nicht auch hedonistischen Zwecken folgt und dass der andere nicht zusätzlich eudämonische Bestrebungen entwickelt.

Das neueste Modell, das der „Architecture of Sustainable Happiness",[11] bevorzugt eher eine eudämonische Perspektive und meint, unser Glück sei sowohl genetisch bedingt als auch von der Umwelt abhängig. Es rühre aber auch von Handlungsweisen und Tätigkeiten her, die als innerlich erhebend erlebt werden. Vor allem diese sind es nämlich, die unser Glücksempfinden am meisten steigern.

Kommen wir noch einmal zurück zu unserem hedonistischen Philanthropen, der Gala-Abende so sehr liebt. Würde die Universität seine persönliche Geschichte, sein Wertesystem und seine Motivationen für das Schenken ergründen, könnte sie die nach ihm benannten Stipendien (hedonistisches Vergnügen) um ein eudämonisches Engagement ergänzen; sie könnte ihn zum Beispiel zum Vorbild einer Spendenaktion machen, die zu einem strategischen Projekt gehört. In dieser Rolle könnte er seine Persönlichkeit und Tatkraft am besten zum Ausdruck bringen.

Wir können uns fragen, in welchem Ausmaß das sein Glück steigern würde. Wissenschaftler haben gemessen, dass derartige Akte der Freundlichkeit und Großzügigkeit gegenüber anderen unser Wohlbefinden auf eine Art und Weise steigern, die vergleichbar ist mit anderen Maßnahmen der Positiven Psychologie wie dem täglichen Üben von Achtsamkeit. Auch dies hat einen positiven Einfluss auf unsere Gesundheit.[12]

Fragen, die helfen, die Merkmale der Beziehung zum Mäzen zu optimieren

1. Hat das Projekt Potenzial, den Mäzen zu begeistern? Wenn ja, ist die Person, die den Antrag stellt, imstande, den Umfang dieses Potenzials zu bestimmen? Kriterien: Das Projekt entspricht voll und ganz einer Vorliebe oder Leidenschaft des Mäzens oder seiner Angehörigen; das Projekt bezieht den Mäzen auf intellektueller Ebene ein und ermöglicht es ihm, seine kreative Energie freizusetzen; das Projekt spricht den Mäzen als Unternehmer an; das Projekt liefert dem Mäzen mitreißende, exklusive und unvergessliche Erlebnisse usw.
2. Wie großzügig verhält sich der Antragsteller in seiner Beziehung zum Mäzen? Achtet er auf die Details? Ist er sensibel für die Bedürfnisse, die den Unterschied in der Beziehung ausmachen?

---

11 Lyubomirsky S., Sheldon K., Schkade D., „Pursuing Happiness: The Architecture of Sustainable Change", in *Review of General Psychology* 9, 2005, S. 111-131.

12 Ein eudämonisch befriedigendes Leben zu führen, fördert die eigene Gesundheit. In einer Studie wurden die autobiografischen Erzählungen von 180 katholischen Nonnen auf ihren emotionalen Gehalt hin ausgewertet und in Bezug zu ihrer Lebensdauer gesetzt. Das Ergebnis: Die Nonnen, die am längsten lebten, waren auch diejenigen, die den positivsten emotionalen Inhalt in ihren Tagebüchern aufwiesen. Vgl. Curry O. S., Rowland L. A., Van Lissa C. J., Zlotowitz S., McAlaney J., Whitehouse H., „Happy to Help? A Systematic Review and Meta-Analysis of the Effects of Performing Acts of Kindness on the Well-Being of the Actor", in *Journal of Experimental Social Psychology* 76, 2018, S. 320-329.

3. Wie kann er erreichen, dass das Projekt die optimalen Energien aus dem Verhältnis zum Mäzen freisetzt? Beispiel: Vermittlung von spezifischen Kenntnissen vom Mäzen an den Künstler; gegenseitige Unterstützung in der Auswahl der besten Lösungen für die Kommunikation des Projekts nach außen; gemeinsame Kreation neuer Aktivitäten (z. B. eine Theateraufführung an einem Ort, der ohne die Hilfe des Mäzens nicht zugänglich wäre, usw.).
4. Ist der Ansatz des Antragstellers geeignet, um das Projekt und die Beziehung zum Mäzen im Auge zu behalten und locker und souverän mit unwichtigen Details umzugehen? Beispiel: Ist er bereit, über bestimmte Charakterzüge oder kleine „Pannen" auf dem Weg hinwegzusehen?
5. Wie viel seiner Zeit und Energie investiert der Antragsteller, um die Beziehung zum Mäzen aufmerksam und angemessen zu pflegen?

1.2 Die Neurobiologie des Schenkens

Kommen wir auf die eingangs gestellte Frage zurück. Die stark vereinfachende Antwort könnte lauten: Großzügigkeit gegenüber anderen macht uns zu eudämonisch oder hedonistisch glücklichen Menschen.[13]

Um zu erhellen, wie die beiden Formen des Glücks, das hedonistische und das eudämonische, zusammenhängen, haben Neurowissenschaftler und -innen massenhaft verfügbare molekulargenetische Daten ausgewertet und herausgefunden: Das hedonistische und das eudämonische Wohlbefinden haben dieselben genetischen Wurzeln, allerdings tragen Umweltfaktoren zu ihren unterschiedlichen Erscheinungsformen bei. Das eudämonische Wohlbefinden geht einher mit einer signifikanten Anreicherung von Endorphinen in der Großhirnrinde, im Kleinhirn sowie im frontalen Kortex. Für das hedonistische Wohlbefinden dagegen wurde keine signifikante Anreicherung beobachtet. Auch wenn es also zum größten Teil dieselben Gene sind, die den Hedonismus und den Eudämonismus beeinflussen, ist bei eudämonischem Wohlbefinden eine stärkere Hirnaktivität festzustellen.[14]

Diese Ergebnisse der neurobiologischen Forschung eröffnen interessante Aussichten auf die Zukunft der Philanthropie. Insbesondere geben sie Anlass, ein Modell positiver Philanthropie[15] zu entwickeln, das auf partizipatorischer Freude basiert:

---

13 Berühmt geworden ist die Studie von Ernst Fehr, Philippe Tobler u. a. von der Universität Zürich, in Zusammenarbeit mit den Universitäten Chicago und Lübeck, in der sie den Zusammenhang zwischen Großzügigkeit und Glück auf neuronaler Ebene nachwiesen.
Wir fühlen uns geehrt, dass für das Nachwort zu diesem Band Prof. Fehr selbst gezeichnet hat. Er klärte uns persönlich über Ziele und Umfang seiner Studie auf. Vgl. Park S. Q., Kahnt T., Dogan A., Strang S., Fehr E., Tobler P. N., „A Neural Link between Generosity and Happiness", in *Nature Communications*, 11. Juli 2017, S. 1-10.

14 Vgl. Baselmans B. M., Bartels M., „A Genetic Perspective on the Relationship between Eudaimonic – and Hedonic Well-Being", in *Scientific Reports – Nature* 8, 14610, 2018, S. 1-10.

15 Der Begriff „positiv" impliziert nicht, dass es eine „negative" Philanthropie gäbe, sondern bezeichnet eine theoretische und anwendungsbezogene Perspektive der Philanthropie, die sich auf das persönliche Wohlbefinden des Mäzens, des Begünstigten und des Kontextes konzentriert.

der Freude an der Freude, die man anderen bereitet; des Wohlbefindens, das man für die Menschen erzeugt, die davon profitieren. In diesem Paradigma führt der Akt des Schenkens den Philanthropen zur „solidarischen Selbstverwirklichung“, also zum Bewusstsein darüber, wie unmöglich es ist, sich aus sich selbst heraus zu verwirklichen. Daraus ergibt sich der Wunsch, durch Kooperation die Lebensqualität in der eigenen Gemeinschaft zu erhöhen, bessere Beziehungsfähigkeit, Wachstumschancen und Möglichkeiten der Selbstverwirklichung herbeizuführen.

Großzügigkeit zu gewähren und zu erfahren, prägt unseren Alltag, wenn wir die Fähigkeit haben, dies zu entdecken. Der Non-Profit-Sektor – die Welt der gemeinnützigen Organisationen – wird zu einem immer wichtigeren Bereich der Wirtschaft. Er ist in der Lage, Instrumente zur Verfügung zu stellen, die eine Messung des Nutzens erlauben, welcher der Schenkung entspringt. Somit lässt sich eine größere Wertschätzung gegenüber der Großzügigkeit auslösen. Darüber hinaus können altruistisches Engagement und Großzügigkeit ein entscheidender Faktor der Selbstverwirklichung des Einzelnen sein. Sie können das psychophysische Wohlbefinden steigern und die Lebenserwartung verlängern.

2 Die Persönlichkeit des Mäzens

Indem er seine Geschichte als Philanthrop erschafft, entwickelt der Mäzen eine bestimmte Haltung, die seiner besonderen Persönlichkeit, seinen Zielen und tiefen Beweggründen entspricht. Den Begriff „Persönlichkeit“ verwenden wir nicht zufällig, denn man hat es in erster Linie mit Menschen zu tun, die in die philanthropische Beziehung vor allem ihr Sein und weniger ihr Haben investieren.

Die Ziele und Motive, die ein Mäzen zu einer Schenkung veranlassen, können vielfältig, manchmal sogar in sich widersprüchlich sein. Das sollte einen aber nicht wundern: Dieser Widerspruch ist eher als fruchtbare Spannung zu verstehen, die dieses Engagement mit sich bringt. Mäzene sind in der Regel erfolgreiche Persönlichkeiten, sie genießen die Anerkennung der Gesellschaft; diese kann ihnen gegenüber aber auch Neidgefühle hegen und sie so manchmal zu einer gewissen Zurückgezogenheit zwingen. Es kommt vor, dass Mäzene durch ihr philanthropisches Engagement ein tiefes Bedürfnis ausdrücken, eine derart überwältigende Leidenschaft, dass sie in manchen Fällen zum alles beherrschenden Antrieb ihres Lebens wird. Im Allgemeinen sind es biografische Erfahrungen, Familientradition und ein starkes Wertesystem (und natürlich Vermögen), die Menschen zu Philanthropen werden lassen. Denken wir nur daran, was es bedeuten kann, etwa in der eigenen Familie eine schwere Krankheit miterlebt zu haben. Diese Erfahrung kann einen Philanthropen dazu bringen, wissenschaftliche Forschung zur Überwindung dieser Krankheit zu unterstützen.

Manchmal fällt es uns schwer zu verstehen, dass es bei einem Philanthropen fast immer die Feinfühligkeit ist, die sein Engagement der Großzügigkeit bestimmt. In manchen Fällen verbirgt sich hinter einer extremen Entschlossenheit eine Zerbrechlichkeit oder das Verlangen, wertgeschätzt zu werden; in anderen Fällen entwickelt der Philanthrop eine derartige Verbundenheit zu seinen Projekten, dass sie in seinen Augen eine lebenswichtige Bedeutung bekommen. So paradox es klingt: Bisweilen zeigt der Mäzen Schwächen, die zu Stärken werden. Sich selbst als verletzlich und begrenzt zu erkennen, macht selbst sehr wohlhabenden Menschen bewusst, dass wir keine „Übermenschen" sind, sondern in gegenseitiger Abhängigkeit voneinander leben. Sich dessen bewusst zu sein, hilft, einen starken Sinn für Solidarität zu entwickeln und in den Projekten, die man unterstützt, eine Quelle für die eigene Selbstverwirklichung zu sehen.

Mäzene sind ihrem Wesen nach oft darauf aus, eine tiefe Bindung zu ihren Geförderten zu pflegen. Das Wissen um ihre Sensibilität ist der erste Schritt dazu, eine *Beziehung der Großzügigkeit* aufzubauen.

2.1 Die psychologischen und verhaltensbezogenen Eigenschaften eines Philanthropen

Die Empfindsamkeit von Mäzenen, ihre Emotionen und Leidenschaften beeinflussen maßgeblich die Art der Beziehungen, die sie in ihrem philanthropischen Engagement aufbauen. Wir wollen weder reiche und komplexe menschliche Gestalten in ein Schema pressen noch einen Anspruch auf Vollständigkeit erheben,[16] wenn wir sagen, dass sich Muster in der Psychologie und im Verhalten von Mäzenen erkennen lassen – dauerhafte Einstellungen oder eher vorübergehende Haltungen, die mit bestimmten Phasen ihres philanthropischen Engagements verbunden sind. Es lohnt sich, diese Eigenschaften zu kennen und, allgemeiner gesprochen, zu reflektieren, welche Faktoren die Persönlichkeit des Mäzens ausmachen, um eine konstruktive und harmonische Beziehung aufzubauen.

Unbeirrbarkeit. Manche „unaufhaltsamen" Mäzene verschreiben sich der Philanthropie wegen der Erfüllung, die ihnen das Schenken beschert. Großherzigkeit ermöglicht es, den tiefen Wunsch nach gefühlsmäßig lohnenden Beziehungen zu befriedigen.[17]

---

16 Die wissenschaftliche und branchenspezifische Literatur hat sich eingehend mit diesem Thema beschäftigt. Vgl. z. B. Parsi M. R., *Ingrati. La sindrome rancorosa del beneficato*, Mondadori, Mailand 2012.

17 In diesem Fall kann der Mäzen eine Vielzahl von Initiativen fördern, ohne jedes Mal effektiv zu sein oder greifbare Ziele zu erreichen.

Gelegenheit. Ein bestimmter Typ Mäzen kommt unverhofft zur Großzügigkeit. Zu Beginn ist es ein fast unbewusstes Engagement, aber wenn damit positive Erfahrungen einhergehen, bestärkt dies die Motivation zu schenken. Der Begünstigte kann das Instrument sein, um diese Positivität zu entdecken und weiterhin zu erleben.

Vision. Es gibt Philanthropen, die zutiefst an die Herzenskraft des Schenkens glauben. Diese Mäzene haben profunde Kenntnis der Sachverhalte ihrer Geförderten und vermitteln kulturelle Orientierung. Sie sind sich bewusst, dass ihre Möglichkeiten der individuellen Einflussnahme begrenzt sind. Sie suchen nach weiteren Mäzenen, die sich in einem Netzwerk verbunden haben, um gemeinsam die Reichweite ihres Engagements zu erhöhen. Der Philanthrop dieses Typs ist eine Führungspersönlichkeit, eine Art „Talentscout", der verborgenen Energien zum Durchbruch verhelfen kann.

Alpha-Persönlichkeit. Hat ein Mensch, der fördert, eine dominante Persönlichkeit, beeinflusst dies die Projekttätigkeit des Begünstigten stark, oft auch auf der persönlichen Ebene und über das Projekt hinaus. In diesem Fall wird der Antragsteller in die Rolle eines Untergebenen gedrängt, und die Beziehung kann sich konfliktreich entwickeln.[18]

Verschwiegenheit. Viele Mäzene möchten nicht öffentlich auftreten, stattdessen so viel Diskretion wie möglich wahren, um sich selbst und ihre Familie zu schützen. Sie tun dies aus religiöser Überzeugung oder auch aus persönlichen und allenfalls geschäftlichen Gründen. Manche fürchten ein überbordendes öffentliches Interesse mit unabsehbaren Folgen, einige sind einfach zu schüchtern, wieder andere wollen nicht mit ihrem großen wirtschaftlichen und finanziellen Wohlstand auffallen.

Sparsamkeit. Ein bestimmter Typus Mäzen gilt gerne als Philanthrop, aber nicht als Verschwender. Solche Mäzene umgeben sich lieber mit der Aura des Geheimnisvollen und unterstützen Initiativen und Projekte nur sporadisch.[19]

---

18 Dieser Charakterzug kann dazu führen, dass der Mäzen unflexibel gegenüber Anfragen und Vorschlägen des Nutznießers ist, selbst wenn dieser sie relevant und kompetent formuliert hat. Unerfahrene Philanthropen mit diesem Charakterzug neigen dazu zu glauben, jedes Problem lasse sich mit Geld lösen. Sie unterschätzen, wie wichtig es ist, den Begünstigten zu begleiten und seine Selbstwirksamkeit aufzubauen.

19 Sparsamkeit hängt auch mit der weit verbreiteten Auffassung von Mäzenen zusammen, dass ihre Investitionen an den unterstützten Projekten nicht durch indirekte Kosten für Verwaltung und Projektmanagement aufgezehrt werden sollen. In Wirklichkeit ist das gute Funktionieren der Verwaltung und des Managements der Non-Profit-Organisation ein entscheidender Erfolgsfaktor. Man sollte nicht unterschätzen, wie wichtig es ist, Effizienz sicherzustellen.

Illusion/Desillusion. Mäzene, die ihre (manchmal überzogenen) Erwartungen auf einen Begünstigten und bestimmte Initiativen projizieren, ohne ihre Erwartungen vollumfänglich zu äußern oder der Rolle als „Phil-Anthrop"[20] wirklich gerecht zu werden, werden oft enttäuscht. Die fehlende Anerkennung, die manchmal in offene Kritik umschlägt, kann einen Bumerang-Effekt haben. Dies ist der Fall bei vielen Institutionen, die sich mit der Verwaltung philanthropischer Initiativen nicht auskennen und den Mäzen mit der Aufgabe im Stich lassen, die Beziehung zur Gemeinschaft zu pflegen.[21]

Bewusstheit. In diesem Muster lebt die *Beziehung der Großzügigkeit* im besten Sinne. Der bewusste Philanthrop genießt die Geste der Freigiebigkeit, weil er ein Mensch ist, der für seine Initiativen voll verantwortlich ist und weiß, wie er mit der Gemeinschaft umzugehen hat. Die Beziehung zu den Begünstigten basiert auf einer Übereinstimmung in Bezug auf die Absichten, und dies garantiert den vollen Erfolg des philanthropischen Engagements.[22]

Die hier beschriebenen Charakterzüge eines Mäzens sind nur einige unter vielen. Sie im Blick zu behalten, gibt der *Beziehung der Großzügigkeit* Impulse, weil sie denjenigen, der sich um eine Schenkung bemüht, in die Lage versetzt, sich in den Mäzen einzufühlen und eine „authentische" Beziehung[23] aufzubauen.

Die Schenkung steht immer im Mittelpunkt einer Beziehung, die geprägt ist von Persönlichkeit, Erwartungen und spezifischen Zielen. Diese Faktoren beeinflussen die Entwicklung dieser Beziehung im Guten wie im Schlechten. Eine wichtige Rolle spielt dabei auch der Kontext, in dem das geschieht. Das Umfeld, in dem die philanthropische Beziehung aufgebaut wird, kann ein sehr wichtiger Faktor dafür sein, dass Mäzen und Begünstigter miteinander zufrieden sind. Damit beide Seiten zu einer positiven Philanthropie finden, ist es unerlässlich, Wege der Kommunikation philanthropischen Engagements mit Einbezug aller Stakeholder auszubauen. Das

20 Es gibt viele Gründe, warum Mäzene ihre Rolle als Philanthropen nicht in vollem Umfang wahrnehmen können: ein Umfeld, das nicht darauf eingestellt ist, ein fortgeschrittenes Lebensalter, zu viel mediale Aufmerksamkeit, eine unsichere wirtschaftliche Situation, eine Pandemie, die eigene Schüchternheit, geografische Entfernung zum Antragsteller usw. Deshalb ist es ratsam, wann immer möglich, einen strategischen Ansatz für Mäzenatentum und Philanthropie zu wählen, der diese Risiken *ex ante* analysiert und proaktiv zu minimieren versucht.

21 Darüber hinaus hegen Mäzene gegenüber Bewerbern manchmal Misstrauen, weil sie dazu neigen, bestimmte Risiken zu überschätzen und Angst vor Misserfolg zu haben.

22 Vgl. Parsi, *Ingrati ...*, a. a. O.

23 Vollständigkeit ist in dieser Hinsicht nicht erwartbar. Die Liste soll die Sensibilität derjenigen schärfen, die eine Schenkung im Hinblick auf den Aufbau einer *Beziehung der Großzügigkeit* zu einem Mäzen suchen. Man muss nicht in die Sphäre des Gönners eindringen, dennoch kann jedes Detail für den Empfänger relevant sein, um ihn zu verstehen und eine echte Beziehung zu ihm aufzubauen: von der Körpersprache bis zu den Lebensgewohnheiten usw.

sind etwa Zugänge zu Informationen (Netzwerke von Philanthropen, spezielle Suchmaschinen usw.) und die Verbreitung von Wissen in Bezug auf die *Beziehung der Großzügigkeit* (Branchenstudien, Fallstudien, Konferenzen, Fachpresse usw.).

Elemente einer ersten Einschätzung

1. Kennt der Antragsteller die Charakterzüge des Mäzens? Beispiele: Hatte er schon Umgang mit ihm? War er in Kontakt mit Menschen, die ihn genau kennen? Hat er langjährige Erfahrung in der Beziehung zu Mäzenen, dank derer er bestimmte Details bewerten kann? Sind die Quellen, auf die er sich stützt, zuverlässig, sicher?
2. Gibt es Charakterzüge des Mäzens, die Einfluss auf das Gelingen des Projekts haben könnten? Beispiele: sein Verhalten in Bezug auf vorangegangene ähnliche Projekte; seine Leidenschaften und Hobbys auf professioneller und privater Ebene (z. B. eventuelle bisher in der professionellen Beziehung nicht zum Zuge gekommene Potenziale, die der Arbeit neue Impulse geben könnten; kritische Punkte usw.).
3. Wie wichtig ist der Spendenwunsch des Mäzens? Kann der Antragsteller das beurteilen? Beispiele: Der Mäzen spendet an alle, die ihn darum bitten; er spendet sehr häufig; er ist bekannt dafür, ein nicht selektiver und sehr großzügiger Spender zu sein; Umfang der Spenden an andere Projekte usw.
4. Ist der Mäzen ein gelegentlicher Spender oder spendet er häufig und mit System? Wie beeinflusst all dies die Zusammenarbeit? Kriterien: Ist es klar, was er sich vom Antragsteller in Bezug auf das Erreichen von Zielen, Danksagung usw. erwartet, damit das Projekt gelingen kann und Missverständnisse vermieden werden? Hat er schon Erfahrungen in der Philanthropie gesammelt, die dem Antragsteller weiterhelfen können? Welche Konsequenzen haben diese Aspekte im Hinblick auf die Dauer und die Qualität der Beziehung (z. B. wie viel persönlicher Einsatz wird vom Antragsteller in einer Beziehung zu einem sehr erfahrenen Philanthropen gefordert)?
5. Möchte der Mäzen einen Prozess tiefer Veränderung im Hinblick auf ein spezifisches Problem erzielen, aber nur auf lokaler Ebene agieren? Welche Folgen hat das auf die Beziehung? Kriterien: Fähigkeit, den lokalen Stakeholdern zuzuhören und sie einzubeziehen; nachgewiesene Fähigkeit, das eigene unternehmerische Wissen in den Non-Profit-Sektor einzubringen; Flexibilität; Fähigkeit, sich zurückzunehmen, wenn es erforderlich ist, usw.
6. Möchte der Mäzen im Projekt auch eine Schlüsselrolle oder Führungsposition einnehmen? Gibt es in der persönlichen und beruflichen Vergangenheit des Mäzens Projekte, die dem zu finanzierenden Projekt ähneln?
7. Hat der Mäzen Fähigkeiten und Charisma, um für seine Ideen zu begeistern und Zustimmung zu finden? Kann er in den operativen Phasen und auch im Hinblick auf die emotionelle Einbindung ein Leader sein? Wenden sich die Menschen in schwierigen Momenten oder bei Veränderungen an ihn, um Unterstützung und Führung zu erhalten? Hat er in seiner Karriere gezeigt, dass er Talent für das Storytelling hat?

8. Verlangt der Mäzen für sich und seine Familie Vertraulichkeit oder sucht er im Gegenteil Ruhm und Visibilität? Beispiele: Möchte er genannt werden oder nicht? Hat er im Vertrag diesbezügliche Klauseln vorgesehen? Usw.
9. Möchte der Mäzen sich als sparsame Person darstellen? Beispiele: Er ist Mitglied in vielen philanthropischen Vereinen, doch man sieht ihn nur sehr selten spenden; er vermeidet alle Ausgaben, die mit Repräsentation verbunden sind; er verwendet die öffentlichen Verkehrsmittel; er lebt in einem bescheidenen Umfeld; er hat dennoch ausgesprochen bemerkenswerte Kenntnisse der Materie und fällt durch seine sachlichen Beobachtungen auf; er ist besonders gut darin, andere Mäzene einzubeziehen, usw.
10. Möchte der Mäzen sich als distanzierte Person darstellen? Warum? Beispiele: Probleme der persönlichen Sicherheit; sein Business verlangt nach Vertraulichkeit; er steht zu oft im Licht der Medien; Vertraulichkeit ist ein Merkmal seiner Persönlichkeit oder seines sozialen Umfelds usw.
11. Möchte der Mäzen Wohlwollen und Zugänglichkeit aus ethisch-moralischen Gründen kultivieren oder müssen andere Aspekte in Betracht gezogen werden?

2.2 Die Beweggründe für Mäzenatentum und Philanthropie

Man kann fast immer einen Auslöser – manchmal sind es auch mehrere zusammenwirkende Ursachen – identifizieren, der einen Menschen dazu veranlasst, Energie und finanzielle Ressourcen in ein gesellschaftlich relevantes Projekt zum Nutzen anderer zu stecken. Die Erforschung der Beweggründe für Mäzenatentum und Philanthropie entwickelt sich ständig weiter und umfasst viele Wissensgebiete. Im Folgenden vermitteln wir einige der häufigsten Motive:

- Ethische und religiöse Überzeugungen: Die Praxis der Nächstenliebe wurde lange Zeit von einer Mischung aus religiösen und sozialen Motiven bestimmt. Einerseits galt Nächstenliebe als Mittel zur Erlösung des Individuums, andererseits war sie verbunden mit der echten Sorge um die Probleme der Verarmung und des Elends. Auch heute noch leiten religiös-ethische Werte das Handeln vieler Mäzene, manchmal auf entscheidende Weise.[24]
- Familientradition: Einige Philanthropen und Mäzene stammen aus Familien mit einer jahrhundertealten Tradition des Mäzenatentums. Sie werden von klein auf an philanthropisches Engagement herangeführt; es fortzuführen, kann Teil ihrer Erbschaftspflichten sein.
- Lebenserfahrungen: Die Entscheidung, Geld für die Zivilgesellschaft auszugeben und sich für sie zu verausgaben, kann aus einer traumatischen Erfahrung

24 Vgl. Gemelli G., *Religioni e filantropia nel mediterraneo: tradizioni, simboli e iconografie*, Baskerville Verlag, Bologna 2015.

wie dem Verlust eines geliebten Menschen entstehen oder aus dem Wunsch, dass ein Familienmitglied dem Andenken der Nachwelt erhalten bleibe.

- Selbstbild: Philanthropisches Engagement kann sich positiv auf das Selbstwertgefühl auswirken, weil es Prestige und Ansehen steigert.
- Freude am Schenken: Schenken fördert die Ausschüttung von Endorphinen, es macht glücklich, verleiht dem Tag Farbe, gibt einem das Gefühl, nützlich zu sein, wenn nicht sogar unentbehrlich, und gleicht in manchen Fällen sogar emotionale Defizite aus.[25]
- Individuelle Leidenschaft für ein bestimmtes Thema: z. B. Musik, bildende Kunst, das Recht auf Gesundheit, Sport, Wissenschaft, Natur, Tiere usw.
- Der Wunsch, soziale Probleme zu lindern und Kultur zu fördern: Auslöser für philanthropisches Engagement ist häufig die Überzeugung, dass das Geld, das Mäzene zur Verfügung stellen, die entscheidende Veränderung herbeiführen kann.
- Machtgewinn: Als Frauen begannen, sich zu emanzipieren, und es wenig Raum für sie gab, sich künstlerisch auszudrücken, verschaffte ihnen die Förderung von Kunst und philanthropischen Projekten eine größere gesellschaftliche Sichtbarkeit. Dieser Zustand besteht, wenn auch in einem anderen Kontext, noch heute in vielen Ländern.
- Wirtschaftliche und steuerliche Aspekte: speziell in Ländern, die Steuererleichterungen für philanthropische Investition bieten.

Man sollte sich in Erinnerung rufen, dass Philanthropen und Mäzene häufig von mehreren Motiven zugleich beeinflusst werden. Sehr oft ist ein ethischer Wert mit einer Leidenschaft für ein bestimmtes Thema oder einen bestimmten Bereich verbunden; zum Beispiel wird eine Familientradition durch die Entwicklung günstiger steuerlicher Bedingungen für Mäzene verstärkt. Zu klären, welche Motive nun wirklich eine Rolle spielen, hilft immer, das Verständnis für einen Mäzen zu vertiefen und Ansätze für eine erfolgreiche Zusammenarbeit mit ihm auszumachen.

3 Die *Beziehung der Großzügigkeit*

Das Schenken ist die Schlüsselressource, der Auslöser für die Beziehung zwischen einem Mäzen und einem Begünstigten. Diese Beziehung, die alles andere als geradlinig ist, wird beeinflusst durch die Wertesysteme, Charaktere, kulturellen Hinter-

25 Bekkers R., Wiepking P., „A Literature Review of Empirical Studies of Philanthropy: Eight Mechanisms that Drive Charitable Giving", in *Nonprofit and Voluntary Sector Quarterly* 40, 5, 2011, S. 924-973.

gründe und Ziele beider Parteien, seien es Einzelpersonen oder Organisationen. Manche glauben, dass das altruistische Verhalten von Mäzenen nur Fassade ist, hinter der sich immer die Erwartung einer Gegenleistung verbirgt. Es wäre dann eine Art von berechnendem Verhalten, das irgendwann zu einem expliziten Anspruch auf Gegenseitigkeit führt. Diese Vorstellung ist so verbreitet wie klischeehaft. Sie beschränkt sich darauf, Mäzene nur in Bezug auf die Höhe ihres Vermögens zu betrachten, nicht in Bezug auf ihre menschliche Größe. Die Vorstellung ist tief verwurzelt, uralt, aber auch sehr aktuell und hartnäckig. Sie definiert die Beziehung zu den Mäzenen als ein Schachspiel, das taktisch gespielt werden muss. Das Ergebnis dieser Haltung: Man vergisst, dass das Potenzial der Beziehung zwischen Philanthrop und Antragsteller weit über den bloßen Geldtransfer hinausgeht.[26]

Im Folgenden untersuchen wir die häufigsten Verhaltensweisen derjenigen Antragsteller, bei denen ein mangelndes Verständnis für die komplexe Natur des Schenkens unweigerlich zu Problemen und Frustrationen führt.

In Wirklichkeit ist der Akt des Schenkens für den Mäzen eine Quelle ständiger Anregung, ein Moment der Entdeckung, der Offenheit für das Unbekannte, der oftmals intensiven Gefühle mit unvorhersagbaren Folgen.

In der *Beziehung der Großzügigkeit* geht die Schenkung nicht bloß auf Güte zurück, sondern auf eine vollständige Offenheit gegenüber dem anderen, auf den Wunsch, mit dem anderen eine Verbindung einzugehen. Es ist eine Leidenschaft für den anderen, verstanden als Wunsch nach Zugehörigkeit, nach einem Verbundensein zum Zweck einer umfassenderen Form der Selbstverwirklichung.[27]

Es ist eine gleichberechtigte Beziehung, die davon lebt, dass einer dem anderen seine Freiheit lässt. Genährt wird diese Beziehung vom Sinn für das Teilen und von der geteilten Freude, wodurch die Verbundenheit immer stärker wächst.

3.1 Unterschiedliche Erwartungen und Konfliktpotenzial zwischen Mäzen und Antragsteller

Betrachten wir nun, warum sich die philanthropische Beziehung im Alltag nicht immer als eine *Beziehung der Großzügigkeit* erweist. Wir wissen, dass sie unter anderem von den drei vielschichtigen Dimensionen der Schenkung beeinflusst wird: ihrem relationalen Charakter, dem Fehlen von Garantien und Kontrolle sowie von der Symbolik, die ihr innewohnt.

26 Wir denken z. B. an die Fähigkeiten des Philanthropen, seine persönliche Erfahrung, sein Beziehungskapital, seine visionären Fähigkeiten usw.

27 Vgl. Pulcini E., *La cura del mondo. Paura e responsabilità nell'età globale*, Bollati-Boringhieri, Turin 2009.

Die relationale Natur der Schenkung enthält die Möglichkeit zu unterschiedlichen Wahrnehmungen ihrer selbst.
Die Schenkung ist zugleich objektiv und relational. Sie kommt zustande, wenn eine Person einer anderen ein Gut oder eine Dienstleistung übergibt. Der Akt des Austausches erzeugt das Gefühl der Zufriedenheit und Dankbarkeit. Dadurch entsteht eine Beziehung, die höchst unterschiedliche Bedeutungen annehmen kann. Die Schenkung hat einen je eigenen tatsächlichen Wert für beide Seiten: Für den Antragsteller kann sie den Unterschied zwischen der Existenz oder Nicht-Existenz seines kreativen Projekts ausmachen; der Mäzen sieht sie als Mittel zum Transfer von Werten und Emotionen, die über den materiellen Akt hinausgehen. Die Schenkung ist also mit Erwartungen aufgeladen. Das wiederum ist die Ursache für mögliche Enttäuschungen, die sich einstellen, wenn diese Erwartungen nicht erfüllt werden.

Nur eine offene und klare Kommunikation erschließt einem, wie wir später sehen werden, das Wesen der philanthropischen Beziehung: Den beiden Akteuren muss es gelingen, ihre je eigene Person und ihre gegenseitigen Erwartungen in den Blick zu nehmen. Nur so ist es möglich, die Asymmetrie der Beziehung zu überwinden und zu vermeiden, dass es zu Verzerrungen, Teufelskreisen oder gar Ressentiments kommt.[28]

Der Ermessensspielraum des Mäzens kann abschreckend wirken.
Philanthropie ist nicht demokratisch, sie funktioniert nicht nach dem Mehrheitsprinzip. Der Mäzen verfügt über sein Geld willkürlich, subjektiv und persönlich, nicht gemäß den Wünschen der Mehrheit. Die Schenkung bringt keine Verpflichtung mit sich, eine versprochene Handlung auszuführen oder nicht auszuführen, sie ist frei von Zwang und Kontrolle. So gesehen beeinflusst auch das gesellschaftspolitische Umfeld das Verhalten der Mäzene. Die Entwicklung der Philanthropie ging über die Jahrhunderte einher mit der Entwicklung der Persönlichkeitsrechte, der Menschenrechte und der Gleichstellung der Geschlechter. Heute unterstützt dieses Umfeld die Entwicklung des philanthropischen Sektors durch äußere Anreize, zum Beispiel durch ein vorteilhaftes Steuersystem und ein gesellschaftliches Klima, in dem Großzügigkeit gedeihen kann und wertgeschätzt wird, in dem man sich über Projekte austauscht und sie gemeinsam angeht.

Die symbolische Dimension der Schenkung enthält die widersprüchlichen Elemente der philanthropischen Beziehung.
Wenn wir nun zuletzt akzeptieren, dass in der symbolischen Dimension der Schenkung auch widersprüchliche Elemente enthalten sein können, verstehen wir, dass Philanthropie sich in einer symbolischen Dimension bewegt, die sowohl die Praxis

28 Vgl. Parsi, *Ingrati …*, a. a. O.

als auch die Leidenschaft umfasst, auch wenn das Konzepte sind, die nicht unbedingt zusammenpassen. Für den Philanthropen ist das Geben ein Glücksspiel, das er in erster Linie mit sich selbst spielt, indem er sich neuen Realitäten, neuen Herausforderungen oder dem Risiko aussetzt, Glaubwürdigkeit zu verlieren und eigene Beziehungen zu gefährden.

Wenn beide Seiten, Förderer und Bewerber, ein gutes Bewusstsein für die jeweiligen Werte haben, um die es geht, dann wird die Beziehung emotional auf Augenhöhe aufgebaut. Um nicht in unnötige Konflikte zu geraten, muss die Beziehung zwischen Mäzen und Bewerber vom Konzept der Komplementarität her verstanden werden. Das bedeutet, dass jeder der beiden einen Wert im Überfluss besitzt, der dem anderen fehlt, und jeder braucht, was der andere im Überfluss hat.

Wie Mäzene die Chance einer Schenkung wahrnehmen können

Mäzene entwickeln auf unterschiedliche Weise ein Interesse an einem Projekt oder einer gemeinnützigen Organisation. Zum Beispiel durch:

- direkte Anfragen um Beiträge;
- Empfehlungen von Freunden und Familie;
- Empfehlung durch einen Rechtsanwalt oder Vermögensverwalter;
- Vermittlung durch einen Bankberater;
- Recherche, die von ihrem Family Office durchgeführt wird;
- Teilnahme an einer Veranstaltung;
- Lesen einer Zeitung, eines Buches, einer Studie;
- eine Internet-Recherche.

4 Bereicherndes Zuhören

Zuhören ist einer der Schlüssel zur Welt der Philanthropie. Haben sie einmal ihre ersten Erfahrungen mit dem Schenken gemacht, beschließen immer mehr Philanthropen, diejenigen zu konsultieren, die sich wie sie und vor ihnen auf die Reise der Philanthropie begeben haben. Sie wollen wissen, wie andere die Ressourcen verteilen, welche Modelle funktionieren und welche nicht, wie man sich vernetzt, um Visionen und Know-how auszutauschen und gemeinsam Fortbildungen zu besuchen. Seltener entwickelt sich diese Dynamik zwischen Förderern und Antragstellern. Doch in einer *Beziehung der Großzügigkeit* sollten beide Partner sorgfältig abwägen, in welchem Maße sie Frustration durch den jeweils anderen zu tolerieren bereit wären. Dieses Vorgehen würde helfen, keine Zeit zu verschwenden, sich nicht unnötig zu verausgaben oder gar ernsthafte Konsequenzen zu riskieren. In diesem Sinne erweist es sich als sehr nützlich, den Verhaltenskodex des anderen einschätzen zu können und einen empathischen Kommunikationsstil zu entwickeln. Nehmen wir an, es geht darum, sich für eine Schenkung zu bedanken. Ein allgemeines „Danke“ wird der Philanthrop ganz anders wahrnehmen als eine Bezeugung des Dankes, die aus dem Inneren der Beziehung kommt, eines Dankes, in dem gewissermaßen der Mäzen mitschwingt, in dem seine Qualitäten leben. Diese zweite Typologie entsteht aus dem bereichernden Zuhören. Dieser Kommunikationsstil beruht darauf, die Ressourcen des anderen zu erfassen – nicht in manipulativer Absicht, sondern um herauszufinden, an welchem Punkt man übereinstimmt. Wer den Kommunikationsstil des bereichernden Zuhörens pflegt, kann sich auf eine andere Person einstimmen, ohne zu urteilen, eine positive Eigenschaft dieser Person wahrnehmen und sich zugleich auf die eigenen Gefühle, Emotionen und Gedanken konzentrieren.[29]

Eine positive Qualität des Gegenübers zu erfassen, erfordert die Fähigkeit, die Charaktereigenschaften der Person zu beobachten, diese Eigenschaften voneinander zu unterscheiden und diejenige zu favorisieren, die wir am wahrscheinlichsten als bereichernd und positiv für diese Person beurteilen.[30]

Empathie kann als ein Prozess gesehen werden, bei dem ein Beobachter die emotionalen Zustände des anderen wahrnimmt und ähnliche Zustände in sich selbst wachruft.

---

29 Die Methode des bereichernden Zuhörens wurde von Luca Ostacoli, außerordentlicher Professor für klinische Psychologie an der Abteilung für klinische und biologische Wissenschaften der Universität Turin, in einem exklusiven Interview mit den Autorinnen so beschrieben: Sie erinnere „an die Konzepte der Empathie und der Spiegelneuronen, des Urteils (verstanden als Unterscheidung zwischen verschiedenen Merkmalen eines Objekts), der Achtsamkeit und der Enterozeption“. Die Methode des bereichernden Zuhörens ist im *Body Affective Mindfulness (BAM)-Protokoll* enthalten.

30 Prof. Ostacoli weist darauf hin, dass „das Bereichern des Zuhörens es ermöglicht, die Beziehung selbst zwischen Mäzen, Antragsteller und Objekt der philanthropischen Handlung neu zu konfigurieren. Mit Letzterem zu beginnen, bedeutet, sein Potenzial und den Reichtum, den es beiden Parteien bringen kann, zu evaluieren, sei es kulturell, sozial oder künstlerisch. Dieser Prozess kann eine Vision hervorbringen, in der sich Wissen, Vorstellungskraft und Zuneigung vermischen. In der Handlung selbst, in der alle diese Aspekte zusammenkommen, können sie eine Dimension der Bewusstheit eröffnen, die mit einem überpersönlichen Wohlbefinden einhergeht. Im Gegensatz zum Wohlbefinden, das an persönliche Interessen geknüpft ist, nimmt sich jemand, der sich für die überpersönliche Dimension öffnet, ganzheitlich wahr und verbessert sein Verständnis für den anderen. Auf Seiten der anfragenden Partei ist das bereichernde Zuhören in Bezug auf die positiven Eigenschaften des Auftraggebers sehr wichtig: Es fördert nicht nur eine aktive Zusammenarbeit, es lässt die Realisierung des Projekts zu einem Prozess der Ko-Konstruktion und des Zusammentreffens von Visionen werden. Dazu muss auch der Mäzen eine Haltung entwickeln, die es ermöglicht, die positiven Qualitäten des Antragstellers anzuerkennen, die ihren Ursprung zwar in seiner Vita haben, diese aber in einem Projekt, das über sie hinausgeht, überschreiten. Bereicherndes Zuhören ist auch eines der effektivsten Werkzeuge, um mögliche Konflikte in der zu schaffenden Beziehung zu bewältigen, es ist der Fixpunkt im Netz der unendlich vielen möglichen Kombinationen von Typologien, die im Bereich des Schenkens auftreten“ (Quelle: persönliches Gespräch).

Konsequenzen des bereichernden Zuhörens in der philanthropischen Praxis

Wenn ein Mäzen ein philanthropisches Projekt ins Leben ruft, ist das immer auch eine Chance für ihn, eine Entdeckung zu machen, den Teil seiner Menschlichkeit zu kultivieren, den er in anderen Bereichen des Lebens vielleicht noch nicht im selben Maße zur Geltung bringen konnte.

Wie kann dies in der Praxis erreicht werden?

Nehmen wir das Beispiel eines Mäzens, der das Projekt einer Musikerin, zum Beispiel einer Geigerin, unterstützen will und ihr sogleich ein Instrument kauft. Sich auf eine bereichernde Beziehung des Zuhörens einzulassen, würde bedeuten, dass der Mäzen nicht gleich eine sehr seltene Geige erwirbt, sondern sich auf die Musikerin einlässt und gemeinsam mit ihr das geeigneteste Instrument auswählt.

- Für den Mäzen bedeutet das, sich auf eine kreative Idee einzulassen und gemeinsam mit der Musikerin zu entscheiden, wie dieses herrliche Instrument gebührend zur Geltung kommen kann.
- Die beiden treten in eine wahrhaft empathische Beziehung ein und erleben den Kauf des Instruments als Ausdruck einer gemeinsamen Vision. Der Mehrwert des philanthropischen Engagements besteht genau darin, die Bedürfnisse der Geigenvirtuosin absolut ernst zu nehmen.
- In einer solchen Beziehung erhält das Objekt als solches einen Wert, der über das rein Ökonomische hinausgeht. Es ist die Basis für ein Zusammenwirken zwischen Künstlerin und Mäzen, das es Letzterem ermöglicht, neue Seiten an sich selbst zu entdecken und zu entwickeln und seine philanthropische Seite bestmöglich zum Ausdruck zu bringen.[31]

Mäzene und Begünstigte verwirklichen positive Philanthropie, wenn sie lernen, einander auf diese Art zuzuhören, zu kommunizieren und die *Beziehung der Großzügigkeit* empathisch zu leben, indem sie gemeinsam herausfinden, wie man das philanthropische Projekt auf die effektivste Art und Weise auf die Beine stellen und starten kann.

Dieser Ansatz geht weit über den bloßen Geldtransfer hinaus. Der eigentliche Zweck des Projekts wird auf emotionaler wie auf rationaler Ebene gemeinsam angestrebt, und es werden Programme initiiert, die einen Wert für die gesamte Zivilgesellschaft schaffen sollen. Das ideale Gleichgewicht in der Beziehung zwischen Philanthropen und Begünstigtem ist erreicht, wenn sie kooperieren, perfekt harmonieren und auch in ihren Absichten vollkommen übereinstimmen.

31 Vgl. hierzu die angelsächsische Studie über achtzig Großmäzene von Breeze B. und Lloyd T., *Richer Lives. Why Rich People Give*, Directory of Social Sciences, zweite Aufl., London 2013.

Vorbereiten der Aktivität

3

Organisation, Strategie, operative Werkzeuge

Bevor man mit dem Aufbau von Beziehungen zu Mäzenen beginnt, muss jeder, der eine philanthropische Spende anstrebt – egal ob gemeinnützige Organisation oder Einzelperson – auf eine Reihe von sogenannten „vorbereitenden" Aktivitäten achten. Das Ziel dieses Kapitels ist es zu zeigen, wie man alle notwendigen Maßnahmen ergreift, um mit Gönnern auf die richtige Weise zu arbeiten. Im Wesentlichen geht es dabei um die Konzentration auf drei Ebenen: die organisatorische Dimension – der Aufbau eines motivierten und kompetenten Teams, die strategische Dimension – das Sammeln und Analysieren relevanter Daten, um den am besten geeigneten Fundraising-Plan zu erstellen, und die operative Dimension – die Einrichtung der grundlegenden Arbeitsinstrumente. Dieser Phase Zeit und Sorgfalt zu widmen, bedeutet, auf dem richtigen Fuß zu beginnen und von Anfang an einen Standard für qualifizierte und effiziente Arbeit zu setzen.

1 Die organisatorische Dimension: wie man sich auf die Zusammenarbeit mit Mäzenen vorbereitet

Für die Arbeit mit Mäzenen ist es wichtig, von Anfang an einen langfristigen Ansatz zu verfolgen. Das bedeutet, sich von der Vorstellung zu verabschieden, dass, sobald die Finanzierung gesichert ist, das Projekt abgeschlossen ist und die Beziehung zu dem Mäzen endet. Es muss das Ziel sein, eine solide Basis von Mäzenen aufzubauen, die sich für die Entwicklung der Organisation über längere Zeit interessieren und ihr verbunden bleiben. Die Suche nach neuen Mäzenen für jedes neue Projekt würde kontinuierliche Investitionen erfordern.

Eine langfristige Perspektive einzunehmen ist jedoch eine Herausforderung und setzt die Offenheit voraus, sich mit anderen zu treffen und auszutauschen. Bevor man sich auf die Suche nach potenziellen Mäzenen macht, muss derjenige, der eine philanthropische Spende anstrebt, daher prüfen, ob er und seine Organisation bereit sind, sich für den Aufbau einer solchen Beziehung zu engagieren.

Das Fundraising definiert diese Bereitschaft derer, die eine Fundraising-Kampagne durchführen wollen, als *Institutional Readiness.* Sie zeigt, wie bereit eine Non-Profit-Organisation ist, eine effektive Fundraising-Kampagne durchzuführen und abzuschließen.

Die *Institutional Readiness* setzt einen geeigneten Geist und ein geeignetes Arbeitsklima der Organisation voraus, dank derer ein Antragsteller bereit ist, sich zu engagieren und sich mit Energie, Optimismus und Willenskraft für die philanthropische Arbeit einzusetzen.

Dies gilt natürlich auch für die Künstlerin oder den einzelnen Mitarbeitenden im Non-Profit-Sektor, die eine philanthropische Spende suchen. Sind diese Menschen bereit, ihre Zeit, ihre Kreativität, ihre Energie in ihre Beziehung zu Philanthropen zu investieren? Sind sie sich bewusst, dass die Beziehung viel mehr ist als ein bloßer Geldtransfer? Diese Einschätzungen sind notwendig, weil sie den Verlauf der Zusammenarbeit von Anfang an positiv oder negativ beeinflussen.

1.1 Wie Sie die *Institutional Readiness* überprüfen

Um die eigene *Institutional Readiness* zu überprüfen, wird eine Organisationsanalyse durchgeführt, die zeigt, ob die Voraussetzungen für die Arbeit mit Mäzenen tatsächlich gegeben sind. Den Grad der Vorbereitung einer Organisation zu messen, mit Philanthropen zusammenzuarbeiten, mag auf den ersten Blick schwerfallen. In der Realität lässt er sich jedoch an der Qualität der Materialien, Veranstaltungen und Verfahren ablesen, mit denen eine gemeinnützige Organisation – intern und extern – ihre Offenheit für die Zusammenarbeit mit Mäzenen und Philanthropen kommuniziert. Ein guter Experte für philanthropische Arbeit, der die institutionelle Bereitschaft einer Organisation messen will, sollte an der Spitze beginnen: Ein diskretes Interview mit der Geschäftsführung und der Vorsitzenden der Organisation, das aus gezielten Fragen und der Fähigkeit, zwischen den Zeilen zu lesen, besteht, kann zu einem Verständnis darüber führen, ob es eine echte Begeisterung für die Arbeit mit Mäzenen gibt und was die markantesten Punkte in der philanthropischen Geschichte der Organisation sind. Dokumente wie der Kommunikations-, Marketing- und Fundraising-Plan, operative Instrumente wie das Budget, die „Spendenhöhe-Tabelle" und die Datenbank oder das mögliche Fehlen derselben sind sensible Indikatoren. Als Nächstes kann es sehr nützlich sein, ein Gespräch mit den Personen zu beginnen, die für die Fundraising-Aktivitäten verantwortlich sind, um ihr spezifisches Know-how und ihre Fähigkeiten für die Zusammenarbeit mit Mäzenen zu überprüfen. Immaterielle Elemente wie der Grad des Vertrauens und eine gewisse Eleganz der Umgangsformen sind für eine effektive Kommunikation mit ihnen unerlässlich. Dann gehen wir zum Rest der Organisation über und sehen, wie die Kollegen mit diesem Thema umgehen: Arbeiten die verschiedenen Abteilungen gut als Team zusammen? Sind sich insbesondere die Kommunikation und die Verwaltung der Bedeutung ihrer Rolle bewusst? In einer Kaskade ist jedes Mitglied der Organisation an der Gestaltung der Beziehung zu den Mäzenen beteiligt, und wenn dies von der Geschäftsleitung verstanden und gepflegt wird, dann sind die richtigen Bedingungen geschaffen, um eine erfolgreiche Planung zu initiieren.

Die eigene *Institutional Readiness* prüfen – Non-Profit-Organisation

Wie wir auf den folgenden Seiten im Detail sehen werden, muss eine Non-Profit-Organisation, bevor sie eine Fundraising-Kampagne mit Mäzenen und Philanthropen startet, eine Einschätzung folgender Elemente vornehmen:

- Sind die Gründe klar definiert, weshalb es für einen Mäzen sinnvoll ist, der Organisation seine Unterstützung und sein Vertrauen zu schenken *(Case for Support)*?
- Sind die Führungsspitze der Organisation (Vorstände, Geschäftsführung) und das Advisory Board, falls vorhanden, von der Wichtigkeit der Pflege der Beziehungen zu Mäzenen überzeugt und persönlich engagiert?
- Ist sichergestellt, dass die gesamte Organisation geschlossen für diese Beziehungen eintritt, oder gibt es interne Widerstände?
- Ist abgeklärt, dass die Projekte gut definiert und durchführbar sind und dass die damit verbundenen Anträge auf finanzielle Unterstützung plausibel sind?
- Gibt es interne Kompetenzen für den Aufbau und das Management von Beziehungen zu Philanthropen und haben wir eine charismatische und projektorientierte Person, die mit den Mäzenen zu tun haben wird?
- Haben wir eine effiziente Kommunikationsstrategie?
- Arbeiten unsere Partner mit detaillierten Budgets und einer aktuellen Datenbank?

Die eigene *Institutional Readiness* prüfen – Einzelperson/Antragsteller

Bevor eine Fundraising-Kampagne bei Mäzenen und Philanthropen gestartet wird, sollten ein Künstler oder eine einzelne Mitarbeitende im Non-Profit-Bereich folgende Elemente evaluieren:

- Fühlt er/sie sich bereit, die Ziele und Aktivitäten des Projekts vollständig mit anderen individuellen Geldgebern zu teilen?
- Hat er/sie die Gründe klar definiert, warum es für einen Mäzen sinnvoll ist, seinem Projekt seine Unterstützung und sein Vertrauen zu schenken *(Case for Support)*?
- Ist sein/ihr Projekt wohldefiniert und durchführbar und sind seine/ihre Anträge auf finanzielle Unterstützung plausibel?
- Ist er/sie sich der Stärken (und möglichen Schwächen) des Projekts bewusst und weiß er/sie, wie er/sie es mit Überzeugung und auf ansprechende Weise präsentieren kann?
- Verfügt er/sie über die notwendigen Fachkenntnisse und Netzwerke, um eine Beziehung zu Mäzenen einzugehen, oder muss er/sie sich auf professionelle Experten verlassen?
- Hat er/sie eine effektive Kommunikationsstrategie definiert?
- Hat er/sie ein detailliertes Budget erstellt und eine aktuelle Datenbank eingerichtet?

1.2 Die Schlüsselpersonen

Je nach Größe hat eine Non-Profit-Organisation eine mehr oder weniger ausdifferenzierte Organisationsstruktur. Ob sehr groß oder sehr klein, es gibt immer ein paar Schlüsselpersonen, die für die erfolgreiche Vorbereitung von Aktivitäten mit Mäzenen entscheidend sind (siehe Tabelle 1). Die erste Schlüsselfigur ist der Projektleiter. Wer auch immer das Fundraising-Team leitet, muss eine überzeugende, charismatische und kompetente Person sein, die gegebenenfalls einen Berater hinzuziehen kann, wenn spezifischeres Fachwissen erforderlich ist. Diese Person ist in der Regel der Direktor (Geschäftsführer) oder der Vorstandsvorsitzende, eventuell unterstützt durch den Vorsitzenden des Advisory Boards/Ehrenrates. Wenn der Projektleiter nicht der Geschäftsführer der gemeinnützigen Organisation ist, ist es dennoch sehr wichtig, dass sich der Geschäftsführer und die Vorstandsmitglieder auch persönlich in die Kampagne einbringen, ihre Netzwerke aktivieren und die Aktivitäten mit Interesse und Engagement verfolgen. Dieses Engagement dient nicht nur dem reibungslosen Ablauf der philanthropischen Beziehungen, sondern ist auch ein wichtiges Element der internen Kommunikation und unterstützt die Verbreitung einer der Philanthropie zugewandten Organisationskultur. Wenn sich eine Organisation für die Zusammenarbeit mit Mäzenen entscheidet, wählt sie oft einen Ehrenrat oder ein Advisory Board, die anerkannte Persönlichkeiten aus ihrem Umfeld – aus der akademischen, beruflichen und sozialen Welt – einladen, um an der Erreichung ihrer Förder- und Projektziele mitzuwirken.

Der Ehrenrat spielt eine zentrale Rolle, weil er zum einen die sozialen Distanzen verkürzt und zum anderen ein starkes Element der externen Kommunikation ist, da die Mitglieder des Vorstands zu Botschaftern der Organisation werden, die Vertrauen schaffen und die institutionelle Unterstützung fördern. Es ist wichtig, dass die Auswahl der Mitglieder eines Ehrenkomitees auf einer Reihe von Kriterien basiert, wobei es nicht darum geht, bekannte Persönlichkeiten zu ernennen, sondern darum, ein Team zu organisieren, das den eigenen Werten und den Projektbedürfnissen entspricht.

So wählen Sie die Mitglieder Ihres Ehrenkomitees aus

Eine Liste möglicher Mitglieder des Ehrenkomitees wird erst nach Klärung folgender Punkte sinnvoll zusammengestellt:

- Welches sind die *finanziellen Erfordernisse* des Projekts? Substanzielle Interventionen erfordern ein großes Beziehungskapital und eine sehr effiziente institutionelle Kommunikation.
- Was sind die *Kernthemen des Projekts?* Übereinstimmungen nach Themen-/Interessenbereichen sind die Grundlage für die Einbeziehung der richtigen Förderer.
- Was ist das *vorhandene Beziehungskapital?* Welche Stärken sind zu nutzen und welche Lücken sind zu füllen?
- Welches sind die *Identitätswerte der Organisation?* Welche Beziehungen stehen möglicherweise im Widerspruch zu ihrer Mission? Welche sollen besonders gepflegt werden?

Sobald die Projektziele und die Rahmenbedingungen der Zusammenarbeit mit den Mäzenen geklärt sind, kann eine Longlist mit Namen möglicher Mitglieder des Ehrenkomitees formuliert werden. Diese beginnt mit dem Vorsitzenden des Ehrenkomitees, der eine einnehmende und diplomatische Persönlichkeit mit einem breiten Netzwerk an Kontakten sein sollte. Er sollte in der Lage sein, die anderen Mitglieder des Ehrenkomitees zusammen mit dem Direktor einzubeziehen, wenn es an der Zeit ist. Jeder von ihnen muss den Eindruck haben, dass die Arbeit für dieses Projekt beziehungsmäßige Vorteile und mehr bringt.

Der Leiter dieser Tätigkeit ist der Philanthropie-Manager,[32] eine Fachkraft innerhalb oder außerhalb der Non-Profit-Organisation, die in der Regel über die spezifischen Fähigkeiten verfügt, um die Finanzierungskampagne erfolgreich zu konzipieren, zu verwalten und durchzuführen. Diese Person verfügt über hervorragende Sprach- und Kommunikationsfähigkeiten, Schreib- und Storytelling-Fähigkeiten; gleichzeitig ist sie mit den eher technischen Aspekten der Mäzenatentätigkeit ver-

32 Es gibt verschiedene Möglichkeiten, eine professionelle Fachkraft zu benennen, die sehr erfahren sein muss. Im Allgemeinen wird es bevorzugt, den Begriff „Fundraiser“ nicht zu verwenden, da er dazu beitragen könnte, Barrieren zu schaffen.

traut, wie z. B. Recht, Steuern und Branchentrends, und beherrscht die Instrumente der Finanzbuchhaltung und des Marketings.

Sobald das Team feststeht und die Verantwortlichkeiten aufgeteilt sind, wird der Fokus auf den Arbeitsablauf gelegt: Zeitrahmen, Meilensteine und Überwachung der Aktivitäten werden definiert, Projektmeetings werden angesetzt, um Entscheidungen und Fortschritte zu überprüfen, Probleme zu managen und Hindernisse zu überwinden.

Tab. 1: Beispiel für die Struktur eines Projektteams einer Non-Profit-Organisation[33]

Rolle	Aufgabe und Verantwortung
Vorstand (Präsident und Mitglieder)	Das oberste Entscheidungsgremium für die Fundraising-Kampagne. Die Mitglieder stellen die Verbindung zwischen der Organisation und dem Ehrenkomitee her; sie arbeiten zusammen, um Mäzene und Großspender zu identifizieren, zu sensibilisieren und zu werben; sie genehmigen die Pläne für die Fundraising-Kampagne, bestimmen die Schlüsselfiguren im Fundraising-Prozess oder besetzen selbst bestimmte Posten.
Direktor/Direktorin	Er/Sie ist der Projektleiter. Er/Sie überzeugt die Mäzene/Philanthropen, dass das Projekt ihre Unterstützung verdient. Er/Sie leitet die Arbeit des Ehrenkomitees und sensibilisiert den Vorstand und potenzielle Großspender. Er/Sie ist eine stabile, enthusiastische und überzeugende Persönlichkeit mit großen Networking-Fähigkeiten. Er/Sie hält die Moral des Teams hoch, indem er/sie zum Beispiel Erfolgsgeschichten teilt.
Ehrenkomitee (Advisory Board)	Gremium, das sich aus hochrangigen Vertretern aus der Wirtschaft, Philanthropie, Kultur usw. zusammensetzt. Es bietet Orientierungshilfe für Entscheidungen, die vor dem Beginn der Mittelbeschaffung zu treffen sind, für die Auswahl möglicher Großspender/Mäzene und für die Beurteilung ihres Spendenpotenzials.
Verantwortlicher für Philanthropie	Er/Sie überwacht das Management des Projekts und leitet das operative Team in Absprache mit dem Projektleiter, dem Vorstand/Verwaltungsrat und dem Ehrenkomitee.
Projektgruppe	Arbeitsgruppe, die die Fundraising-Kampagne konzipiert und die gewählte Strategie umsetzt.

Diese Hinweise gelten auch für eine Einzelperson, die eine philanthropische Spende anstrebt, ohne Teil einer Organisation zu sein. Wenn diese nicht über die spezifischen Qualitäten und Fähigkeiten verfügt, um selbst Beziehungen zu Mäzenen zu initiieren, kann sie sich dem Aufbau eines Projektteams widmen, das z. B. einen beratenden Fundraiser, ein ehrenamtliches Komitee, aber auch Freiwillige wie z. B. ehemalige Fachkräfte im Ruhestand umfasst, die bereit sind, Zeit zu investieren, um ihr spezifisches Know-how weiterzugeben.

33 Vgl. Melandri V., *Manuale di fundraising. Fare raccolta fondi nelle organizzazioni nonprofit e negli enti pubblici*, Maggioli Editore, Rimini 2012, S. 193.

2 Die strategische Dimension: den richtigen Weg identifizieren

Die erste Aktivität, mit der sich der Philanthropie-Manager und das Projektteam befassen müssen, ist die Erstellung des Arbeitsplans mit den Mäzenen. Er folgt der allgemeinen Fundraising-Strategie, also der Reihe von Entscheidungen, die getroffen werden, um die festgelegten Fundraising-Ziele zu erreichen – in Übereinstimmung mit den Werten, Aktivitäten und dem gesamten relevanten Umfeld der Organisation. Die Bewegung entlang einer strategischen Linie, auch mit den Mäzenen, ist die Grundlage, um die Arbeit zu optimieren, effektiv und effizient zu gestalten, Risiken zu managen und eventuelle Ausfälle zu reduzieren.[34]

Eine strategische Ausrichtung festlegen

Bei der Formulierung ihrer Strategie für die Zusammenarbeit mit Mäzenen müssen der Philanthropiebeauftragte oder die Person, die eine philanthropische Spende sucht, klären, wie sie:

- sich gegenüber den Wettbewerbern positionieren können;
- ihren Bekanntheitsgrad im Bereich der Philanthropie (Mäzene, Stiftungen) erhöhen können;
- die Möglichkeiten nutzen können, die sich ihnen durch ihre eigenen besonderen Eigenschaften und Kompetenzen eröffnen;
- Herausforderungen mit einer langfristigen Perspektive angehen können;
- transparente Arbeitsbedingungen für Mäzene schaffen können.

Bei der Festlegung ihrer Strategie kann sich eine Organisation die Frage stellen, ob sie unterschiedslos Fördermittel von allen privaten Einrichtungen annehmen kann oder ob es Einschränkungen gibt, die mit bestimmten Situationen zusammenhängen, wie zum Beispiel dem typischen Einsatzbereich des Mäzens, seinem Interessengebiet, der Art und Weise, wie der Zuschuss gewährt wird, aber auch dem Produktionssektor, in dem der Mäzen tätig ist. Gibt es potenzielle Förderer, mit denen eine Zusammenarbeit unmöglich wäre? Was sind die Ziele, die mit den Philanthropen verfolgt werden sollen? Welche Maßnahmen sollten ergriffen werden? Um diese und viele andere Fragen zu beantworten, ist eine klare und prägnante Festlegung folgender Aspekte erforderlich:

- der eigenen Richtlinien für die Zusammenarbeit mit Mäzenen und Philanthropen;

---

34 Tatsächlich ist die Festlegung einer Strategie für die Arbeit mit Mäzenen auch eine hervorragende Gelegenheit, eine Menge relevanter Informationen über die Organisation und ihren Bezugsbereich zu sammeln, zu verarbeiten und zu analysieren – wertvolle Informationen bei der Auswahl der idealen Mäzene, also derjenigen, mit denen sich am ehesten eine erfolgreiche Beziehung entwickeln lässt.

- des *Case for Support,* also der Reihe von Argumenten, warum die Organisation die Beachtung und finanzielle Unterstützung von Mäzenen wert ist.

2.1 Warum es sich empfiehlt, an der eigenen Marke zu arbeiten, um sich bei Mäzenen zu positionieren

So wie uns Straßenschilder den Weg weisen, helfen uns Marken bei der Auswahl von Dienstleistungen und Projekten. Marken begleiten uns täglich, und je nachdem, welche Erfahrungen und Erlebnisse wir mit ihnen verbinden, beeinflussen sie unsere Kaufentscheidung.

Produkte und Markenidentität beeinflussen unser Verhalten – und das gilt auch für Mäzene. Sie werden ebenfalls durch die Identität bzw. das Branding eines Antragstellers oder einer Non-Profit-Organisation beeinflusst, zum Beispiel, wenn ein Philanthrop über ein Projekt oder eine Institution nachdenkt, die er unterstützen möchte. So haben namhafte Institutionen oftmals anfänglich mehr Chancen, Gelder zu akquirieren, als unbekannte junge Künstler, doch hierfür gibt es ein wirksames (Gegen-)Mittel: die eigene Marke zu schaffen und sie zu pflegen. Dies ist eine Chance, die in den Händen aller Antragsteller liegt.

Wo steht der Antragsteller als Marke?

Unzählige Organisationen, Kunstschaffende und Akteure im Non-Proft-Bereich sind auf Unterstützung angewiesen. Und hier treten diese Organisationen in Wettbewerb um die finanziellen „Sponsoren". Je klarer das Markenprofil eines Antragstellers definiert ist, um so einfacher wird es, im Wettbewerb der Angebote für Mäzene herauszustechen.

Doch wie sollte ein Antragsteller seine Marke, Identität und Persönlichkeit, seine Vision und sein Versprechen darstellen, damit es sich von den Mitbewerbern unterscheidet? Zahlreiche Publikationen und Studien geben Auskunft über dieses Element der Fundraising-Kommunikation. Viele Antragsteller jedoch unterschätzen solche Aspekte, wenn es darum geht, sich in der philanthropischen Welt nachhaltig zu positionieren.

Markenpositionierung in philanthropischen Bereich

Eine starke Marke muss:

- dem Mäzen Orientierung bieten.
- sich von anderen differenzieren und Präferenzen schaffen. Wenn eine Marke z. B. im kulturellen Bereich für ein kleines Museum steht, das für die Qualität seines Programms und das Charisma seiner Direktorin bekannt ist, hat sie zwei Vorteile:

- Sie ist relevant, glaubwürdig und unverwechselbar. Eine Marke im kulturellen oder sozialen Bereich ist relevant für einen Mäzen, wenn er die Themen und die Aspekte wiederfindet, die für ihn wichtig sind. Der Antragsteller sollte also bei der Auswahl eines potenziellen Mäzens überlegen, ob er seine „Marke" kennt und welche Rolle sie in seiner Wahrnehmung spielt.
- Sie ist ehrlich und hält ihr Versprechen. Das heißt konkret, dass der Mäzen schon vor dem ersten Kontakt weiß, dass die Marke des Antragstellers höchste Glaubwürdigkeit garantiert. Will sich zum Beispiel eine Kunstinstitution als avantgardistisch positionieren, so sollte das auch in der Programmierung berücksichtigt werden.

Markenpersönlichkeit – wer bin ich?

Es ist also wichtig, dass der Antragsteller sich auch über die Marke seiner Institution positioniert. Dabei ist der Aufbau einer unmissverständlichen Markenpositionierung ein wichtiger Baustein. Darunter versteht man jene charakteristische Art, wie sich eine Marke präsentiert, kommuniziert und wie sie sich von anderen Marken unterscheidet.
Ziele dabei sind:

- Eigenständige Visualität und Tonalität sicherstellen: Idealerweise spricht die Bilderwelt den Mäzen an, er findet sich wieder in der Wortwahl des Antragstellers, in seinen Botschaften, und empfindet eine Übereinstimmung des Wertesystems.
- Relation zur Dachmarke definieren und erhalten. Ein bekanntes Opernhaus kann zum Beispiel verschiedene Programme organisieren, die von verschiedenen Gönnern unterstützt werden. Bei allen Unterschieden steht über allem die Marke des Hauses, die dem Mäzen die Sicherheit gibt, dass er sein Geld sinnvoll und nachhaltig investiert.

Die Markenpersönlichkeit setzt sich im Wesentlichen aus den folgenden vier Bausteinen zusammen:

- Leistungsversprechen: Welches sind die Alleinstellungsmerkmale? Der Mäzen wird sich fragen, warum er ausgerechnet dieser Institution/diesem Antragsteller sein Geld spenden soll. Dabei hilft eine starke Marke, den Entscheid zu unterstützen.
- Nutzen: Wie wird die Non-Profit-Organisation bzw. der Antragsteller erlebt oder wie will sie/er wahrgenommen werden? Hier geht es konkret darum, dass der Nutzen für die Zivilgesellschaft und für den Mäzen als Wohltäter sichtbar wird.
- Haltung: Wie agiert die Non-Profit-Organisation bzw. der Antragsteller?

- Vision: Welches ist die Vision? Ohne Vision hat eine Organisation kein signifikantes Entwicklungspotential. Die Marke soll diese Vision zum Ausdruck bringen, beispielsweise den Anspruch, das beste Bachmusikfestival weltweit zu organisieren.

Jeder Antragsteller sollte diese vier Bausteine mit Sorgfalt definieren und die Mitarbeitenden in diesen Prozess involvieren.

Markenversprechen der Non-Profit-Organisation

Ein weiterer Baustein für eine erfolgreiche Positionierung gegenüber einem Mäzen ist die vertiefte Beschäftigung mit dem Markenversprechen. Dieses definiert, welches Versprechen die Marke bei den aktuellen und potenziellen Stakeholdern, in unserem Falle bei den Mäzenen, in den Vordergrund stellen will. Das Markenversprechen reflektiert die Identität und Einzigartigkeit der Non-Profit-Organisation bzw. des Antragstellers, zeigt deren Relevanz für die Mäzene auf. Sie stellt die Plattform für die zukünftigen Kommunikationsmaßnahmen und die Umsetzung in Zusammenarbeit mit den Mäzenen dar. Diese Aspekte sollten im Vorfeld der Zusammenarbeit mit Mäzenen und Philanthropen vertieft werden – wenn nötig mit Hilfe von externen Beratern.

2.2 Die Richtlinien für die Zusammenarbeit mit Mäzenen und Philanthropen

Die Richtlinien für die Zusammenarbeit mit Mäzenen und Philanthropen werden in einem Dokument festgehalten, das die langfristigen philanthropischen Entscheidungen definiert und die Non-Profit-Organisation oder den einzelnen Antragsteller auf dem philanthropischen Markt positioniert.

Die Richtlinien basieren auf der Vision und Mission der Organisation oder der Einzelperson und definieren auch die Vorgehensweise, um den Aufbau von philanthropischen Beziehungen auf einfache Weise zu gestalten.[35] In diesem Sinne helfen sie auch den Mäzenen, das Profil der Organisation oder des Projekts richtig wahrzunehmen, weil sie alle seine unterscheidenden Elemente im Vergleich zu den Wettbewerbern beschreiben und so die schnelle Identifizierung von Kontaktpunkten erleichtern.

35 Die Vision (das langfristige Ziel, das sie anstreben) und die Mission (wie sie ihre Ziele erreichen, mit welchen Aktivitäten und Unterscheidungsmerkmalen) werden in einer Vielzahl von Dokumenten festgehalten, die sich in Multi-Channel-Kommunikationsmitteln (z. B. gedruckte Medien wie Broschüren und Jahresberichte und digitale Medien wie die Website und soziale Medien) und Finanzdaten (Jahresabschlüsse, Spender- und Spendenanalyse) unterteilen lassen.

Die Richtlinien für die Zusammenarbeit mit Mäzenen werden definiert durch:

- das eigene Selbstverständnis des Mäzenatentums, der Zusammenarbeit mit Stiftungen und der Zusammenarbeit mit Sponsoren;
- die Werte und Prinzipien, die in der Kommunikation von Patronatsaktivitäten vermittelt werden;
- die Bereiche, in denen man mit den Mäzenen zusammenarbeiten will;
- die Ziele der Zusammenarbeit mit Mäzenen;
- die Arten der Zusammenarbeit mit Mäzenen;
- den Status und die Rolle der Zusammenarbeit mit Mäzenen innerhalb der Organisation;
- die Rahmenbedingungen und Kriterien für interne Abläufe;
- allfällige Einschränkungen;
- Kriterien für Einbezug und Motivation des Personals im Umgang mit den Mäzenen.

Die Fokussierung auf präzise Ziele, die Schaffung einer Denkgrundlage, um sich von anderen abzuheben, ja sogar die Abgrenzung von Themenbereichen und Handlungsfeldern sind die Basis, um im „Meer der Philanthropie" gut zu navigieren. Metaphorisch gesehen zeigen die Richtlinien die „Roadmap" auf, die man bei der Arbeit mit Mäzenen einschlagen sollte, und ermöglichen es gleichzeitig der gesamten Organisation, in diesem Bereich bewusster zu werden. Die Erstellung dieses Dokuments – das normalerweise zwei oder drei Seiten lang ist – erfordert viel Überlegung und Arbeit.

Zusammengefasst bilden die Richtlinien für die Zusammenarbeit mit Mäzenen die Grundlage, auf der Entscheidungen zum Mäzenatentum getroffen und eingehende Beitragsangebote bewertet werden. Für viele Non-Profit-Organisationen wird das Kapitel über Einschränkungen so wichtig, dass es die Entwicklung eines speziellen Dokuments für die Annahme oder Ablehnung von Spenden rechtfertigt.[36] Auf der Grundlage dieser Dokumente, die von allen Mitarbeitenden gründlich verstanden und verinnerlicht und in der Organisation ordnungsgemäß umgesetzt werden müssen, kann die Organisation ihre Arbeit mit Mäzenen selbstbewusst aufstellen und ausrichten.

Auch für den einzelnen Antragsteller sind die Richtlinien ein wichtiges Hilfsmittel, denn ein solch prägnantes Dokument zu besitzen, bedeutet, einen sicheren Kurs zu haben, um sich in der Welt der Philanthropie zu bewegen. Eine Künstlerin oder ein Vertreter einer Non-Profit-Organisation können zum Beispiel beschließen, mit Mäzenen nur für die Kommunikation und Promotion des Projekts zusammenzuarbeiten und die Produktionskosten über andere Finanzierungskanäle zu decken.

36 Der Grund dafür kann darin liegen, dass die Non-Profit-Organisation oder der einzelne Antragsteller in einem besonderen Kontext tätig sind, in dem die Kapitalquelle ein höchst sensibles Thema ist.

Dies hat unmittelbare operative Auswirkungen, da es hilft, den potenziellen philanthropischen Markt abzuschöpfen. Alle Richtlinien funktionieren auf die gleiche Weise: Sie heben Besonderheiten hervor und definieren die Handlungsgrenzen, so dass das Gesamtbild klar artikuliert wird und die Arbeit zielgerichtet ist.

2.3 Der *Case for Support:* wie das Projekt umgesetzt wird

Nachdem das „Wie" der Zusammenarbeit mit Mäzenen definiert wurde, ist es wichtig, sich dem „Was" zuzuwenden, das im Mittelpunkt dieser Zusammenarbeit steht. Eine Non-Profit-Organisation oder auch ein einzelner Antragsteller wird sich dann zunächst auf die gezielte Formulierung des eigenen *Case for Support* konzentrieren.

Der *Case for Support*[37] ist die Gesamtheit aller Motivationen, für die man die Unterstützung und das Vertrauen von Mäzenen verdient, denn man realisiert ein wichtiges Projekt, das heißt, man gibt eine effiziente und qualifizierte Antwort auf ein gesellschaftliches Bedürfnis, wie beispielsweise Armutsbekämpfung, Zugang zu Bildung, Investitionen in wissenschaftliche Forschung, Förderung der Künste usw. Für die Mäzene ist es unerlässlich, diese Informationen klar formuliert zu erhalten, denn durch die Unterstützung des Projekts oder der Organisation erreichen sie ihre gemeinnützigen Ziele für die Gemeinschaft, der sie dienen wollen.

Wenn Mäzene nicht ausreichend darüber informiert sind, wie die Organisation oder der Antragsteller ihr Projekt verfolgen, kann dies dazu führen, dass sie ihre Unterstützung in Frage stellen und daran zweifeln, ob ihr Beitrag wirklich einen entscheidenden Unterschied macht, um die angestrebten Resultate zu erzielen.

Deshalb ist es ein strategischer Schritt, der korrekten Beschreibung des zu unterstützenden Falles Aufmerksamkeit zu widmen. Zusätzlich zur Klärung des Umfangs der Förderung liefert der *Case for Support* alle Elemente, um zu veranschaulichen, wie ein Antragsteller den relevanten Stakeholdern effektiv Nutzen bringen kann. Bei der Ausarbeitung des Antrags auf Unterstützung muss der Philanthropie-Beauftragte oder der einzelne Antragsteller verschiedene Arten von Informationen sammeln und versuchen, alles vorwegzunehmen, was ein Mäzen über die Organisation in Bezug auf ihre Ziele, Programme, den finanziellen Status, die Leitung, die Bewertungskriterien und die erwartete Wirkung der verschiedenen Projekte usw. wissen möchte.[38] Die gesammelten Informationen bilden dann den internen *Case*, der ausschließlich für den hausinternen Gebrauch der Organisation erstellt wird. Es han-

37 Vgl. Irwin-Mells S., Melandri V. (Hg.), *Chiedere e ottenere grandi donazioni. Come realizzare la strategia di fundraising rivolta ai grandi donatori*, Edizioni Philanthropy, Forlì 2007, S. 30.

38 Tempel E. R., Seiler T. L., Burlingame D. F., *Achieving Excellence in Fundraising*, vierte Aufl., John Wiley & Sons, Hoboken 2016.

delt sich dabei um die Sammlung aller relevanten institutionellen Informations- und Kommunikationsmaterialien, die die Organisation besitzt.

Auf dieser Grundlage wird dann ein externer *Case* für die nach außen gerichtete Kommunikation verfasst, der für verschiedene relevante Zielgruppen bestimmt ist und perfekt auf den philanthropischen Markt zugeschnitten sein muss.

Konkret bedeutet dies, dass der Mäzen durch das Lesen des *Case for Support* klar erkennen kann, wie sich sein Beitrag auf das Projekt auswirkt und inwieweit er mit seinem Engagement den entscheidenden Unterschied zu anderen, ähnlich gelagerten Projekten machen kann. Es liegt auf der Hand, dass die Prägnanz, mit der man seinen *Case for Support* kommuniziert, die Mäzene stark beeinflussen wird. Wie wir später sehen werden, muss man hier sein ganzes erzählerisches Können *(Storytelling)* einsetzen, um eine überzeugende, einfühlsame, faszinierende Ausgangslage zu erarbeiten. Ein Mäzen ist oft sehr sensibel für die Geschichten, die mit den Stakeholdern der Bereiche, in denen er sich engagiert, verbunden sind, und er möchte, dass die von ihm unterstützte Organisation diese aufgreift und zu ihren eigenen macht. Der *Case for Support* wird also durch Beobachten und Zuhören, Notieren, Aufnehmen von Stimmen, Erstellen von Videos, Fotokampagnen, Zeichnungen, also alles, was zum Aufbau einer realistischen und überzeugenden Darstellung beitragen kann, aufgebaut.

Um einen guten *Case for Support* zu entwickeln, ist es notwendig, sich sowohl innerhalb als auch außerhalb der Organisation oder des Projekts zu bewegen und die Interessen, Bedürfnisse, Wünsche und Ideen der verschiedenen Beteiligten, einschließlich der Förderer, zusammenzuführen. Je stärker die verschiedenen Interessengruppen – wie die Personen innerhalb der Organisation, Mitglieder des Ehrenkomitees, Projektbegünstigte, Freiwillige und Mäzene – einbezogen werden, desto größer ist die Chance, einen einzigartigen, ansprechenden und fruchtbaren „Fall" zu schaffen.

Tab. 2: Beispiel für eine gute Sache und *Case for Support* einer Musikhochschule und eines Musikers für einen Mäzen

Case	Musikhochschule	Musiker	Mäzen
Gute Sache	Vermittlung von Musik als Aktivität, die die Lebensqualität und das kollektive Wohlbefinden steigert	Initiator eines Musikalphabetisierungsprojekts für Behinderte	Persönliches Interesse an Musik und deren kollektive Förderung durch Unterstützung von Musikern, Orchestern und Theatern
Interner Case	Satzung, Jahresabschlüsse, institutionelle Broschüre, Präsentation der Kurse, Liste der Lehrkräfte, Liste der Lernenden, vergangene Bewerbungen, Jahresbericht, Stakeholder-Analyse, Interviews im Feld ...	Lebenslauf, Portfolio der Projektaktivitäten im Zusammenhang mit der „Guten Sache", wissenschaftliche Dokumentation im Zusammenhang mit der „Guten Sache", Evaluierungsberichte abgeschlossener Projekte ...	Der Mäzen hat keinen direkten Zugriff auf den „internen" Case.
Externer Case	Videos und Kommunikationsbroschüren, die die „Gute Sache" vorstellen, die Positionierung der Musikhochschule, die Ziele und die Reichweite ihrer pädagogischen Projekte (z. B. mit Interviews mit Lehrern, Studenten und ihren Familien sowie Konzertbesuchern einschließlich ungewöhnlichem Publikum wie Kindern)	Präsentation des zu fördernden Projekts mit großer Betonung des erwarteten Nutzens für die Begünstigten, wobei hervorgehoben wird, wie Musik eine Behinderung lindern oder sogar vorübergehend überwinden kann und wie sie mit der psychophysischen Gesundheit der Menschen zusammenhängt.	Der „externe" Case zielt darauf ab, beim potenziellen Mäzen eine emotionale Beteiligung und ein unmittelbares Verständnis dafür zu wecken, wie das Projekt dank seiner Beteiligung die erwarteten Ergebnisse erzielen kann.

Zu den unverzichtbaren Inhalten eines ausgefeilten *Case for Support* gehören:[39]

- Beschreibung der Mission der Organisation (oder des Projekts des einzelnen Antragstellers) mit überzeugender Schilderung des gesellschaftlichen Nutzens, der im Mittelpunkt der institutionellen Tätigkeit der Organisation oder des einzelnen Projekts steht;
- Angabe der spezifischen quantitativen Ziele;
- Beschreibung der Maßnahmen und Strategien zur Erreichung der Ziele innerhalb eines festgelegten Zeitrahmens;
- detaillierter Bericht über die technischen/produktiven Anforderungen für die Organisation/für das Projekt, Aufschlüsselung der Aktivitäten, Budget und Controlling für die laufende Bewertung;
- detaillierte Liste der Projektbegünstigten;
- ausführliche Angabe aller Gründe, weshalb ein Mäzen zur Unterstützung des Projekts einen signifikanten Beitrag leisten könnte;
- Hervorhebung der Stärken der Non-Profit-Organisation sowie des Projekts.

39 Vgl. Dove K. E., *Conducting a Successful Fundraising Program*, Jossey-Bass, San Francisco 2001.

3 Die operative Dimension: die grundlegenden Werkzeuge

Sobald die organisatorische Dimension geprüft und die Richtlinien und der *Case for Support* entwickelt worden sind, müssen die Non-Profit-Organisation oder der einzelne Antragsteller, die sich auf die Zusammenarbeit mit den Mäzenen vorbereiten, einige grundlegende operative Instrumente einrichten, ohne die sie nicht in der Lage sein werden, alle Kontakte zu initiieren:

- den Fundraising-Plan für die Zusammenarbeit mit Mäzenen;
- die Beziehungsstrategiekarte;
- das Budget;
- die Datenbank.

Die Beziehungsstrategiekarte

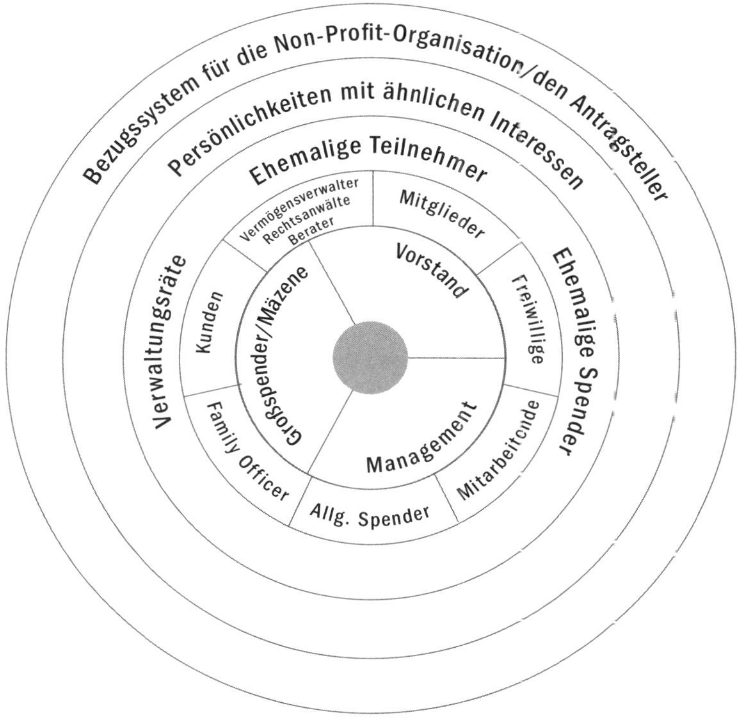

Abb. 1: Die strategische Beziehungslandkarte
Quelle: frei nach Rosso H., Tempel E. R., Melandri V., *Il libro del fundraising*, Etas, Mailand 2004, S. 61

Für den erfolgreichen Start einer Fundraising-Kampagne benötigen wir eine solide Grundlage, das heißt klare Vorstellungen zu den Zielen und zu dem geplanten Vorgehen sowie eine realistische Einschätzung unserer Beziehung zu den Mäzenen.

3.1 Der Fundraising-Plan für die Zusammenarbeit mit Mäzenen

Der Fundraising-Plan für Mäzene fasst alle Entscheidungen und Maßnahmen zusammen, die eine Organisation treffen muss, um Mäzene in ihre Aktivitäten einzubeziehen. Er umfasst zum Beispiel die Kategorien potenzieller Mäzene, ihr philanthropisches Profil, ihre Investitionskapazität und eine Reihe von Aktivitäten, um sie zu erreichen.

Der Plan wird auf der Grundlage einer eingehenden internen und externen strategischen Analyse definiert (siehe Tabelle 3), wobei alle Dynamiken untersucht werden, die die Entwicklung des Projekts und seine praktische Durchführbarkeit beeinflussen können. Dies sind die Elemente und Rahmenbedingungen, auf die potenzielle Mäzene besonders achten werden.

Tab. 3: Interne und externe Analyse für die Definition des Fundraising-Plans

Interne Analyse	Externe Analyse
Interne Informationen über die Non-Profit-Organisation, einschließlich ihrer Geschichte – wie sie entstanden ist und wie sie sich im Laufe der Zeit entwickelt hat – und ihrer wichtigsten Führungsdokumente, wie z. B. ihre Satzung und ihr Organigramm, Kommunikations- und Fundraising-Tools und -Aktivitäten, Spender- und Mäzenendatenbank, andere Variablen, die für diese spezielle Art von Non-Profit-Organisation und/oder Antragsteller relevant sind.	Branche, Wettbewerber und Hauptbezugspunkte der Organisation, die sogenannten „Benchmarks“. Die wichtigsten Elemente sind: • der steuerrechtliche Rahmen; • der Arbeitsmarkt; • der Verlauf des Wirtschafts- und Finanzzyklus; • technologische Veränderungen und Bevölkerungsdaten, wie z. B. die Alterung; • wichtige kulturelle und soziale Aspekte, die die Arbeit mit den Mäzenen beeinflussen können; • Trends bei den Spenden im Allgemeinen und im Besonderen für die Art des Projekts, an dem gearbeitet wird.

Auf der Grundlage der in dieser strategischen Analyse gesammelten und organisierten Informationen, die oft in einer SWOT-Matrix[40] zusammengefasst werden, erfolgt die Definition des Fundraising-Plans für die Zusammenarbeit mit Mäzenen, also die Entwicklung spezifischer Ziele, Aktionen, Instrumente und Zeitrahmen für die Arbeit mit Mäzenen in Bezug auf die gesamte Fundraising-Kampagne.

40 SWOT steht für Strengths (Stärken), Weaknesses (Schwächen), Opportunities (Chancen) und Threats (Gefahren). Die SWOT-Analyse verbindet die Analyse des internen Umfelds (Stärken und Schwächen) mit der Analyse des externen Umfelds einer Organisation (Chancen und Gefahren), um Entscheidungsprozesse zur Erreichung eines Ziels zu erleichtern.

Eine gute Situationsanalyse ist auch für den einzelnen Antragsteller notwendig, da sie ihm dabei hilft, seine Ausgangssituation zu klären, und ihm zeigt, wie er seine Allianzen aufbauen kann.

Der Fundraising-Plan für die Zusammenarbeit mit Mäzenen:

- gibt die Höhe der Spenden an, die von Mäzenen erwartet werden, wobei der Finanzierungsmix der Gesamtkampagne berücksichtigt wird;
- systematisiert den *Case for Support* mit den wichtigsten Kontextvariablen und definiert die Schlüsselthemen der Kommunikationsstrategie mit den Mäzenen;
- legt den zeitlichen Ablauf der Kampagne fest, vom Start bis zum Erreichen der Fundraising-Ziele, und nennt die verschiedenen Aktivitäten, die in den richtigen Zeitabständen durchgeführt werden sollen;
- definiert die Kriterien für die Messung der Ergebnisse zur transparenten Weitergabe an den Mäzen, sowohl unter dem Gesichtspunkt der monetären Berichterstattung als auch des erzielten Nutzens für die Stakeholder und der erzeugten sozialen Wirkung.

Aufbau eines Fundraising-Plans für die Zusammenarbeit mit Mäzenen

- Interne und externe Analyse;
- Definition der Ziele;
- Segmentierung der Mäzene;
- Definition von Aktivitäten der Sensibilisierung (Kommunikation) und Akquisition (Fundraising-Mix);
- Taktiken zur Pflege von Beziehungen (Fidelisierung bzw. Bindung);
- Aktionsplan: Zeitrahmen, Verantwortlichkeiten und Budget;
- Spenderübersicht/Spenderlandkarte;
- Performance-Messung.

Wenn es sich um einen einzelnen Antragsteller handelt, genügt es, eine einzige Dokumentation mit diesen Inhalten zu erstellen.

3.2 Die strategische Beziehungslandkarte und die Investitionen in die Reputation

Bei der Aufstellung des Fundraising-Plans für die Zusammenarbeit mit Mäzenen spielen die Reputation der Non-Profit-Organisation im philanthropischen Bereich und die gezielte Kommunikation mit den in einer strategischen Beziehungslandkarte identifizierten potenziellen Spendern eine zentrale Rolle.[41]

Diese Karte identifiziert alle Spender und insbesondere Mäzene und Philanthropen, mit denen bereits Kontakt aufgenommen wurde, und solche, zu denen noch keine direkte Beziehung besteht, die aber am Aufbau einer solchen interessiert sein könnten. Bei den Mäzenen und Philanthropen wird unterschieden nach Art und Grad des Interesses am Projekt, für das finanzielle Unterstützung gesucht wird, sowie nach der Art der Beziehung: „stark", wenn sie bereits besteht, „lauwarm", wenn der Kontakt erst noch aufgebaut werden muss, oder „kalt", wenn die Beziehung noch nicht besteht.

Relationales Mapping ist dann effektiv, wenn es gelingt, auch die mit jedem Mäzen verbundenen Stakeholder zu identifizieren und eine sorgfältige Analyse der Konkurrenten zu erstellen, so dass die Non-Profit-Organisation oder der einzelne Antragsteller neue Chancen in der Beziehung zu diesem speziellen Segment von Spendern identifizieren können, indem sie ihre Positionierung überdenken und alle nützlichen Details optimal zur Geltung bringen. Bei der Vorbereitung auf die Zusammenarbeit mit den Mäzenen muss man auch das eigene Image und die wahrgenommene Positionierung einschätzen und gegebenenfalls daran arbeiten, den eigenen Bekanntheitsgrad bei den Mäzenen zu steigern, was ein erster Schlüssel zum Eintritt in diese Welt ist. Dies kann durch die kontinuierliche Herstellung von Qualitätsinhalten zu den aktuellsten und relevantesten Trends der jeweiligen Branche, durch die Teilnahme an Veranstaltungen und Debatten sowie durch Beiträge in den jeweiligen sozialen Netzwerken erreicht werden. Investitionen in die eigene Reputation brauchen immer Zeit, aber sie sind nicht unbedingt teuer. Wenn man sich diesem Umfeld zum ersten Mal nähert, muss man sich ein Mindestmaß an Branchenwissen aneignen, indem man spezifische Fachkurse besucht und an Kongressen und Ausbildungen teilnimmt, um sich über aktuelle Themen auf dem Laufenden zu halten und sein Netzwerk zu erweitern.

Die ersten Stakeholder und Meinungsführer im Philanthropie-Markt, die angesprochen werden sollten, sind Rechtsanwälte, Vermögensverwalter, Family-Office-Manager, Philanthropie-Berater und die akademische Gemeinschaft. Es ist wichtig, sich bewusst zu sein, dass der Ruf und die eigene Glaubwürdigkeit immer direkt von den Verhaltensweisen und Meinungen beeinflusst werden, die die Non-Profit-Organisation bzw. der Antragsteller – online und offline – zum Ausdruck bringen, und wie gut diese mit ihren Werten und ihrer Mission übereinstimmen. Der Pressesprecher sollte immer über die Details der aktuellen Entwicklung der Beziehungen mit

41 Vgl. u. a.: Fondazione Lettera 27 onlus mit einem Beitrag von Fondazione Cariplo, *Linee guida per la raccolta fondi*, 2015; Martinoni M., „5 buoni motivi per cambiare idea sulla pianificazione strategica", in *The Fundraising School*, 3. Mai 2018.

Mäzenen Bescheid wissen. Seine Aufgabe ist es, alle für die Öffentlichkeit bestimmten Inhalte, die sich im Laufe der Aktivitäten und der Bildung von Allianzen mit Mäzenen ergeben, zu vermitteln, zu verwalten und geeignet zu bewerten. Geschichten von Mäzenen sind oft nicht nur für diejenigen von großem Interesse, die eine philanthropische Spende suchen, sondern auch und vor allem für die Mäzene selbst, die sich dem Vergleich und den Erfahrungen anderer öffnen wollen, um ihre eigenen zu verfeinern.

Die Person, die diese Pressestelle leitet, muss nicht nur ein guter Press-Relations-Manager sein, sondern auch über besondere Fachkenntnisse verfügen, was die Welt der Mäzene angeht. Die Verbreitung von Fotomaterial zum Beispiel kann viel heikler sein, als man denkt.

Wie Sie Ihren Ruf in der philanthropischen Welt aufbauen und optimieren können

Unter den vielfältigen Aktivitäten, die eine Non-Profit-Organisation oder ein einzelner Antragsteller, die mit Mäzenen arbeiten möchten, unternehmen können, um sich einen positiven Ruf auf dem philanthropischen Markt zu verschaffen, sind folgende Punkte zu nennen:

- Netzwerke mit branchenspezifischen Opinion-Leaders aufbauen;
- relevanten Kreisen/Vereinen beitreten;
- nicht nur fordern, sondern den Mäzenen hochwertige Inhalte und Informationen anbieten;
- aussagekräftige Studien und Artikel zu Themen von Interesse veröffentlichen;
- zeitnah in den Medien präsent sein (nicht zu viel und nicht zu wenig), und zwar mit relevanten Inhalten;
- regelmäßig die Informationen überprüfen, die über sie in Suchmaschinen und sozialen Medien veröffentlicht werden;
- fotografische Bilder mit Sorgfalt verwalten;
- immer ein Höchstmaß an Vertraulichkeit gewährleisten.

3.3 Das Budget für die Zusammenarbeit mit den Mäzenen

Ein zweites unverzichtbares operatives Werkzeug für die Arbeit mit den Mäzenen ist das Projektbudget. Bevor mit der Spendensammlung begonnen wird, sollte eine realistische und genaue Kosten- und Ertragsrechnung erstellt werden, und es ist ratsam, für jede durchgeführte Kampagne eine separate Aufstellung zu haben. Das Budget wird auf der Grundlage des bestehenden Zahlenmaterials der Organisation erstellt, also unter Berücksichtigung vergangener Fundraising-Kampagnen und der voraussichtlichen Kosten für neue Projekte. Es kann oft sehr nützlich sein, das Budget unter Zuhilfenahme von Experten zu erstellen. Im Verlauf der Kampagne sollte das Budget regelmäßig aktualisiert werden, wobei die Ist- und die Soll-Zahlen verglichen, die Abweichungen zwischen den Schätzungen und den Ist-Zahlen detailliert analysiert und gegebenenfalls Korrekturmaßnahmen durch Anpassung der Kosten ergriffen werden sollten.

Generell wird empfohlen, dass die Gesamtkosten für die Einrichtung von Kooperationsprogrammen mit Mäzenen nicht mehr als 5-15 Prozent des wirtschaftlichen Bedarfs (geplante Einnahmen) betragen sollten, und es sollte deutlich gemacht werden, dass das Fundraising-Programm eine Quelle des Gewinns und nicht der Kosten ist, denn Spender und Freiwillige tätigen eine Investition und erwarten Vorteile sowohl für die Non-Profit-Organisation als auch für die betroffene Gemeinschaft.

3.4 Wie man die Gewichtung von Mäzenen in der gesamten Mittelbeschaffung ermittelt

Um die potenziellen von Mäzenen kommenden Einnahmen zu ermitteln, muss eine Reihe von Faktoren berücksichtigt werden, wie beispielsweise ihr Interesse am konkreten Projekt, ihr individuelles philanthropisches Vermögen und ihre Spenderhistorie. Die Organisation bzw. der einzelne Antragsteller verfeinern ihr Modell zur Bewertung von Spendern im Laufe der Zeit und speichern die Informationen sorgfältig in ihrer Datenbank. Diese Elemente werden im weiteren Verlauf des Buches ausführlich behandelt. Hier ist es nützlich zu wissen, dass Mäzene im Allgemeinen eine bedeutende Kategorie von Spendern darstellen, da ihr Beitrag fast nie nur eine impulsive Geste ist, sondern auf einer Förderstrategie beruht, die wiederum auf präzisen philanthropischen Beziehungen basiert. In der Spendenpyramide[42] stehen die Mäzene auf der obersten Stufe, die in der Regel auf der dritten Ebene beginnt.

Um das Fundraising-Ziel zu definieren und die Mäzene in Bezug auf die Höhe ihrer Spende einzuordnen, kann es hilfreich sein, die „Spendenhöhe-Tabelle" zu kennen. Dies ist ein Werkzeug, das die Anzahl der Spender und die zum Erreichen des Gesamtbudgets erforderlichen Spendenbeträge festlegt und hilft, die Kampagne in eine Reihe von Spendenaktionen aufzuteilen, beginnend mit den größeren. Eine Kampagne, die eine große Spende erhalten hat, gewinnt an Bedeutung, und die

42 Das Modell der Spendenpyramide geht davon aus, dass 80 % der Gesamtspenden von 20 % der Spender geleistet werden. Die Basis der Pyramide besteht aus Mitgliederbeiträgen und Einnahmen von Gönnern, die ihre erste Spende getätigt haben, oft aus einem Impuls heraus. Danach folgen alle Spender, die ihre Spende erneuern und oft auch erhöhen. Auf der dritten Ebene befindet sich die Gruppe der Spender, die sich für einen geplanten Beitrag entschieden haben, indem sie sich zu Spenden für bestimmte Projekte oder zu regelmäßigen, periodischen Spenden verpflichten. Die letzten beiden Stufen der Pyramide betreffen Großspenden und Vermächtnisse. Vgl. Irwin-Mells, Melandri, *Chiedere e ottenere …*, S. 16-17.

Unterstützung von großzügigen Spendern zieht weitere potenzielle Spender an, die dem Beispiel folgen.[43]

3.5 Die Datenbank

Die Datenbank mit den Daten zu den Mäzenen ist ein zentrales Werkzeug der Kampagne. Wie wir später sehen werden, ist sie eine Ressource, die sich an verschiedenen Punkten in der Entwicklung der Beziehung zu den Mäzenen als grundlegend erweisen wird. Die Datenbank umfasst:

- biografische Informationen wie Name, Alter, Geburtsdatum, Wohnort, wichtigste Familienmitglieder usw.;
- Kontaktinformationen wie Telefonnummer, Postanschrift, E-Mail usw.;
- Status des Mäzens in Bezug auf die Organisation, d. h., ob der Mäzen ein früherer Unterstützer, ein gelegentlicher Wohltäter usw. ist und für wie lange;
- Erlaubnis des Auftraggebers zur Verarbeitung personenbezogener Daten (gemäß den Datenschutzbestimmungen);
- Checkliste der verschickten Kommunikationsmaterialien, Teilnahme an besonderen Veranstaltungen usw.;
- Erfassung jeder einzelnen Spende, gekennzeichnet mit dem Code, der sich auf die Kampagne bezieht, für die sie getätigt wurde, und Anzeige der Spendenhistorie für jeden Mäzen;
- Art der Spende (Überweisung, Scheck usw.) und Höhe des Betrages.

Der wachsende Bedarf an Datenbanken, die in der Lage sind, komplexe Informationen zu speichern und zu verwalten, hat die Zahl der auf dem Markt erhältlichen Spezialsoftware in den letzten Jahren vervielfacht. Im Einklang mit ihrer IT-Infrastruktur können sich eine Non-Profit-Organisation oder ein einzelner Antragsteller leicht mit einem eigenen Betriebssystem ausstatten, um alle sensiblen Informationen über ihre Spender zu speichern, sie leicht zu aktualisieren und alle Aspekte der Buchhaltung und der Verwaltung des Cashflows einzubeziehen.[44] Der Zugang zu den Informationen wird nur Personen mit spezieller Berechtigung gestattet, und

43 Die Spendenhöhe-Tabelle teilt die Gesamtzahl in drei Bereiche ein: Ein Drittel wird mit einer einzigen Großspende erreicht, ein Drittel mit zehn mittleren Spenden und ein Drittel mit hundert kleinen Spenden. Die Anwendung eines Multiplikators von 4 auf die Anzahl der erwarteten Spenden in jedem Bereich ergibt eine ziemlich realistische Schätzung der Anzahl der Versuche, die unternommen werden müssen, bevor die angestrebte Summe erreicht werden kann. Vgl. www.fundraisingkmzero.it/fundraising/tabella-dei-range-fundraising.

44 Nachfolgend einige Beispiele: Sextant (www.ant-informatik.ch), Software-Katalog (www.dfrv.de), myDonor (www.mydonor.org), The Raiser´s Edge (www.blackbaud.com), DP Donor Perfect (www.donorperfect.com), Ariadne (www.ariadne-network.eu), CiviCRM (www.civicrm.org), Assetfundraiser (www.assettroma.it), Dbfacile (www.dbfacile.it), Major Donor (www.majordonor.it).

es wäre wünschenswert, um die Sicherheit der Datenverarbeitung zu gewährleisten, dass das System festhält, wer es konsultiert hat.

In diesem Zusammenhang ist die zunehmende Entwicklung eines Ethikkodexes bei der Suche nach potenziellen Spendern eine Überlegung wert.[45] Jede Non-Profit-Organisation kann ihre eigenen Richtlinien verabschieden, aber es gibt nur eine Grundlage: die Gewährleistung eines Prinzips der Integrität, der Vertraulichkeit von Informationen und der Transparenz der Verwendung von Ressourcen durch die Organisation (oder den Begünstigten), die eine philanthropische Spende erhalten.[46]

Wie wir in den folgenden Kapiteln sehen werden, bewerten Mäzene zunehmend die Transparenz, Verantwortlichkeit und den Grad der Vertrauenswürdigkeit derjenigen, die sie um eine Spende bitten, bevor sie ihren Beitrag leisten. Sie erwarten, dass sie über den Fortgang der Aktivitäten informiert, dass ihnen gedankt und sie einbezogen werden und dass man bei der Verwendung ihres Images und dem Umgang mit privaten Informationen große Vorsicht walten lässt.

3.6 Mäzene und Kapitalkampagnen

Mäzene spielen oft eine entscheidende Rolle bei Großprojekten, für die sogenannte Kapitalkampagnen notwendig sind. Das Instrument der Kapitalkampagne, das vor vielen Jahren in den Vereinigten Staaten eingeführt wurde, hat sich auch in Europa schnell durchgesetzt. Diese Projekte dauern Jahre (im Durchschnitt drei bis sieben Jahre), erfordern spezielles Fachwissen, und es gibt eine eigene Literatur dazu.[47]

Wenn die Einbindung von Mäzenen für eine Kapitalbeschaffungskampagne erfolgt, muss man sich darüber im Klaren sein, dass dies eine spezifische Machbarkeitsstudie, die Erstellung von Ad-hoc-Material – wie einen detaillierten Business-

45 Zwei Dokumente sind hier besonders hervorzuheben: die von der Association of Fundraising Professionals (AFP) entwickelte Donor Bill of Rights und die von der Association of Prospect Researchers for Advancement (APRA) geförderte Ethikerklärung.

46 Vgl. Stefanini F., *How to Build Public Trust by Advanced International Fundraising Models: the Case Study*, Masterarbeit, vorgelegt an der Institute of Fundraising Academy in London, 2018.

47 Der Begriff *Capital Campaign* fasst verschiedene Arten von groß angelegten Fundraising-Kampagnen zusammen:
- „Brick-and-mortar“: große Architekturprojekte für neue Veranstaltungsorte oder Renovierungen;
- Sonderprojekte: einmalige Projekte, wie z. B. Investitionen in technologische Anlagen, sporadische Veranstaltungen, kleinere architektonische Anforderungen;
- Endowment: Kapitalbeschaffung für Einrichtungen, typischerweise Stiftungen;
- Kombiniert: Fundraising, das verschiedene Kampagnen für einen bestimmten Zeitraum kombiniert;
- Umfassend: auch „all inclusive“ genannt, sind Kampagnen, die für alle Bereiche und verschiedene Projekte gleichzeitig konzipiert sind, um so mögliche interne Konkurrenz einzudämmen.

Vgl. Kihlstedt A., *Capital Campaigns. Strategies That Work*, vierte Aufl., Jones & Bartlett Learning, Burlington, Massachusetts 2016.

plan[48] – und eine sehr präzise Arbeit erfordert, die klar definierten Schritten folgen muss. Wenn es um beträchtliche Summen geht, ist es umso wichtiger, sowohl in den Prognosen als auch in den zusammenfassenden Unterlagen mit großer wirtschaftlicher und finanzieller Kompetenz zu agieren, um die Gunst eines Mäzens zu gewinnen. Um den Antragstellern das Leben zu erleichtern, gibt es inzwischen spezialisierte Websites, die es ihnen ermöglichen, die Grundlagen einer Kapitalkampagne nach konsolidierten Referenzschemata aufzubauen.[49]

Tab. 4: Aufbau einer Kapitalkampagne

Phasen	Inhalt
1) Planung Vor-Kampagne (3-12 Monate)	Strategische Analyse und Ausarbeitung des *Case for Support* für die Unterstützung. Dazu gehört eine Machbarkeitsstudie, die allein schon 2 Monate oder mehr in Anspruch nehmen kann.
2) Planung der Kapitalkampagne (2 oder mehr Monate)	Definition des strategischen Plans und aller operativen Instrumente; Erstellung von Kommunikationsmaterialien
3) „Stille Phase“ (6-24 Monate)	Einrichtung des Ehrenkomitees/Advisory Boards, Austausch des externen *Case for Support* mit potenziellen Großspendern und Durchführung der Suche nach weiteren potenziellen Spendern. Die Rolle der Mäzene ist zentral, denn sie sind es, die die größten Spenden leisten. Diese Phase geht bis zum „Kick-off“-Moment, wenn mindestens 65 Prozent des gesamten Fundraising-Ziels erreicht sind.
4) „Öffentliche Phase“ (3 oder mehr Monate)	Öffnung der Kampagne für die breite Öffentlichkeit, also auch für Kategorien von Klein- und Gelegenheitsspendern
5) Post-Kampagne (3-6 Monate)	Reporting und Evaluation[50]

48 Normalerweise besteht ein Businessplan aus einer Zusammenfassung, einer Beschreibung des Projekts, einer allgemeinen Darstellung der Organisation, einer Beschreibung der vom Projekt eröffneten Möglichkeiten, der Branche und des Marktes, der Strategie, des Teams, des Marketingplans, des Betriebsplans, des Finanzplans und allen detaillierten Anhängen.

49 Vgl. www.capitalcampaigntoolkit.com/go-pro/.

50 Melandri, *Manuale di fundraising* …, S. 193-194.

Elemente einer erfolgreichen Kapitalkampagne

Wenn eine gemeinnützige Organisation eine Kapitalkampagne startet, beispielsweise für die Renovierung oder den Bau ihres Hauptsitzes, muss sie die entscheidenden Punkte für die Durchführung einer erfolgreichen Kampagne berücksichtigen:

- ein klares und definiertes Fundraising-Ziel;
- ein gezielter Plan;
- ein kompetentes, engagiertes und überzeugendes Team;
- ein Arbeitsplan, mit definierten Terminen und einem festen Enddatum;
- das sorgfältige (und diskrete) Management einer „Stillen Phase", um den Großteil der Mittel aufzubringen;
- die Einleitung einer „Öffentlichen Phase" für die Sammlung aller Arten von Geldern, wobei die vorhandenen Möglichkeiten und Mittel mit Kreativität und professioneller Stärke genutzt werden.

4 Schlussfolgerungen

Die Vorbereitung der Zusammenarbeit mit Mäzenen ist eine zeitaufwendige und mühsame Tätigkeit. Sie stellt jedoch sicher, dass die künftige Arbeit auf einer soliden Grundlage steht, und erspart der Organisation oder dem einzelnen Antragsteller eine Menge Aufwand und organisatorischen Stress in den späteren Phasen der Entwicklung der Beziehung. Der einzelne Antragsteller kann sich dafür oder dagegen entscheiden, den Rat eines Fachspezialisten einzuholen. In jedem Fall sollte er sich dem schrittweisen Prozess zur Einrichtung der Arbeit mit den Mäzenen widmen.

Es gibt keine bessere goldene Regel für den Erfolg mit den Mäzenen, als ein fachlich und menschlich aufeinander abgestimmtes und motiviertes Team zu haben, strategisch zu handeln und die richtigen operativen Werkzeuge einzusetzen.

Mit dieser Erkenntnis können sich Antragsteller, die einen Kontakt zur Welt der Mäzene suchen, glaubwürdig und mit guten Erfolgsaussichten in diesem Umfeld bewegen.

Die Beziehung zum Mäzen aufbauen

4

Das System der sieben Schritte

Der Grad an Komplexität einer philanthropischen Beziehung kann, wie wir soeben gesehen haben, unerwartet hoch sein. Einen Mäzen zu entdecken, bedeutet, einen Menschen zu finden, mit dem man möglicherweise in einen Austausch treten und emotionale Bereicherung erlangen kann. Und das im Bewusstsein, sich in Räume des Wissens und der Gefühle zu wagen, die nicht immer leicht zu handhaben sind.

Im besten Fall sorgt die philanthropische Beziehung dafür, dass die Beteiligten eine Leidenschaft, eine Mission und ein Schicksal teilen. Überdies gestaltet sie sich als Erfahrung, die wesentlich bedeutender ist als irgendeine Verkaufsbeziehung. Nun müssen wir uns fragen: Was ist der Ausgangspunkt? Welche Regeln sind zu befolgen, wenn man von Anfang an in einer Logik der positiven Philanthropie arbeiten möchte?[1]

Über die verschiedenen Persönlichkeiten – des Gebenden und des Empfangenden – hinaus darf man sich, wenn man das Interesse eines Philanthropen wecken möchte, nicht allein auf die Qualität seines Projekts oder auf das Glück verlassen. Man muss den Boden bereiten für den Samen der Affinität zum Thema, der Empathie, der Beteiligung und des Engagements. Wer nach einer philanthropischen Spende Ausschau hält, muss warten können, Umsicht walten lassen, genaue Regeln beachten und bedenken, dass beide Seiten ihre eigenen Interessen verfolgen, auch wenn sie sich auf gemeinsamem Terrain bewegen. Die Beziehung zu einem Philanthropen muss erst aufgebaut werden.

1 Wie wir in Kapitel 2 gesehen haben, beruht das Modell der *positiven Philanthropie* auf der *geteilten Freude*: der Freude an der Freude, die man anderen schenkt, am Nutzen, den die Empfänger haben. Mäzen und Antragsteller verwirklichen eine positive Philanthropie, wenn sie die Fähigkeit entwickeln zuzuhören, zu kommunizieren und die philanthropische Beziehung empathisch zu leben, und gemeinsam herausarbeiten, wie das philanthropische Projekt so effizient wie möglich in Gang zu bringen wäre.

1 Eine Finanzierungs-Strategie mit dem *Moves Management* planen: das System der sieben Schritte

Eine gute Projektidee zu haben, ist eine unabdingbare, aber nicht immer hinreichende Voraussetzung dafür, das Interesse eines Mäzens zu wecken. Wenn das gelingen soll, muss diese Idee in ein strukturiertes Projekt überführt werden, das alle Details umfasst, die den Bedürfnissen des Mäzens und denen der unterschiedlichen Arten von Zielgruppen entsprechen. Für das Aufbauen einer Fundraising-Strategie[2] empfiehlt es sich, Ansätze auszuarbeiten, die darauf abzielen, mehrere Philanthropen oder Gebende anzusprechen. Diese können das Projekt von Anfang an unterstützen oder in einer fortgeschrittenen Entwicklungsphase einsteigen; sie können eine einmalige Spende zur Verfügung stellen oder entscheiden, mit kleineren Summen anzufangen, um erst später zu umfangreicheren Investitionen überzugehen. Das bedeutet: Derjenige, der sich um eine philanthropische Spende bemüht, benötigt ausgezeichnete Fähigkeiten, Visionen zu entwickeln und Planungen durchzuführen. Er muss offen für Veränderungen und Neuheiten bleiben und sein Netzwerk feinfühlig, aufmerksam und flexibel verwalten. Die Finanzierungsstrategie lässt sich mit Hilfe der Methode des *Moves Management*[3] ausarbeiten. Der Begriff bezeichnet den Prozess, durch den ein potenzieller Mäzen vom reinen Interesse an einem Projekt zur tatsächlichen Bereitstellung von Mitteln übergeht.[4] Der *Moves-Management*-Prozess gliedert sich in sieben Schritte:[5]

1. potenzielle Mäzene ausfindig machen;
2. diese auf der Grundlage ihrer spezifischen Möglichkeiten und Merkmale bewerten;
3. eine Fundraising-Strategie ausarbeiten;
4. die Mäzene motivieren und einbeziehen;
5. das Spendengesuch stellen;

---

2 Unsere Arbeit beschäftigt sich mit einem spezifischen Aspekt des Fundraisings, der Beziehung zum Mäzen, die wir im Einzelnen und unter einem neuen, multidisziplinären Blickwinkel untersuchen. Die Zusammenarbeit mit Mäzenen gehört zur umfassenderen Disziplin des Fundraisings, deren theoretische Grundlagen wir voraussetzen. In der Bibliografie findet der Leser umfangreiche Literaturangaben, falls bestimmte Abschnitte nicht seinem professionellen Background entsprechen sollten oder er spezifische Aspekte vertiefen möchte.

3 Der Begriff wurde von G. T. Buck Smith und David R. Dunlop, Senior Development Officers der Cornell University (Ithaca, New York) geprägt. Sie erklären, wie diese Schritte „dabei helfen, vorausschauendes Bewusstsein, Wissen, Interesse, Einsatz und Hingabe für eine Institution und ihre Mission zu entwickeln“ (Hodge J. M., „Major Gifts“, in Tempel E. R., Seiler T. L., Burlingame D. F., *Achieving Excellence in Fundraising*, John Wiley and Sons, Hoboken 2016).

4 Das *Moves Management* wurde als Instrument für die Arbeit mit Großspendern entwickelt; wir wenden es hier auf das spezielle Segment der Mäzene an. Zu diesem Zweck verfeinern wir einige Elemente dieser Disziplin und bereichern sie um weitere Details und eine Reihe von multidisziplinären Ergänzungen.

5 Haibach M., Uekermann J., *Großspenden-Fundraising – Wege zu mehr Philanthropie. Grundlagen, Strategien und praktische Umsetzung*, zweite, neu bearbeitete und erweiterte Auflage, Edition Fundraising Magazin, Dresden 2021, S. 203.

6. für die empfangenen Spenden danken;
7. die Mäzene darüber informieren, wie die einzelnen Spenden verwendet werden.

Dieses mittlerweile umfassend erprobte und in zahlreiche konkrete Schritte übersetzte Modell verschiebt den Schwerpunkt von der Schenkung zum Mäzen und zeigt die Schritte auf, die zu gehen sind, um Philanthropen zu treffen, ein Vertrauensverhältnis zu ihnen aufzubauen, auf ihre Neigung zu schenken einzuwirken und schließlich eine finanzielle Zuwendung zu erhalten. Das Model des *Moves Management* beruht auf der Fähigkeit, potenzielle Mäzene zu ermitteln, Daten über ihren Lebensstil zu sammeln und eine solide Basis von *Social Data* zu schaffen. Diese umfassen zum Beispiel biografische Angaben, Geschäftsinteressen und private Interessen, soziale Beziehungen und die philanthropische Geschichte des Mäzens. Diese Informationen stehen im Zentrum des Modells, denn sie dienen dazu, die Kommunikation mit dem Philanthropen zu verbessern, ihn empathisch einzubeziehen, sein persönliches Engagement anzuregen und gleichzeitig die Strategien zur Anregung von Schenkungen wirksamer zu machen. Die Hebel, über die das *Moves Management* ansetzt, sind Werte, Haltungen, Beziehungen und Psychologie.

Die Kreisförmigkeit des *Moves Management* wurde von David Dunlop (Senior Development Officer der Cornell University)[6] im Rahmen des *Major Donor Fundraising* entwickelt. In Dunlops Konzept geht es um Großspender, das *Moves Management* wird dort als *Prospect Pipeline* bezeichnet. Gemeint ist damit buchstäblich eine Art Kanal, durch den kontinuierlich neue Möglichkeiten fließen; die Großspender stehen stets am Anfang und am Ende dieses Systems. In der *Prospect Pipeline* beeinflusst jeder Schritt den nächsten und stellt eine konkrete Möglichkeit dar, mit dem Großspender eine spezifische Interaktion aufzubauen und die Beziehung über einen längeren Zeitraum fortzuführen. Zu jedem Schritt gehören ein eigenes Ritual, eigene Ziele und präzise Handlungen, die auf jeden Mäzen zugeschnitten werden müssen. So erklärt sich, warum Fundraising-Kampagnen häufig so komplex sind und viel Zeit in Anspruch nehmen können, bevor sie konkrete Ergebnisse hervorbringen.

Diese Abfolge der Schritte mag linear erscheinen, ist aber alles andere als simpel: Mäzene ausfindig zu machen und umfangreiche *Social Data* zu sammeln, kann viel Zeit in Anspruch nehmen und Aufwand bedeuten – und reicht allein noch gar nicht aus. Man muss imstande sein, Kenntnisse und Informationen korrekt zu verwenden und eine Strategie entwickeln, mit der man sich an den einzelnen Mäzen wendet und ihn einbezieht.

6 David R. Dunlop kann auf eine brillante Karriere als Fundraiser an seiner Alma Mater, der Cornell University, zurückblicken. Er hat dort das Programm für Spenden von mehr als einer Million Dollar und für Spenden von mehr als fünf Millionen Dollar geschaffen und geleitet. Er gehörte dem Senior Management Team der Cornell Campaign an, das zwischen 1990 und 1995 einen Rekord bei Fundraising-Kampagnen zugunsten der amerikanischen Universitäten aufgestellt hat: mehr als 1,5 Milliarden Dollar gesammelte Spenden. www.spoke.com/people/david-dunlop-3e1429c09e597c100838010f.

Schließlich werden das Vertrauen und der Ruf, die man in der philanthropischen Welt genießt, stark vom Verhalten und von den Entscheidungen zum Follow-up nach dem Erhalt der Schenkung (und von gemachten Erfahrungen in der Vergangenheit) beeinflusst.

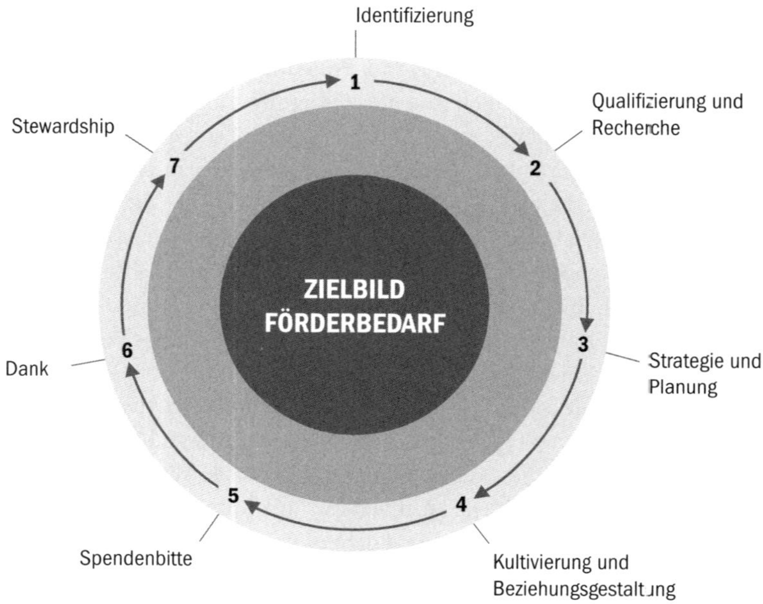

Abb. 1: Der Kreislauf des *Moves Management*
Quelle: Haibach M., Uekermann J., *Großspenden-Fundraising – Wege zu mehr Philanthropie. Grundlagen, Strategien und praktische Umsetzung,* zweite, neu bearbeitete und erweiterte Auflage, Edition Fundraising Magazin, Dresden 2021, S. 203

Wer eine Fundraising-Kampagne für ein künstlerisches, kulturelles oder philanthropisches Projekt entwirft, muss bedenken, dass die Verfügbarkeit von Informationen und die eigene Glaubwürdigkeit und Reputation eine entscheidende Rolle spielen. Den richtigen Mäzen ausfindig zu machen, bedeutet, die eigene Ausgangsposition und die eigenen Ziele zu überdenken. Das eigentliche Ziel ist ja, einen Mäzen zu finden, der nicht nur über die nötigen Geldmittel verfügt, sondern auch ein persönliches Interesse an der Verwirklichung des Projekts hat.

1.1 Potenzielle Mäzene ausfindig machen

Interne Analyse

Der erste Schritt auf dem Weg, potenzielle Mäzene ausfindig zu machen, deren Interessen mit den spezifischen Aktivitäten des Projekts übereinstimmen, besteht darin, in den eigenen internen Kontakten nach Philanthropen zu suchen, die schon früher mit der Organisation zu tun hatten.[7] Diese Suche kann über die unterschiedlichsten Kanäle erfolgen.[8] In dieser Phase müssen die Suchkriterien weit gefasst sein, denn das Ziel ist es, eine möglichst umfangreiche Liste von potenziellen Philanthropen zusammenzustellen.[9]

Nicht immer erlauben die Gesetzgeber eine systematische Ausarbeitung der Profile von Philanthropen, was die Suche nach geeigneten Persönlichkeiten erschwert. Auf der anderen Seite handelt es sich um eine Aufgabe, die sehr viel Erfahrung, Takt und die Fähigkeit, Details zu analysieren und Informationen zu filtern, voraussetzt. Wer Zugang zu einer internen Datenbank hat, hat dagegen den Vorteil, dass er sie anhand der gewünschten Merkmale durchsuchen kann. Auf jeden Fall sind alle internen Quellen hilfreich, da sie Personen betreffen, die schon Kontakt zur Organisation hatten, auf demselben Gebiet arbeiten oder dieselben Kontakte teilen (vgl. Kap. 3., Abschnitt. 3.2.).

Im Laufe der vergangenen zwanzig Jahre haben einige amerikanische und englische Unternehmen sehr effiziente *Wealth-Screening*-Techniken entworfen, die in jüngerer Zeit auch in den deutschsprachigen Ländern eingeführt wurden. Das *Wealth Screening* wird von spezialisierten Unternehmen durchgeführt, die einen spezifischen, sehr präzisen Service anbieten, um vermögende Menschen zu finden; zu ihren Ergebnissen gelangen sie, indem sie Daten der internen Datenbank einer Non-Profit-Organisation mit denen einer externen Datenbank abgleichen, in der vermögende und sehr vermögende Personen erfasst sind.[10] Die Non-Profit-Organisation ist so in der Lage festzustellen, zu welchen potenziell großen Spendern sie schon Kontakt hat.

Durch eine genaue Prüfung lässt sich sodann herausfinden, ob diese schon Großspender und wie viele von ihnen auch Mäzene sind.[11] Gut möglich, dass sich

7 Allen, die keine Organisation im Rücken haben, empfehlen wir zu überprüfen, inwieweit sie selbst imstande sind, Beziehungen aufzubauen (vgl. Tabelle 1). Sollte das Potenzial dazu nicht vorhanden sein, ist das kein Grund, sich entmutigen zu lassen. Man muss sich nur mit Ruhe und Geduld der Analyse der externen Quellen widmen. In dieser Phase sind Gewissenhaftigkeit, Fantasie, Kreativität und der Wille zum Erfolg entscheidend. Man stellt zunächst eine Liste von möglichen Mäzenen zusammen und beginnt mit der entsprechenden Sensibilisierung, mit der wir uns im nächsten Kapitel befassen. Die goldene Regel im Umgang mit Mäzenen lautet: Widmen Sie sich dem Aufbau eines Vertrauensverhältnisses – einer Arbeit, die Monate oder sogar Jahre in Anspruch nehmen kann.

8 Zum Beispiel: biografische Nachschlagewerke (*Who's Who*) online und gedruckt, Informationen über die Welt des Unternehmertums (Analyse der Honorare der verschiedenen Wirtschaftszweige, Daten aus Handelsregistern oder Unternehmensregistern) usw. Leider lässt sich nach Abschaffung der Besteuerung von Nachlässen kaum mehr ermitteln, wer wann wie viel erbt.

9 Melandri V., *Manuale di fundraising. Fare raccolta fondi nelle organizzazioni nonprofit e negli enti pubblici,* Maggioli Verlag, Rimini 2012, S. 217.

10 Haibach, Uekermann, *Großspenden-Fundraising* …, S. 212.

11 Großspender und Mäzen sind keine Synonyme. Für eine kleine Organisation kann ein Großspender jemand sein, der zum Beispiel 5000 Euro spendet, während ein Mäzen sechsstellige Summen zur Verfügung stellt.

mit zunehmenden Fundraising-Aktivitäten auch dieses System immer mehr durchsetzen wird. Die Screening-Angebote haben allerdings hohe Preise und produzieren oft eine große Menge von Daten, welche die Bestellenden bei deren Ablage und sinnvollem Einsatz vor große Herausforderungen stellen. Diese Daten veralten außerdem teilweise rasch.

Die Suche nach dem idealen Mäzen: interne Analyse

Diese Analyse greift auf eine Vielzahl von Kanälen zurück:

- Suche in internen Datenbanken und Mailinglisten der Non-Profit-Organisation oder in privaten Adresslisten des Antragstellers;
- Aktivierung von persönlichen Kontakten der Mitglieder der Non-Profit-Organisation (Vorstandsmitglieder, Beiräte);
- Aktivierung der Kontakte des Personals der Non-Profit-Organisation (Vereinigungen, Bürgerinitiativen, Arbeitsgruppen);
- Aktivierung von Personen und Netzwerken, die auf die Dienste der Non-Profit-Organisation zurückgegriffen haben;
- persönliche Kontakte des Antragstellers (Einzelperson oder Organisation) in seinem privaten und beruflichen Umfeld oder im Umkreis der Freizeitaktivitäten;
- private Kontakte seines Umfelds (Kollegen, Freunde usw.);
- Kontakte der strategischen und operativen Leitung der Non-Profit-Organisation;
- eventuelle frühere Spender;
- Zulieferer oder Personen, die die Dienste des Antragstellers oder der Non-Profit-Organisation in Anspruch genommen haben;
- Mitglieder des Ehrenkomitees[12] und ihre Netzwerke.

Externe Analyse

Auf die interne Analyse folgt eine externe Analyse, in der alle öffentlich zugänglichen Quellen genutzt werden, wie zum Beispiel von Dritten ausgearbeitete Namenslisten und Vermögensscreenings, das Internet und soziale Medien, Beratungsgremien und die Presse. Zu den wichtigsten Orientierungspunkten bei dieser Suche gehören (ohne Anspruch auf Vollständigkeit):

- die genaue Analyse der von **Suchmaschinen** wie Google, Firefox, DuckDuckGo, Swisscows, Ecosia usw. verbreiteten Informationen zu den einzelnen Persön-

12 Wie wir in Kapitel 3 gesehen haben, kann es bei der Arbeit mit Mäzenen von Nutzen sein, ein sogenanntes Ehrenkomitee oder Advisory Board einzurichten, dessen Aufgabe es ist, den Kontakt zu den Mäzenen zu erleichtern. Die Mitglieder des Ehrenkomitees stellen der Non-Profit-Organisation oder dem Antragsteller ihre Beziehungsnetzwerke zur Verfügung. Vgl. www.nonprofitpro.com/post/your-nonprofit-advisory-board-must-focus-on-fundraising/.

lichkeiten (Bilder, Videos usw.) und der geografischen Verteilung von Reichtum (zum Beispiel Informationen über Stadtviertel mit der höchsten Konzentration von Vermögen).

- **spezialisierte Publikationen und Zeitschriften**: Sie bieten praktische Instrumente, um Philanthropen außerhalb der eigenen Organisation ausfindig zu machen. Um einige Beispiele zu nennen: *Bilanz* in der Schweiz, *Manager Magazin* in Deutschland, *The Sunday Times Rich List* im Vereinigten Königreich und die *Forbes Rich List* weltweit[13] veröffentlichen Verzeichnisse der vermögendsten Menschen und in regelmäßigen Abständen auch Angaben zu den Wohngebieten mit der höchsten Konzentration von einkommensstarken Bewohnern, zu einflussreichen Frauen oder nachrückenden Jungen.
- **Branchenstudien**: Die Aktivitäten von Philanthropen sind im Allgemeinen ziemlich komplex, und folglich müssen die Antragsteller den Markt systematisch beobachten, zum Beispiel über Studien wie *World Ultra Wealth Report* von Wealth-X, den *Billionaires Report* von UBS und PwC (PricewaterhouseCoopers) oder den *Global Wealth Report* von Credit Suisse und anderen;[14] spezifische Dossiers und Artikel der Presse, von Unternehmen, Universitäten, Anwaltskanzleien, Non-Profit-Organisationen und Regierungseinrichtungen. Dazu kommen Informationen aus biografischen Nachschlagewerken (*Who's Who*) zu Meinungsführern und Mäzenen, Datenbanken mit Wirtschafts- und Unternehmensinformationen, Artikel über Topmanager, Studien über die Honorare in den verschiedenen Branchen und Open-Source-Quellen aus dem Internet (Immobilienmarkt, Berichte zu Anlagen, Handelsregister usw.).
- Unerlässlich ist es, die **Konkurrenz** zu beobachten: Welche Mäzene unterstützen welche ähnlichen Institutionen (hier können Informationen in Programmen, Werbeanzeigen, Einladungen zu Events usw. hilfreich sein).
- Hilfreich sind auch Abonnements für **spezialisierte Datenbanken**[15] wie Axon Insight Promise in der Schweiz,[16] die aktualisierte Daten der Handelsregister sammeln, analysieren und verarbeiten. Ein intelligenter Beziehungsalgorithmus macht Unternehmenskontakte und Netzwerkverbindungen sichtbar. Darü-

13 Andere Quellen schließen Websites ein, wie donorrelationsguru.com, givingmagazine.co und philanthropy.com. In Italien sei auf die Liste „I primi 100 contribuenti" der Zeitschrift *Panorama* verwiesen. Was die angelsächsische Welt betrifft, vgl. www.helenbrowngroup.com/wealth-lists-library/, die einige Zeitschriften nennt, die sich mit diesem Segment befassen.

14 Weitere signifikante Studien sind unter anderem: Boston Consulting Group, *Global Wealth Report 2021: When Clients Take the Lead*; Capgemini, *World Wealth Report 2021*; Knight Frank, *The Wealth Report 2020*; Wealth-X, *The World Ultra Wealth Report 2021* und *The New Normal: Trends in UHNW Giving 2019*.

15 Es kann nützlich sein, wirtschaftliche Datenbanken zu abonnieren, die finanzielle Daten, Bewertungen, strukturelle Daten usw. umfassen.

16 www.axoninsight.com/produkte.

ber hinaus sind neue Institute entstanden, die Informationen sammeln und zur Verfügung stellen, die sie zahlreichen Quellen aus der ganzen Welt entnehmen: Wealth-X[17] zum Beispiel verarbeitet Daten zur weltweiten Verteilung des Reichtums mit Hilfe eines dichten Forschernetzwerks, das anhand von öffentlichen Quellen Informationen über diese Menschen ermittelt und sie an Organisationen aus dem Finanzsektor, die Luxusindustrie, Non-Profit-Organisationen und Universitäten weitergibt (vgl. Tabelle 1). Auf diese Weise hat Wealth-X Zugang zu relevanten Daten der wichtigsten *Ultra High Net Worth Individuals*[18] und Philanthropen auf der ganzen Welt.[19] Die wichtigste Herausforderung besteht in jedem Fall darin, Kompetenzen und Instrumente zu verbessern, die den Fundraising-Aktivitäten in den Kulturorganisationen und gemeinnützigen Einrichtungen zugutekommen, und so die Chancen zur Verwirklichung von großen und langfristigen Projekten zu erweitern.

- Schließlich kann es auch für diese Art von Zielgruppe interessant sein, **soziale Medien** (YouTube, Instagram, Facebook und andere) zu nutzen, natürlich unter Berücksichtigung der Datenschutzbestimmungen. Das Ziel sollte immer sein, nützliche Informationen zu erhalten, um herauszufinden, wer ein potenzieller Ansprechpartner ist und ob das Projekt für ihn interessant und ansprechend sein könnte – sicher nicht, um in seine Privatsphäre einzudringen.

Die Suche nach dem idealen Mäzen: externe Analyse

Auch hier erfolgt die Suche über eine Vielzahl von Kanälen:

- die Analyse von Namensverzeichnissen, die von Dritten zusammengestellt und zur Verfügung gestellt werden;
- das Screening der Menschen mit großen Vermögen;
- die strukturierte Suche im Internet und in den sozialen Netzwerken;
- die Vorschläge von Beratungsgremien und Komitees;
- Pressenotizen, die Analyse von geografischen und demografischen Daten, um Wohngebiete mit einkommensstarker bzw. eher vermögender Bevölkerung zu ermitteln (große Spenden kommen aus dem Vermögen);
- die Beobachtung und Analyse der Konkurrenz;
- die Vorschläge von Mäzenen oder anderen mit der Organisation verbundenen Personen.

17 www.wealthx.com/.

18 In der Sprache des Finanzwesens versteht man unter *Ultra High Net Worth Individuals* Menschen, die ein Nettovermögen von mehr als 30 Millionen Dollar besitzen.

19 Einige weitere Beispiele für Datenbanken sind donorsearch.net (USA) und gnosis.com (Asien).

1.2 Bewertung der Daten

Die Auswahl potenzieller Mäzene endet mit einer Bewertungsphase, in der geklärt wird, welche Philanthropen eventuell daran interessiert sein könnten, das Projekt zu unterstützen und, wenn ja, in welchem Umfang. Aus der Analyse gehen Informationen zum Personenstand sowie wirtschaftlicher und philanthropischer Art hervor. Dies geschieht über folgende Klassifizierungsschritte:[20]

- die Sammlung und systematische Archivierung aller relevanten Informationen;
- die Analyse der potenziellen Werte und Interessen des Mäzens im Vergleich zu denen der Organisation;
- die subjektive Schätzung des Spendenpotenzials des Mäzens in Hinsicht auf das betreffende Projekt; Grundlage dafür sind Hypothesen der Angehörigen der Organisation;
- die Begutachtung eines provisorischen Spendenverzeichnisses durch eine Gruppe von Philanthropen und Stakeholdern des Vertrauens;
- Bewertung und Konsolidierung der Ergebnisse;
- Klassifizierung der Philanthropen nach ihrem potenziellen Interesse, an bestimmten Initiativen teilzunehmen.

Das wichtigste Instrument zur Klassifizierung von Personen, die als potenzielle Philanthropen ermittelt wurden, ist die **Perspektivenanalyse**;[21] von dieser gelangt man zu einer subjektiven Bewertung des Spendenpotenzials jeder einzelnen der nach der „LAI-Methode" ausgewählten Personen. Die Abkürzung LAI steht für:

Linkage. Verbindung zu der Non-Profit-Organisation und den Menschen, die darin arbeiten oder sich dafür freiwillig engagieren (dabei kann es sich zum Beispiel um familiäre, gesellschaftliche oder berufliche Verbindungen usw. handeln).

Ability. Die finanzielle Spendenkapazität.

Interest. Der (angenommene, mit Recherchen kombinierte) Grad an Interesse und Beteiligung am Projekt und der Non-Profit-Organisation.

Mit der LAI-Methode wird für jeden Mäzen ein Index erstellt, der seine Kontakte, persönlichen Interessen und Finanzstärke systematisiert.[22]

In einer weiteren Phase der Recherche im Internet und in anderen externen Quellen muss der Antragsteller die biografischen, finanziellen, unternehmerischen und philanthropischen Informationen über die potenziellen und tatsächlichen Philanthropen klassifizieren – Informationen, die aus verschiedenen Quellen stam-

20 Vgl. Bancel M., Melandri V. (Hg.), *La campagna di raccolta capitali. Fare fundraising per affrontare le esigenze patrimoniali di un'azienda non profit*, Edizioni Philanthropy, Forlì 2007.

21 Haibach, Uekermann, *Großspenden-Fundraising* ..., S. 220-226.

22 Ebenda, S. 207 und 227.

men.[23] Diese Recherche ist besonders effizient in Bezug auf ökonomische und finanzielle Projekte; in Bezug auf das persönliche Umfeld des Mäzens, seine Werte und seine Neigung zu einem bestimmten Projekt ist sie lediglich eine Annäherung.

Ein konkretes Interesse kann persönlich erst in der nächsten Phase überprüft werden. In der geht es um die Sensibilisierung des Mäzens.

Kriterien für die Auswahl eines Mäzens

Bevor man einen potenziellen Mäzen auswählt, sollte man sich einige Fragen stellen:

- Welcher Mäzen eignet sich am besten für das Projekt? Eine *Mäzenin,* die aktiv mitarbeitet und dank ihrer Kompetenz auch inhaltlich einen Beitrag leistet? Oder jemand, der sich für das Ziel des Projekts interessiert, sich aber nicht an seiner Verwirklichung beteiligen möchte?
- Wie vertraut sollte der Mäzen mit der Thematik des Projekts oder seiner geografischen Gegebenheiten sein?
- Bezüglich zeitlicher Vorgaben: Die Dringlichkeit kann schnelle Entscheidungen verlangen, sollte der Mäzen folglich über ausgeprägte Entscheidungsfähigkeit, Empathie und Begeisterungsfähigkeit verfügen?
- Ist die Organisation in der Lage, mit einem dynamischen, aktiven und vielleicht auch anspruchsvollen Mäzen zusammenzuarbeiten?

1.3 Eine Fundraising-Kampagne starten

Nachdem diese ersten Schritte gemacht sind, beginnen wir eine Strategie zu entwickeln, die sich auf den Philanthropen konzentriert, nicht auf die Spende; eine Strategie, die auch auf lange Sicht gangbar und wirksam ist. Ein *Moves-Management*-System zu implementieren, mag anfangs schwierig erscheinen, stellt sich aber letztendlich als recht kohärentes Verfahren heraus. Es erlaubt dem Antragsteller, jedem Philanthropen ein auf ihn zugeschnittenes Programm anzubieten. So entsteht eine solide Basis von Mäzenen und ein größerer Zufluss von Spenden auch in Zukunft. Um diese Ergebnisse zu erreichen, müssen die einzelnen Phasen des Prozesses konsequent und mit einer Vision vor Augen durchgeführt werden. Das eigene

23 Die gesammelten Informationen müssen in eine Datenbank eingetragen werden. Diese sollte nur denjenigen zugänglich sein, die direkt an der Zusammenarbeit mit den Mäzenen beteiligt sind (um so den Mäzenen maximale Sicherheit und Schutz der Privatsphäre zu gewährleisten). Die technische Umsetzung muss von Fall zu Fall gelöst werden, unter anderem auf der Grundlage des Bedarfs an Datenmanagement, den der Antragsteller hat, der Kompatibilität mit anderen Computerprogrammen sowie der Art von Funktionen, die das Programm erfüllen soll. Vgl. Sordiglioni G., *Database per il fundraising, Come gestire efficacemente le informazioni per la raccolta fondi*, Collana Philanthropy, Maggioli Verlag, Rimini 2014.

Portfolio von Philanthropen muss mit Kontinuität gepflegt und den Mäzenen stets die Möglichkeit geboten werden, sich mit der Organisation verbunden zu fühlen.

Eine auf dem *Moves Management* basierende Fundraising-Strategie anzustoßen, bedeutet, einen wiederholbaren und effizienten Prozess umzusetzen, der die Anstrengungen optimiert. Ziel ist es, die Mäzene von den anfänglichen Phasen, in denen man sich kennenlernt und Interesse für das Projekt bekundet wird, bis zur tatsächlichen Spende (von Geld, Kompetenzen oder Netzwerken) zu begleiten und eine wichtige Erfahrung zu teilen, eine philanthropische Beziehung nämlich, die für alle Beteiligten bereichernd ist.

Aus diesem Grund verlangt die Vorbereitungsphase Zeit und Konzentration. Man muss so viele Informationen wie möglich über das Profil der Mäzenin (oder des Mäzens) zusammentragen, an die man sich wenden möchte. Es genügt nicht zu wissen, ob sie über ausreichende Geldmittel für den finanziellen Bedarf des Projekts verfügt, man muss eine Strategie verwirklichen, die die Mäzenin dazu bringt, es unterstützen zu wollen, indem man die Vorteile und Werte des Projekts hervorhebt, für die sie empfänglich ist.

2 Ist die Suche nach einem Mäzen nur eine Frage von Verfahrensweisen?

Die Regeln sind die Hardware, aber gearbeitet wird mit der Software, und wenn die nicht funktioniert, bewegt sich der Prozessor nicht. Wie muss also eine gute Software beschaffen sein, damit jemand, der eine philanthropische Spende sucht, eine dauerhafte Beziehung zu einem Mäzen aufbauen kann?

Professionalität, Struktur und eine strategische Vision wirken sich auf die Qualität des Projekts aus. Es muss vollständig sein und gut präsentiert werden. Wir sollten bedenken, dass heutzutage auch der Philanthrop qualifiziert ist und darauf achtet, seine Interessen zu schützen. Der Mäzen des 21. Jahrhunderts ist proaktiv: Häufig entwirft er die Spendenkampagnen zum Erreichen seiner philanthropischen Ziele selbst. Grundlage für die Prozesse des Gebens und Empfangens sind folglich Kreativität und gute Vorbereitung. Beide können Initialzündung für die Beziehung sein, ebenso wie die Liebe zum Detail und die Fähigkeit, feinfühlig auf die tiefsten Wünsche eines Menschen einzugehen, der das Kapital für die Realisierung des Projekts besitzt.

Wie wir schon gesehen haben, müssen beide Seiten den wechselseitigen Wert des Engagements erkennen, damit eine *Beziehung der Großzügigkeit* zwischen Antragsteller und Mäzen entstehen kann: Der Mäzen akzeptiert die Unentgeltlichkeit seiner Spende, und der Antragsteller ist imstande, Dankbarkeit zu entwickeln und die Bedeutung des Engagements in Bezug auf seine gegenwärtige und zukünftige Situation zu erkennen. Wenn die Voraussetzungen klar und von Aufrichtigkeit getragen sind, entsteht im Lauf der Zeit eine von Respekt geprägte Verbindung, die einhergeht mit den Fortschritten und den Verwandlungen der Beziehung.

3 Ein perfektes Gleichgewicht, das gerade wegen seiner Harmonie nur selten von selbst entsteht

Im Alltag hat man es häufiger mit schwierigen Beziehungen zu tun, deren Ecken und Kanten erst noch geschliffen werden müssen. Verborgene oder offensichtliche Spannungen entspringen einer irrationalen Sphäre der Emotionen, die man berücksichtigen muss. Unterschiedliche gesellschaftliche und wirtschaftliche Voraussetzungen bringen wackelige Beziehungen hervor, die nicht ins Gleichgewicht gebracht werden können und die getrübt sind von Neid oder Eifersucht auf das, was der andere hat. Fehlendes Verständnis für die Motivation und das Verhaltensprofil des Philanthropen, ebenso wie eine wenig ausgeprägte Fähigkeit, zuzuhören und zu kommunizieren, führen zu Spannungen, welche die Beziehung nachhaltig beeinträchtigen.

Wenn ein Philanthrop zum Beispiel auf derart unberechenbare Weise Dinge verfügt und entscheidet, dass er oder sie diejenigen, die auf der Suche nach einer philanthropischen Spende sind, in ein Abhängigkeitsverhältnis bringt, kann dieser Zustand der psychologischen Abhängigkeit Frustration hervorrufen, die leicht in Missstimmung und Verdruss eskaliert. Sich auf das Bedürfnis eines anderen einzulassen, kann dagegen ein Akt der Verantwortung sein, eine emotionale Erfahrung, die über das egoistische Gefühl hinausgeht und es ermöglicht, sich für eine vertrauensvolle Beziehung zum anderen zu öffnen. Auch derjenige, der eine philanthropische Spende sucht, sollte sich vorbereiten: darauf, eine Schenkung zu erhalten, die als Mittel zur Entwicklung der eigenen Fähigkeiten zu begreifen wäre, als Zündschlüssel für einen gut eingestellten und funktionierenden Motor. Volle Befriedigung stellt sich im Laufe der Zeit ein, wenn der Empfänger die Möglichkeit bekommt, sich „emporzuschwingen", Erfolg und Anerkennung zu erlangen und in seiner Selbstachtung zu wachsen. Nur wer sich seines eigenen Werts bewusst ist, kann dem ansonsten erdrückenden Vergleich mit dem Mäzen standhalten, der seinerseits zuerst lediglich Unterstützer ist und dann Mäzen wird. Wenn die philanthropische Beziehung ausgeglichen sein soll, braucht es einen Mäzen, der dankbar schenkt, und einen Antragsteller mit großem Selbstwertgefühl, der eine Spende in der rechten Weise zu empfangen weiß. Wenn die Beziehung solchermaßen aufgebaut wird, kommt die Großzügigkeit von beiden Seiten, arbeitet man im Sinne einer positiven Philanthropie.

Tab. 1: Musterformular – Profil des Mäzens

Das Formular mit allen Angaben sowie die folgenden Aktualisierungen sind auszufüllen, wobei darauf zu achten ist, die Quelle und das Datum der Eintragung anzugeben.

Personenangaben
Vorname: ....
Nachname: ....
Position: ....
Unternehmen: ....
Alter: ....
Geburtsdatum: ....
Familienstand: ....
Wohnsitze: ....
Geburtsland: ....
Biografie
Bedeutsame Aspekte der Biografie: ....
Beruflicher Werdegang
Unternehmen: ....
Branche: ....
Position: ....
Von/bis: ....
Anmerkungen: ....
Wissenswertes
Bedeutsame Merkmale der Person: ....
Interessen, Leidenschaften, Hobbys
Name: ....
Beschreibung: ....
Philanthropie
Philanthropisches Projekt: ....
Begünstigte Organisation: ....
Zielsetzung: ....
Jahr: ....
Gespendeter Betrag: ....
Anmerkung: ....
Ausbildung
Einrichtung: ....
Titel: ....
Grad: ....
Von/bis: ....

Soziales Netzwerk
Name: ....
Unternehmen: ....
Art der Verbindung: ....
Anmerkungen: ....
Familie
Familienstand: ....
Beziehung: ....
Name: ....
Alter: ....
Anmerkungen: ....
Private Stiftung
Gesamtvermögen: ....
Gesamteinkommen: ....
Zweck: ....
Website: ....
Kontakte
Adresse: ....
Telefon: ....
E-Mail: ....
LinkedIn: ....
Twitter: ....

Quelle: Wealth-X, 2020. Formular, das entsprechend der in den einzelnen Staaten geltenden Bestimmungen ausgefüllt werden muss.

Was eine positive Beziehung ausmacht, ist die Fähigkeit, sich mit dem anderen zu identifizieren und sich auf die Werte zu beziehen, um die es geht. Eine wesentliche Rolle spielt die Selbstwahrnehmung, die im Laufe des Lebens heranreift; sie entsteht beim Heranwachsen oder abrupt, aufgrund eines drängenden Bedürfnisses. Der schwierigste Schritt ist, sich ganz anzunehmen, ohne die Kritik an den eigenen Beschränkungen, die man verleugnet oder vor sich selbst versteckt, auf den anderen zu übertragen. Häufig wird Dankbarkeit als selbstverständlich vorausgesetzt, doch dieses Gefühl stellt sich nur ein, wenn man von Anfang an die eigene Rolle annimmt, ebenso wie den Wert des Schenkens.

Das Bemühen um gute Beziehungen wird so zu einer Arbeit, bei der es mit Engagement, Fähigkeit und Wissen möglich ist, Bedürfnisse und Gefühle zu erfassen und Welten miteinander zu verbinden, die einander im Dienste des Gemeinwohls suchen.

Den Mäzen sensibilisieren

5

Die erfolgreiche Kontaktaufnahme und das erste Treffen

Nachdem man die potenziellen Mäzene ausfindig gemacht, ihre Profile erstellt und für jeden einzelnen eine spezielle Strategie entwickelt hat, gilt es, diese Mäzene zu motivieren und einzubeziehen. Diese Phase wird als Sensibilisierung bezeichnet.[1]

Die Sensibilisierung des Mäzens ist ein wesentlicher Schritt, um ihn fest an die Werte und die Botschaft des Projekts oder der Organisation zu binden. Sie ist auch unabdingbar, um eine gute und auf Dauer angelegte Beziehung aufzubauen. Die Sensibilisierung als eine der wichtigsten Phasen des *Moves Management* dient dazu, die Non-Profit-Organisation oder das Projekt bekannt zu machen. In dieser Phase geht es darum, Initiativen zu verwirklichen, die es dem potenziellen Mäzen erlauben, eine genauere Vorstellung zu bekommen und Interesse für denjenigen aufzubauen, der eine philanthropische Spende sucht. Konkret stellt sie den Bereich dar, in dem die Stärken und das Potenzial des Antragstellers systematisiert werden. Wöchentliche oder monatliche Newsletter, die Zusendung der Sozialbilanz, die Möglichkeit zur freiwilligen Mitarbeit und Einladungen zu Veranstaltungen sowie persönlich gestaltete Mitteilungen – etwa handgeschriebene Danksagungen, Telefonate und Treffen –

---

1 Die Zusammenarbeit mit Mäzenen ist Teil des größeren Bereichs Fundraising einer Non-Profit-Organisation oder eines einzelnen Antragstellers. Was die Fachliteratur zum Thema angeht, sei verwiesen auf: Urselmann, M. (Hrsg.), *Handbuch Fundraising*, 2. Aufl., Springer Gabler Verlag, Wiesbaden 2020; Bortoluzzi Dubach E., Frey H., *Mäzeninnen: Denken-Handeln-Bewegen*, Haupt Verlag, Bern 2015; Haibach M., *Handbuch Fundraising: Spenden, Sponsoring, Stiftungen in der Praxis*, 5. überarbeitete Aufl., Campus, Frankfurt/Main 2021; Haibach M., Uekermann J., *Großspenden-Fundraising – Wege zu mehr Philanthropie. Grundlagen, Strategien und praktische Umsetzung*, 2., neu bearbeitete und erweiterte Aufl., Edition Fundraising Magazin, Dresden 2021; Kihlstedt A., *Capital Campaigns. Strategies that Work*, 4. Aufl., Jones & Bartlett Learning, Burlington, Massachussetts 2016. Italienische Literatur: Melandri V., Masacci A., *Fund Raising per le organizzazioni non profit*, Il Sole 24 Ore Editore, Mailand 2004; Blasi C., *Major Donor Fundraising. Massimizzare la raccolta fondi e sviluppare il potenziale dei grandi donatori*, Maggioli Editore, Rimini 2017; Bancel M., Melandri V. (Hg.), *La campagna di raccolta capitali. Fare fundraising per affrontare le esigenze patrimoniali di un'azienda non profit*, Edizioni Philanthropy, Forlì 2007; Melandri V., *Fundraising. Il manuale più completo per fare raccolta fondi*, Maggioli Editore, Rimini 2017.

sind Sensibilisierungs-Aktionen: Für jeden Spender braucht es einen eigenen Ansatz und eine spezielle Strategie.

1 Was ist unter Sensibilisierung zu verstehen?

Bei der Sensibilisierung handelt es sich also um eine persönlich gestaltete Aktion, die darauf zielt, die Institution und das Projekt bekannter zu machen, einen offenen Dialog mit dem Mäzen zu beginnen und nach und nach eine Vertrauensbeziehung aufzubauen. Einen Spender zu sensibilisieren, bedeutet, ihn zu informieren, ihn über die Ziele und Programme des Projekts in Kenntnis zu setzen, ihn in jede einzelne Phase einzubeziehen und sich über alle erreichten Ziele gemeinsam mit ihm zu freuen. Auf psychologischer Ebene ist es günstig, wie wir schon gesehen haben, wenn sich in der Beziehung zwischen Mäzen und Antragsteller Einklang einstellt und Begeisterung und Leidenschaft für das gemeinsame Projekt entflammen. Darum geht es bei den Aktionen zur Sensibilisierung: sich der Spendenanfrage möglichst harmonisch zu nähern.

Der Antragsteller muss viel Zeit und Engagement in die Sensibilisierungsphase investieren. Aber wenn sie richtig durchlaufen wird, kann sie sich als wesentlich erweisen. Denn während die potenziellen Mäzene Projekt und Organisation von Nahem kennenlernen, kann der Antragsteller seine potenziellen Mäzene, ihre Interessen und ihre Art, sich auf eine Spende hinzubewegen, ergründen.[2] Wer eine philanthropische Spende sucht, sollte also fähig sein, sich in dieser Phase zu öffnen und die Ratschläge und Anregungen des Mäzens anzuhören, nachdem dieser zuvor detailliert über das gesamte Projekt informiert worden ist. Zum Beispiel kann man dem Mäzen die Möglichkeit bieten, die Ziele des Projekts genauer zu studieren, Fragen zu stellen, mit anderen Spendern in Kontakt zu treten oder eine wichtige Figur innerhalb der Organisation zu treffen.

Im Zentrum dieser Phase des *Moves Managements* steht die Gewissheit, dass gerade die Auseinandersetzung mit dem Mäzen Empathie erzeugt. Da man sich in dieser Phase nicht mit der finanziellen Dimension beschäftigen muss, kann man sich eher über Ideale, Visionen und Wünsche austauschen und in der Begeisterung über ein gemeinsames Abenteuer zusammenfinden. Das schon erwähnte Ehrenkomitee, das sich der Förderung der Werte und Mission der Non-Profit-Organisation oder des Projekts eines einzelnen Antragstellers widmet, ist eine ausgezeichnete Ressource für die Sensibilisierung von Philanthropen und Mäzenen. Es versammelt bedeutende Persönlichkeiten in dem betreffenden Bereich oder der betreffenden Gemeinschaft und

2 Irwin-Mells S., Melandri V. (Hg.), *Chiedere e ottenere grandi donazioni. Come realizzare la strategia di fundraising rivolta ai grandi donatori*, Edizioni Philanthropy, Forlì 2007, S. 89.

wirkt als Verstärker, weil es die institutionelle Kommunikation des Projekts erweitert. Allerdings, um keine Missverständnisse aufkommen zu lassen: Der wirtschaftliche Aspekt ist und bleibt der Angelpunkt der philanthropischen Beziehung, der Empfänger muss den Mäzen, mit dem er es zu tun hat, in Bezug auf dessen finanzielle Möglichkeiten und Großzügigkeit richtig einzuschätzen wissen.

Wie man die richtigen Aktivitäten zur Sensibilisierung auswählt

Bevor die Phase der Sensibilisierung eines Mäzens geplant wird, muss derjenige, der nach einer philanthropischen Spende Ausschau hält:

- wissen, ob es der Mäzen vorzieht, Informationsmaterial digital (Newsletter, Dokumente, PDF usw.) oder analog zu erhalten (Broschüren, Druckschriften usw.);
- wissen, ob der Mäzen soziale Medien (Twitter, Instagram usw.) nutzt und es wünscht, sich mit den Profilen der Organisation zu verlinken, oder ob er traditionellere Kommunikationswege bevorzugt, z. B. Briefe und Anrufe;
- wissen, ob der Mäzen in derselben Stadt wohnt oder wie häufig er diese aufsucht und welche Interessen er am betreffenden Standort hat;
- das „öffentliche“ Profil des Mäzens kennen, um seine wichtigsten Termine (Auszeichnungen, Einweihungen usw.) nicht zu verpassen.

2 Das eigene Image managen

Die Aktionen zur Sensibilisierung eines Mäzens gehören in den Bereich Kommunikation. Sie bestehen darin, weiterführendes Material zum Projekt vorzubereiten, Events zu organisieren und Image-Management zu betreiben: Newsletter und regelmäßig eingesetzte Informationsinstrumente wie jährliche Sozialbilanzen, Posts, Storys, Fotomaterial und Videokanäle auf sozialen Medien; außerdem Events, Ausstellungen, Tagungen, private Treffen und Gelegenheiten, den ausgewählten Mäzenen zu begegnen, für die man auf seine Netzwerke zurückgreift. Je größer die Fähigkeit, in dieser Phase beim Gegenüber Interesse und Neugier hervorzurufen, desto größer die Chance, die potenziellen Mäzene ins Boot zu holen. Zu diesem Zeitpunkt müssen die gesamte Fantasie und Kreativität des Teams ins Spiel gebracht werden. Sobald man die spezielle Strategie für den einzelnen Spender ausgearbeitet und den besten Weg ermittelt hat, ihm das Projekt vorzustellen, muss man ebenso viel Zeit einplanen, um die eigene Beliebtheit zur Entfaltung zu bringen. Das wichtigste Ziel ist es, den Mäzen durch eine positive Kommunikation zu erreichen. Wie das gelingt, ist eine Frage der Methode.

Wann was zu tun ist

Auf operativer Ebene gliedert sich die Sensibilisierung in sechs Stufen:

- Analyse des Profils des Mäzens und seiner Präferenzen;
- Auswahl der Aktivitäten zur Sensibilisierung, je nach Profil des Mäzens;
- Bestimmung der Projekte, die präsentiert werden sollen, und der erforderlichen Geldmittel (Budget/Businessplan);[3]
- Start von Kommunikationsmaßnahmen, die geeignet sind, den Mäzen positiv zu beeinflussen;
- Festlegung des Timings und der Aufgaben;
- Durchführung der Aktivitäten zur Sensibilisierung (Beginn, Ablauf, Bewertung).

Das Ansehen des Antragstellers muss vor allem in den Kreisen wachsen, in denen sich sein potenzieller Mäzen bewegt. Dies wird ermöglicht durch einen Artikel in der Zeitung, die er gewöhnlich liest, oder den Besuch einer Vernissage, eines Dinners oder Wohltätigkeitsevents, an denen er den eigenen Recherchen nach ebenfalls teilnehmen wird. Bisweilen erscheint es sinnvoll, Orte des städtischen Lebens aufzusuchen, die der Wohltäter oder die Wohltäterin regelmäßig besucht. Das Geheimnis einer erfolgreichen Strategie liegt im Zuhören. Die Fähigkeit, alle Signale aufzufangen, von wo sie auch kommen, ist der erste Schritt, um ein effizientes Konsultations-Netzwerk aufzubauen.

Den häufigsten Fehler begehen Antragsteller, wenn sie sich vor allem oder sogar ausschließlich auf ihr Projekt (oder ihre Organisation) konzentrieren. Dabei ist doch belegt, dass sich die Empathie verstärkt, wenn man „als Team spielt" – und den Mäzen einbezieht. Im Mittelpunkt der Begegnung steht nicht nur das Projekt, sondern vor allem der Mensch, der Begeisterung empfinden und sie mit den anderen teilen kann (in dem Fall mit dem Wohltäter). Es braucht einen systematischen Ansatz, damit in der Auseinandersetzung die Idee verbessert und verfeinert und auch für den Spender interessanter werden kann.

3 Vgl. Parolini C., *Come costruire un business plan,* Paravia, Turin 1999.

Die Aktivitäten zur Sensibilisierung

Zu den geläufigsten Kommunikationsmaßnahmen und Aktionen zur Sensibilisierung eines potenziellen Mäzens gehören:

- regelmäßige, gezielte Mitteilungen;
- Informationen über die Website der Organisation;
- Einladungen in den Sitz der Institution;
- spezielle Events;
- gesellschaftliche Anlässe;
- Beteiligung an den Aktivitäten der Non-Profit-Organisation durch das Beisteuern eigener Ideen;
- kleine Geschenke, die dem Projekt angemessen sind.

3 Die Beziehung zum Mäzen während der Sensibilisierungsphase

Was die Beziehungsdimension angeht, kann man die Sensibilisierungsphase in drei Momente unterteilen: Kontaktaufnahme, erstes Treffen, Check der Beziehung.

Nicht immer begreift die Organisation, wie wichtig es ist, den Prozess der Sensibilisierung so sorgfältig zu gestalten. Da werden typischerweise Einwände vorgebracht wie: „Wir müssen sofort Spenden sammeln." Das kann schon sein, aber Eile, Desorganisation und mangelnde Sorgfalt sind kaum die richtigen Mittel, erfolgreich Spenden zusammenzutragen. Vielmehr sind Zeit und Arbeit in die Sensibilisierung zu investieren. Darüber hinaus weisen die drei Momente bei genauerem Hinsehen einige kritische Punkte auf, die auf jeden Fall berücksichtigt und sorgsam gehandhabt werden sollten.

Die Kontaktaufnahme

Der Erfolg dieses Schritts hängt davon ab, wie akkurat man das erste Gespräch mit dem Mäzen vorbereitet. Dazu dient die Analyse der Dokumentation, die man in der Phase der Definition der Fundraising-Strategie zusammengestellt hat, ebenso wie die Evaluation der geleisteten Vorbereitungsarbeit und der spezifischen Taktik, die zur Anwendung kommen soll. Wenn man keine direkte Verbindung zum Mäzen hat, sollte man diejenige Person innerhalb der Organisation bestimmen, die am besten geeignet ist, den Kontakt anzubahnen – weil sie dieselbe Sprache spricht, ähnliche Interessen hat, seinen Geschmack kennt und so weiter.[4] Der erste Kontakt zum Mäzen kann über einen Brief, eine E-Mail oder einen Anruf hergestellt werden. Man muss damit rechnen, dass die Antwort manchmal nicht sofort, sondern erst nach Monaten kommt. Aus diesem Grund ist es sehr wichtig, die Handlungsschritte richtig zu timen und frühzeitig aktiv zu werden.

4 Vgl. Irwin-Mells, Melandri, *Chiedere e ottenere …*, S. 92.

Das erste Treffen mit dem Mäzen

Der Erfolg des Treffens hängt vom Grad der Übereinstimmung zwischen der institutionellen Kommunikation der Organisation und den Informationsbedürfnissen des Mäzens ab. Die Projekte können durch verschiedene Aktivitäten und Veranstaltungen präsentiert werden, die den potenziellen Mäzenen Gelegenheit geben, sich mit den strategischen Zielen vertraut zu machen, Fragen zu stellen und Menschen zu treffen, die sich schon zu einer Spende entschlossen haben. Das können zum Beispiel Wohltätigkeitsessen, Abendgesellschaften oder Einladungen zu einem Besuch der Non-Profit-Organisation sein, bei dem sich ihr Tätigkeitsbereich besser kennenlernen lässt. Auch ein technisch-wissenschaftliches Symposium zur Vertiefung der Thematiken, die mit dem Projekt verbunden sind, kann sehr nützlich sein. An einer solchen Veranstaltung nehmen ja unabhängige Vertreter der akademischen Welt oder wichtige Persönlichkeiten aus der betreffenden Branche teil. Man muss das Datum der Veranstaltung sorgfältig auswählen, damit es sich nicht mit anderen Terminen des Mäzens überschneidet. Am besten sorgt man dafür, dass es die Freunde der potenziellen Spender sind, die sie einbeziehen.[5] Vielleicht wählt man auch einen ganz besonderen, nicht allgemein zugänglichen Ort für die Veranstaltung aus. So wird der Besuch für alle zu einer exklusiven Angelegenheit.[6]

Check der Beziehung und folgende Aktivitäten

Die Zeit direkt nach der ersten Begegnung und der Präsentation des Projekts ist entscheidend. Sie wirkt sich auf die Entwicklung der Beziehung aus, und sie bietet die Chance, eventuelle Fehler zu korrigieren oder eine positive Dynamik fortzuführen. Nach jedem Treffen mit dem Mäzen sollte ein genauer Bericht abgefasst werden: Wer hat den Kontakt hergestellt? Wann und wie hat das Treffen stattgefunden? Auf welche Weise wurde kommuniziert? Wer hat teilgenommen? Welche wichtigen Ergebnisse gab es? Sind weitere Initiativen nötig? Sobald der Kontakt hergestellt ist, muss man ihn pflegen und dafür sorgen, dass er fortgeführt wird (handgeschriebene Briefe, E-Mails, Anrufe, Einladungen usw.). Man sollte in freundschaftlicher Verbindung mit dem Team oder den persönlichen Assistenten des potenziellen Mäzens bleiben, damit der Kommunikationskanal auch dann offen bleibt, wenn die Spende nicht gewährt wird.

Im Falle einer Non-Profit-Organisation, in der mehrere Personen in Kontakt mit dem Mäzen stehen, muss die Person, die das Projekt koordiniert – der oder die Verantwortliche für Philanthropie oder der *Major Donor Relationship Manager* –, regel-

5 Wer eine philanthropische Spende sucht, aber weder eine Non-Profit-Organisation noch einen Fundraising-Berater zur Seite hat, wendet die gleichen Methoden an, überträgt sie aber auf seine Dimension und geht mit einer Sorgfalt vor, die ihm beim ersten Kontakt mit dem Mäzen behilflich ist.

6 Vgl. Irwin-Mells, Melandri, *Chiedere e ottenere* ..., S. 105.

mäßig über alle Aktionen informiert werden, denn sie ordnet und strukturiert die Kommunikation.

4 Den Kontakt herstellen

Es gibt kein allgemeingültiges Schema für die Annäherung an einen Mäzen. Jeder Mensch ist anders, und die Ansätze können ganz unterschiedlich sein.

Manchmal genügt ein Anruf, in anderen Fällen ist es besser, die Gelegenheit für eine zufällige Begegnung zu schaffen. Oder man schreibt einen Brief oder eine E-Mail, je nachdem, wie leicht der Ansprechpartner zu erreichen ist. Am besten nimmt man sich die Zeit, um die richtige Person auszuwählen, die den potenziellen Spender einführen kann.

Es empfiehlt sich, vor allem wenn es noch keinen Kontakt gegeben hat, sich durch einen persönlichen Brief vorzustellen und dann ein Telefongespräch zu führen. Es ist sicherzustellen, dass die Beziehung gepflegt wird und dass es immer dieselbe Person ist, die den Kontakt zum potenziellen Spender hält. Derjenige, der ihm emotional am nächsten steht, nähert sich dem potenziellen Spender auch an; egal, ob es sich um einen Fundraiser oder den Antragsteller selbst handelt.[7] Diese Person muss eine positive Haltung haben und gut vorbereitet sein, um dem potenziellen Mäzen von Anfang an Sicherheit und Vertrauen in das Projekt vermitteln zu können.[8]

An diesem Punkt, wenn das Material zusammengetragen ist und die geeigneten Schritte getan wurden, um positiv auf sich aufmerksam zu machen, muss man sich einige Fragen stellen: Was bewegt den Mäzen? Was sind seine philanthropischen Ziele? Reicht das Beziehungs-Netzwerk, das ich geschaffen habe, um ihn zu gewinnen? Besteht es aus kooperativen Menschen? Wenn die Antwort auf diese Fragen „Ja" lautet, wird es einfacher, sich anzunähern, um ein Treffen vorzuschlagen. Bevor dies jedoch passiert, sollte man noch einmal darüber nachdenken, wer der oder die Richtige für die Aufgabe ist, die Spender zu sensibilisieren.[9]

Jeder innerhalb der Organisation, der fähig ist, von der Mission, den strategischen Zielen und den Programmen zu sprechen, ist geeignet, sich um die Sensibi-

7 Der Antragsteller, der nicht mit einem Fundraiser zusammenarbeitet, kümmert sich selbst um diese Phase und verfeinert seine Fähigkeiten zur Sensibilisierung mit der Zeit und mit wachsender Erfahrung. Es empfiehlt sich, dem Mäzen von Anfang an großherzig gegenüberzutreten und sich darum zu bemühen, die allmähliche Entdeckung gemeinsamer Interessen in den Mittelpunkt zu stellen, die wesentlich für den Aufbau einer harmonischen Beziehung ist.

8 Vgl. Melandri V., „Come chiedere una donazione: psicologia e strumenti utili", *Il Sole 24 Ore, Terzo Settore*, Nr. 4, April 2009, S. 55.

9 Vgl. Irwin-Mells, Melandri, *Chiedere e ottenere* …, S. 92.

lisierung zu kümmern. Gewöhnlich wird diese Aktivität dem Leiter der Non-Profit-Organisation, den Vorstandsmitgliedern, den Mitgliedern des Ehrenkomitees oder dem Verantwortlichen für Philanthropie anvertraut. Wenn man beschließt, ein Mitglied des Ehrenkomitees an der Sensibilisierungsphase teilhaben zu lassen, kann man davon ausgehen, dass man selbstsicherer sein wird, wenn es darum geht, um eine Spende zu bitten. Nach dem ersten Kontakt empfiehlt es sich allerdings, sobald wie möglich einen professionellen Fundraiser einzubeziehen, um den weiteren Kontakten Ordnung und Struktur zu geben.

Das ist die Phase, in der die Panik zum wahren Feind des Antragstellers werden kann. Die Rede ist von der Angst, etwas falsch zu machen, einen falschen Schritt zu tun, etwas Unpassendes zu sagen oder den Mäzen zu verärgern. Die Befürchtungen können so zahlreich und drückend sein, dass jeder Versuch, aktiv zu werden, im Keim erstickt wird.[10] Die Angst, etwas falsch zu machen, ist gewiss verständlich, sie geht häufig auf überzogene Erwartungen dem Wohltäter gegenüber zurück. Deswegen sollte man sich – vor allem bei der ersten Begegnung – Zeit lassen, damit die Dinge einen natürlichen Lauf nehmen können.

Fragen, die man sich während der Sensibilisierungsphase stellen sollte

Bevor man eine Spendenbitte vorbringt, sollte man sich fragen:

- Kenne ich die philanthropischen Ziele des potenziellen Mäzens?
- Welchen Ruf habe ich in den Kreisen, in denen sich der Mäzen bewegt?
- Kenne ich den genauen Betrag, um den ich bitten will?
- Sollte ich weitere Menschen in die Treffen mit dem Mäzen einbeziehen, bei dem ich konkret um die Spende bitten will?
- Hat der Mäzen die wichtigsten Figuren der Organisation schon getroffen?
- Bin ich mir sicher, dass ich den Menschen in den Mittelpunkt der Beziehung gestellt habe?
- Habe ich dem Mäzen Gelegenheit gegeben, Fragen zum Projekt zu stellen?
- Habe ich es ihm ermöglicht, die strategischen Aspekte zu vertiefen?
- Habe ich die geeigneten Bedingungen geschaffen, damit die Beziehung zum Mäzen auch über die Spendenanfrage hinaus fortdauert?
- Bin ich mir sicher, dass ich gegenüber diesem bestimmten Mäzen nicht zu viele Erwartungen habe?

10 Ebenda, S. 9.

5 Das erste Treffen mit dem Mäzen

Das erste Treffen mit einem Mäzen ist wie ein Rendezvous: Man muss das Richtige sagen, den idealen Ort auswählen, das Treffen mit eleganter Ungezwungenheit gestalten. Der Erfolg der ersten Begegnung hängt davon ab, wie gut es gelingt, die perfekte Atmosphäre zu schaffen. Diese lässt sich an klar definierbaren Einzelheiten festmachen. Das Geheimnis lautet, dem Mäzen das zu bieten, was ihn erfreut. Hat er besondere Interessen, Leidenschaften oder Hobbys? Man sollte bei seinen Vorlieben ansetzen, um eine Begegnung auf Augenhöhe zu ermöglichen. Da ist es von grundlegender Bedeutung, sorgfältig das beste Profil unter den möglichen Mäzenen auszuwählen, nachdem man die Einzelheiten bezüglich seines Lebens und seine Stärken und Schwächen analysiert hat.

Unvorbereitet zum ersten Treffen zu erscheinen, kann ein nicht wiedergutzumachender Fehler sein. Auch die Sprache ist ein wichtiges Element: Tonfall und Wortwahl müssen dafür sorgen, dass sich das Gegenüber wohl fühlt. In den meisten Fällen empfiehlt es sich klarzustellen, dass man während des ersten Treffens nicht über Geld sprechen wird, dass es nur dazu dient, sich kennenzulernen und gemeinsame Interessen festzustellen.

Das Treffen kann in den Räumen der Non-Profit-Organisation oder dem Atelier des Künstlers stattfinden, aber auch im Büro oder der Wohnung des Mäzens. Häufig begegnet man dem Mäzen das erste Mal, wenn man ihn zu einem speziellen Event einlädt, etwa zu einer Vernissage, einem Open Studio oder einem Essen mit den Mitgliedern der Organisation, Persönlichkeiten des öffentlichen Lebens oder anderen Stakeholdern. All dies fördert ein kooperatives Klima und zeigt dem potenziellen Spender, dass man daran interessiert ist, eine vertrauensvolle Beziehung aufzubauen, die auf Austausch basiert.[11]

Die Beziehung zum Mäzen muss von der Phase, in der man die richtige Person sucht, bis zur Spendenanfrage so minutiös durchdacht sein wie ein Drehbuch. Alle Schritte zur Annäherung und die folgenden Termine müssen in eine möglichst genaue Spendenanfrage münden. Zu verstehen, wann der richtige Moment ist, hängt von der eigenen Wahrnehmung und Sensibilität und den emotionalen Zeichen und Stimmungen ab, ganz ähnlich wie bei einem Rendezvous.

Wenn man bemerkt, dass sich eine Beziehung aufgebaut hat, muss man Ideen und Wünsche darlegen, ausführlich und genau sein, alle Fragen des Mäzens beantworten und den Betrag exakt beziffern können, den man gerne hätte. Die Aufgabe, Bilanzen aufzustellen und Zahlen zu nennen, darf nie dem Mäzen überlassen werden, es ist nicht seine Sache, diese Bewertungen vorzunehmen. Ihm kommt lediglich

11 Melandri V., „Come trovare i grandi donatori e mantenerli“, *Il Sole 24 Ore, Terzo Settore*, Nr. 3, März 2009, S. 53.

die Entscheidung zu, ob er sich am vorgeschlagenen Projekt beteiligen will und in welchem Umfang.

Die Beziehung zu einem Mäzen hat ihren eigenen Rhythmus. Jeder Schritt muss richtig abgewogen und ausgeführt werden. Jede Aktion hat ihre Zeit, man sollte nichts überstürzen. Selbst die Uhrzeit ist wichtig: Es ist besser, keine Verabredungen vor oder nach dem Mittagessen zu treffen, da Menschen dann andere Prioritäten haben.

Arbeitstreffen sind kommerzielle Transaktionen, die ganz klar einer wirtschaftlichen Dynamik unterliegen. Das Mäzenatentum dagegen gehört in den Bereich des menschlichen Wohlergehens, der Befriedigung, die entsteht, wenn man Ziele und Interessen mit anderen Menschen teilt.

Ein Detail, das absurd erscheinen mag: In gewissen Fällen sollte im Moment der Spendenanfrage – auch wenn eine empathische Beziehung aufgebaut wurde – eine andere Person auftreten; eine, die in der Lage ist, die Anliegen des Mäzens zu verstehen, die vielleicht auch zu seinem sozialen Umfeld gehört, so dass ein Ja sich auf ganz natürliche Weise ergibt. Ist der Mäzen nicht aus irgendeinem Grund besonders an einen bestimmten Gesprächspartner gebunden, erzeugt dieser Wechsel auch keine Verwirrung – vorausgesetzt, die betreffende Person vertritt dieselben Belange, die sich im Laufe der früheren Treffen ergeben und mit dem Feststellen von gemeinsamen Zielen geendet haben.

Ebenso sollte man sich versichern, dass es der Mäzen selbst ist, der sich um die Spenden kümmert, und kein anderer, wie zum Beispiel ein Familienangehöriger oder Beauftragter. Es kann vorkommen, dass Familienmitglieder mitzureden haben und daher in die Diskussion einbezogen werden. Der mehr oder weniger lange Weg muss immer persönlich zurückgelegt werden. Er schafft, wenn er gut organisiert wird, eine freudvolle Atmosphäre. An diesem Punkt ist die Beziehung so konkret und partizipativ, dass dem Thema Geld nur noch eine Restbedeutung zukommt. Anders als andere Formen der privaten Finanzierung, die mehr an rein wirtschaftliche Aspekte gebunden sind, ist die Beziehung zu einem Mäzen auch ein Kennenlernprozess, der mit persönlicher Anteilnahme einhergeht und eine wohltuende Atmosphäre hervorbringt, wenn er richtig gehandhabt wird.

Bericht über die Treffen mit dem Mäzen
Jede Begegnung mit dem potenziellen Mäzen muss analytisch dokumentiert und archiviert werden, und zwar durch einen Report mit folgenden Angaben:

- Datum, Ort und Zweck des Treffens;
- Verzeichnis der Anwesenden;
- behandelte Themen;
- Wünsche und bisher unbekannte Elemente aus seinem Privatleben, die der Mäzen zum Ausdruck gebracht hat (z. B. Hobbys und Gewohnheiten);[12]
- positive und negative Aspekte des Treffens;
- Verzeichnis der verteilten Dokumente und Materialien;
- neue Elemente, die sich ergeben haben: bewerten, ob das Ranking und die Strategie für den Mäzen verändert werden müssen;[13]
- Aspekte, die vertieft werden müssen.

6 Check der Beziehung und folgende Aktivitäten

Nach dem ersten Kontakt ist es erforderlich, sehr genau zu prüfen, was man erreicht hat. Jedes Element, jedes Wort, jede Geste können von Bedeutung sein. Zum Beispiel kann es sinnvoll sein, schon während der Begegnung auf den Tonfall des Mäzens zu achten, um seine Stimmung zu erfassen und daraus abzuleiten, wie groß seine Anteilnahme ist.

Zur Bewertung der Aktivitäten zur Sensibilisierung gehört das Erfassen und Analysieren aller Reaktionen des potenziellen Mäzens. Hat er nach dem Treffen irgendeine Art von Interesse gezeigt? Hat er bestimmte Wünsche geäußert? Folgt er den Social-Media-Kanälen der Organisation oder besucht er ihre Veranstaltungen?

Sollte dies auf Anhieb passieren, kann man vorsichtig optimistisch sein. Häufig ist es aber nicht so. Die Zeit, die der Mäzen zum Nachdenken braucht, kann sehr lang sein. Man sollte sie nutzen, um eine weitere Analyse durchzuführen: Hat man das richtige Kommunikationsmittel gewählt? War der Ort des Treffen angemessen, diskret und ruhig, mit der richtigen Atmosphäre? Welche größeren Schwierigkeiten gehen aus dem Report der Person hervor, die den Mäzen getroffen hat? Falls es sich um Events mit mehreren potenziellen Spendern handelt: Hatte jeder Mäzen

12 Persönliche Informationen sind ein heikles Thema, das der Datenschutz sehr genau regelt. Auch wenn sie vom Mäzen selbst mitgeteilt werden, sind sie mit der größtmöglichen Diskretion zu behandeln. Der Hinweis, den Mäzen auch als Privatperson besser kennenzulernen, ist als Aufforderung zu begreifen, ihn besser zu verstehen, nicht, in seine Privatsphäre einzudringen. Hobbys, Gewohnheiten und Merkmale der Entourage können dem Antragsteller nützliche Hinweise zur philanthropischen Haltung des Mäzens geben.

13 Vgl. Blasi, *Major Donor Fundraising* …, S. 107.

Zugang zu den Informationen, die er sich erwartet hat? Wurden auch Mitglieder des Ehrenkomitees an den Gesprächen beteiligt? Besteht die Möglichkeit, ein weiteres, informelles Feedback einzuholen? Viele Aspekte müssen vertieft werden, um einen möglichst genauen Bericht zu verfassen und die Follow-up-Schritte mit dem Mäzen zu planen. Dazu können, je nach spezifischer Situation, persönliche Briefe gehören, Telefonate, die Zusendung von weiterführendem Informationsmaterial und Danksagungen. Je sorgfältiger man das erste Treffen bewertet und ein gezieltes Follow-up plant, desto besser stehen die Chancen, eine fruchtbare Beziehung aufzubauen, die nicht nur auf Geld, sondern auch auf Gemeinsamkeiten und Empathie beruht.

Kritische Elemente in der Phase der Sensibilisierung des Mäzens

Beim Aufbau der Beziehung zum Mäzen kann es passieren, dass sich der Antragsteller mit einigen heiklen Elementen auseinandersetzen muss, wie zum Beispiel:

- Umweltfaktoren: Wirtschaftskrisen, Pandemien oder weitere Hindernisse bei der Annäherung an den Mäzen;
- rechtliche Faktoren: Gesetzesänderungen, die eine philanthropische Spende komplizierter machen (z. B. Gesetze zur Nachfolgeregelung);
- steuerliche Faktoren: Veränderungen der Steuergesetzgebung, die sich ungünstig auf Spenden auswirken;
- Faktoren im Leben des Mäzens: plötzliche Veränderungen im beruflichen oder privaten Umfeld, die eine erste Kontaktaufnahme durch den Antragsteller erschweren;
- Ereignisse im Leben des Antragstellers/der Non-Profit-Organisation: organisatorische Schwierigkeiten oder der Wechsel von Schlüsselfiguren der Organisation, die die Kommunikation mit dem Mäzen beeinträchtigen könnten.

Die Phase der Sensibilisierung des Mäzens ist ein entscheidender Schritt. Wer auf der Suche nach einer philanthropischen Spende ist, muss darauf achten, sich seinem Gegenüber mit dem nötigen Feingefühl zu nähern. Wie wir gesehen haben, ist auch eine gute Portion Kreativität nötig, um Interesse für das Projekt zu wecken und den eigenen Namen und die eigenen Ideen in den Medien und im Internet zu verbreiten, so dass sich die Positionierung dieses Projekts verbessert.

Diese Aktionen sind auf den Mäzen gerichtet, stellen für den Antragsteller aber auch eine gute Gelegenheit dar, die Wirksamkeit seiner institutionellen Kommunikation zu überprüfen.

Die Spendenanfrage

6

Überzeugen, ins Boot holen und eine Partnerschaft ins Leben rufen

Jeder Spender stellt sich im Verlauf seiner Betätigung als Mäzen öfter mal die Frage, ob das, was er finanziert, wirklich seine innersten Überzeugungen und Wünsche reflektiert oder ob das Spenden einfach zur Gewohnheit geworden ist. Wie wir bereits festgestellt haben, kann eine großzügige Haltung viele Gesichter haben. Es gibt Menschen, die eine klare und geradlinige Vision verfolgen und dementsprechend handeln. Sie wissen genau, welche Themen sie unterstützen wollen, und haben eine klare Vorstellung davon, was sie durch ihre Spende erreichen möchten. Andere haben vielleicht mehr Probleme damit, die Projekte oder die Non-Profit-Organisationen auszuwählen, denen sie ihre Gelder zukommen lassen. Manchmal sind sie geradezu entmutigt,[1] vor allem angesichts der vielen Möglichkeiten, die der soziale Sektor und der globale Kunst- und Kulturmarkt heute zu bieten haben.

Die höchste Befriedigung und ein nachhaltigeres Ergebnis erzielt man auf alle Fälle, wenn man stets mit seinen tiefsten Überzeugungen und Motiven verbunden bleibt und den Partner, mit dem sie umgesetzt werden sollen, umsichtig auswählt. Die folgenden Betrachtungen zeigen, dass man die Phase des Spendenantrags an einen Mäzen nur dann optimal durchführen kann, wenn man über sein Gegenüber vollständig informiert ist und perfekt geplant hat, wann und wie man zur Tat schreitet.

1 Die Phase des expliziten Antrags

Zur Phase des Spendenantrags gelangt man, wenn sich in der Beziehung zu einem potenziellen Mäzen genügend Vertrauen entwickelt hat und wenn dieser gezeigt hat, dass er das Projekt oder die Non-Profit-Organisation, die den Antrag stellen möchte, schätzt und würdigt. Nun wendet man sich auf die Art an den Mäzen, die am bes-

1 Dies ist vor allem bei Menschen im höheren Alter der Fall oder bei solchen, die nur geringe Erfahrung in der Auswahl von Projekten haben und lieber alles selbst in die Hand nehmen.

ten zu ihm passt, vorzugsweise über einen „warmen“ Kanal, zum Beispiel ein Treffen, das eigens organisiert wird, um ihm das Projekt, seine Werte und die dahinterstehenden Ziele persönlich darlegen zu können. Im Zentrum des Spendenantrags stehen selbstverständlich das Ziel, das erreicht werden soll, und die dafür nötigen Ressourcen.[2]

Einen Betrag für die gewünschte Spende zu nennen, stellt einen schwierigen und entscheidenden Faktor für das Gelingen des Antrags dar. Wird ein zu hoher oder ein zu geringer Betrag angegeben, könnte dies alle bisher unternommenen Anstrengungen zunichte machen. Wie legt man also die genaue Summe fest, um die man einen bestimmten Mäzen bitten will? Es geht darum, die Informationen genau auszuwerten, die man bisher über ihn zusammengetragen hat. Man setzt zum Beispiel seinen Lebensstil und seine bisherigen philanthropischen Aktivitäten in Beziehung zu den Notwendigkeiten des Projekts. Nachdem der Spendenbetrag definiert ist, muss man sich auf das Treffen vorbereiten. Dabei ist große Aufmerksamkeit auf all jene Details zu legen, die das Gespräch zu einem positiven Ausgang führen können. Es lässt sich meist in vier Phasen aufteilen:

Einführung
Es gilt, von Anfang an eine positive und entspannte Atmosphäre schaffen. Ein Small Talk über allgemeine Themen kann helfen, das Eis zu brechen. Allerdings sollte man die Gesprächspartner nicht zu weit vom eigentlichen Grund des Treffens wegführen und die begrenzte Zeit nicht vergeuden. Um den Mäzen in die richtige Stimmung zu bringen, kann es angebracht sein, seine philanthropische Aktivität oder einen positiven Event direkt anzusprechen, eine Preisverleihung zum Beispiel oder den Abschluss eines Projekts, in dem er kürzlich aktiv war. Oder aber seine Leidenschaft für ein Argument, ein Projekt, für das sich Mäzen und Antragsteller interessieren, ein Erfolgserlebnis, das er in der letzten Zeit hatte, oder einen Erfolg der Non-Profit-Organisation, der die Bedeutung ihres Projekts unterstreicht.

Präsentation
Eine kurze Darstellung der Hauptpunkte des Projekts und des konkreten Betrags der Spende, um die gebeten wird, genügt, um das Interesse des Mäzens zu wecken, ihn von der Kompetenz und Vertrauenswürdigkeit des Antragstellers zu überzeugen und auf transparente Art und Weise die Basis für eine Beziehung zu schaffen. Je mehr das Projekt und der Antrag den Interessen des Mäzens entsprechen, desto lebhafter wird das Gespräch über seine mögliche Beteiligung sein. Sollte der Mäzen einen unkonzentrierten Eindruck machen oder schlecht gelaunt sein, hält man sich besser

2 Doch viele Mäzene unterstützen Projekte nicht nur mit Geld, sondern auch mit Know-how, über die Mitbenutzung ihrer Netzwerke und durch Ausbildung und *Capacity Building*.

kurz und verweist in Bezug auf alle Details auf die gedruckten Unterlagen. Zeigt er sich dagegen interessiert, stimuliert man das Gespräch mit weiteren Fragen.

Besprechung
In dieser Phase kann der Mäzen seine Meinung über das Projekt erläutern, Fragen stellen oder seine Vorlieben und Wünsche angeben. Es ist von größter Bedeutung, dem Mäzen zu zeigen, wie sehr man sich dafür einsetzt, dasjenige bis zum Ende perfekt umzusetzen, was er finanziell oder in anderer Form unterstützen will, und dass man dabei seine möglichen Vorschläge oder Wünsche berücksichtigen wird. Hier sind hohe Empathie und gegenseitiges Verständnis gefragt, denn der Eingriff eines Mäzens kann sowohl den Finanzplan des Projekts verändern als auch den Zeitplan. In diesen beiden Bereichen können leicht Missverständnisse entstehen, die man möglichst gleich von Beginn an vermeidet. Wenn der Mäzen sich nicht zum Projekt äußern will, ist es ratsam, seine Neugier mit spezifischen Fragen zu stimulieren. Einer introvertierten und schweigsamen Person gegenüber ist es dagegen angebracht, ihr Zeit zu lassen, ihre nonverbale Kommunikation zu beobachten und sich ihr mit viel Taktgefühl schrittweise zu nähern, bis man neue Einzelheiten kennt.

Abschluss und Einigung
Im Fall einer positiven Antwort wird meist eine Vorvereinbarung schriftlich niedergelegt. Dann terminiert man die nächsten Treffen, bei denen die Modalitäten der Spende detailliert festgelegt und eventuell ausstehende Fragen geklärt werden.[3] Im Fall einer negativen Antwort empfiehlt es sich, zum Ende des Treffens darauf hinzuweisen, dass die Türe weiter geöffnet bleibt (siehe Absatz 6).

In allen Phasen des Treffens, bei dem der Spendenantrag gestellt wird, sollte der Antragsteller drei Schlüsselqualitäten erfüllen: Er sollte seine Fähigkeit zur *Leadership* glaubhaft machen, ein effizientes *Storytelling* liefern und *Accountability* beweisen.

3 Vgl. Melandri V., „Come chiedere una donazione: psicologia e strumenti utili", *Il Sole 24 Ore, Terzo Settore,* Heft 4, April 2009, S. 54. Man sollte nach jedem Treffen einen Bericht anfertigen, die Datenbank auf den neuesten Stand bringen und die Person innerhalb der Non-Profit-Organisation informieren, die zuständig ist (meist der Direktor). Häufig bleiben die Begegnungen mit den Mäzenen lange Zeit vertraulich und werden innerhalb der Organisation erst dann offiziell, wenn alle Details der philanthropischen Beziehung bereits festgelegt sind.

Praktische Tipps zum Gespräch mit dem Mäzen

Die richtige Haltung bei der Interaktion mit dem Mäzen verlangt, dass der Antragsteller

- ein aufmerksamer und diskreter Zuhörer ist;
- sich für seinen Gesprächspartner als Mensch und nicht nur als potenziellen Geldgeber interessiert;
- flexibel ist und die Wünsche des Mäzens zu bewerten weiß;
- maximal zwei Projekte vorstellt und sich auf die Prioritäten konzentriert;
- alle Einzelheiten anspricht und, falls nötig, einen Experten hinzuzieht;
- auf Einsprüche und Zweifel mit belegbaren Antworten reagiert. Es kann nützlich sein, vorbereitete Beispiele und Argumente anzubringen und sie eventuell durch repräsentative Belege zu untermauern. Es hat sich als nützlich erwiesen, dem Mäzen zu zeigen, was er mit seinem Engagement tun oder verändern kann – eine Einladung, sich persönlich zu engagieren und mit eigenen Ideen einen Beitrag zu leisten, hat gute Chancen, gerne angenommen zu werden;
- versucht, den Zuschlag für das Projekt zu erhalten und die Wünsche des Mäzens zu berücksichtigen – andernfalls sollte er lieber einen neuen Partner suchen.

2 Die *Leadership* des Antragstellers

Wenn man die Perspektive des Mäzens einnimmt, erkennt man, dass sich für ihn die wichtigsten Informationen nicht um die Bilanzen der Organisation oder das Budget des Projekts drehen, sondern darum, ob die Menschen, die er unterstützt, das Unternehmen zum Abschluss bringen können. Der Künstler, das kreative Team, die Kulturschaffenden oder im sozialen Bereich Tätigen, der Arbeitsraum – dies sind die Dinge, die der Mäzen bewertet, um zu verstehen, wie die Einzelperson oder die Non-Profit-Organisation arbeitet und ob diese Menschen imstande sind, seine Spende bestmöglich zu nutzen. Die *Leadership* des Antragstellers – also des Künstlers, des Projektleiters oder des Gründers der Non-Profit-Organisation – stellt einen wichtigen Faktor dar. Sie kann direkten Einfluss auf die Neigung des Mäzens haben, die Spende zu tätigen oder nicht. *Leadership* heißt: fähig sein, das Projekt zu leiten, es abzuschließen und seine Bedeutung dem jeweiligen Publikum klarzumachen, der Organisation und dem Mäzen während des gesamten Verlaufs Inspirationsquelle zu sein und etwas Neues zu schaffen.[4]

Daraus folgt für denjenigen, der eine philanthropische Spende sucht, dass er ein klares Bewusstsein der eigenen Stärken haben sollte. Er sollte lernen, die eigene Vision effizient zu kommunizieren und die Harmonie des Teams und die positive Atmosphäre nach außen zu tragen, die man im kreativen Raum des Arbeitsbereiches

4 Natürlich sind extrovertierte Persönlichkeiten im Vorteil. Doch auch ein schüchterner Antragsteller, der aber über Projekt, Mäzen und die Dynamik des Treffens perfekt vorbereitet ist, hat gute Karten.

erlebt. Der Leader muss beweisen, dass er das Gleichgewicht zwischen Leidenschaft und Organisationskompetenz finden und einsetzen kann. Ein Leader ist charismatisch, motivierend und visionär; er ist aber auch verantwortungsvoll, weiß die richtigen Entscheidungen zu treffen und steht den Spendern im Sinne der Transparenz Rede und Antwort über die erreichten Resultate.

Tab. 1: Lernen, wie man die relevanten Details des Mäzens erkennt

Detailinfos	Quellen	Interpretation
Person und Umfeld	Öffentliche Bilder des Mäzens, seiner Familie und seiner Mitarbeitenden. In der Phase der internen und externen Analyse erarbeitete Informationen.	Die Art, wie er sich der Öffentlichkeit präsentiert, kann wichtige Hinweise darauf liefern, wie der Mäzen angesprochen und einbezogen werden möchte, welcher Kommunikationsstil anzuwenden ist, ob es sinnvoll ist, den Ehepartner oder andere Mitglieder der Familie mit einzubeziehen, usw.
Wohnort und regionale Zugehörigkeit	Öffentliche Bilder seines Hauses und des Austauschs mit der Gemeinschaft der Gegend, in der er wohnt. In der Phase der internen und externen Analyse erarbeitete Informationen.	Die Art, wie der Mäzen auf die Notwendigkeiten seiner Region reagiert und wo er zu leben beschlossen hat, kann wichtige Aspekte seiner Person verdeutlichen (ob er z. B. die Natur oder Sport liebt oder die Stadt bevorzugt usw.).
Professionelle Aktivitäten	Öffentliche Bilder der professionellen Aktivitäten des Mäzens und des Ortes, wo er arbeitet. In der Phase der internen und externen Analyse erarbeitete Informationen.	Hier kann man z. B. beobachten, ob der Mäzen sich als Unternehmer für die Lebensqualität und das Wohlergehen seiner Mitarbeitenden einsetzt, ob er Innovation liebt, ob er Kunst sammelt und seine Mitarbeitenden in der Firma an den Werken teilhaben lässt usw.
Philanthropische Aktivitäten	Öffentliche Bilder der philanthropischen Aktivität (evtl. eine Stiftung oder einzelne Projekte, Preisverleihungen usw.). In der Phase der internen und externen Analyse erarbeitete Informationen.	Der philanthropische Stil wird auch auf das Projekt des Antragstellers angewendet werden. Daher ist es wichtig, die Werte zu erkennen, die den Mäzen in diesem Bereich leiten, z. B. wie wichtig ihm Reserviertheit ist oder ob er die Öffentlichkeit an seinen Erfolgen teilhaben lässt usw.

Die Fragen, auf die ein Projektleiter effiziente Antworten geben muss

Die Leadership eines Projektleiters kann mit Hilfe von einfachen Fragen bewertet werden:

- Ist das Projekt auf Nachhaltigkeit hin strukturiert?
- Sind der Antragsteller oder die Non-Profit-Organisation imstande, es umzusetzen?
- Welche Werte drückt es aus?
- Was sind die charakterisierenden Haupteigenschaften des Projekts?
- Ist der Weg, auf dem es umgesetzt werden soll, wirtschaftlich sinnvoll und innovativ?
- Gibt es bereits umgesetzte Projekte des Antragstellers, anhand derer man ein gutes Ergebnis ablesen kann?

- Warum sollte das Projekt genau jetzt umgesetzt werden? Kann es nicht warten?
- Wie viel kostet es? Wurde ein genauer Budgetplan ausgearbeitet?
- Wie wurde die Verteilung der Aufgaben und der Rollen festgelegt?

Ein charismatischer Antragsteller hat auch die Fähigkeit, nonverbale Informationen, die der Mäzen sendet, zu beobachten und mit Sensibilität und Präzision zu bewerten. Entwickelt der Antragsteller diesen noblen (und nicht nur opportunistischen) Blick aufs Detail, kann dies häufig einen entscheidenden Erfolgsfaktor darstellen, denn er zeigt, wann der richtige Moment zum Handeln gekommen ist und wie die Aktion durchgeführt werden soll. Es folgen nun einige praktische Beispiele.[5]

3 Ein effizientes *Storytelling* aufbauen

Der Spendenantrag an einen Mäzen ist ein extrem narrativer Akt, der große kommunikative Fähigkeiten verlangt. Es ist der Moment, in dem sich die tatsächliche emotive und kognitive Einbindung des Mäzens vollzieht und die Beziehung in die gewünschte Richtung gelenkt wird oder eben nicht. Man muss sich darüber im Klaren sein, dass jedes Element des Treffens mit Narration, mit gutem Erzählen, zu tun hat: die Person des Antragstellers und sein Image, die Präsentation des Projekts, die Zeiteinteilung, die Atmosphäre.

Die „Bühnenpräsenz" des Antragstellers, seine Kleidung, die Stimme – dies alles sind Elemente, die es ihm ermöglichen, mit dem Mäzen auf eine Wellenlänge zu kommen und unangenehme oder peinliche Momente zu vermeiden. Von grundlegender Bedeutung ist es zu lernen, die Stimme richtig einzusetzen. Spricht man zu leise, kann es wirken, als sei man verschüchtert oder aber nicht überzeugt von dem, was man vorträgt. Die richtige Tonlage ist getroffen, wenn Leidenschaft und Enthusiasmus vermittelt werden und das Gegenüber das gemeinsame Ziel vor Augen hat.

Wenn man von einem Projekt erzählt und es nachvollziehbar machen will, ist es aber, zweitens, auch unerlässlich, die Inhalte genau zu kennen. Es reicht also nicht, eine brillante Präsentation abzuliefern. Man muss auch das Gespräch seinem Gegenüber, dem Mäzen, anpassen können. Man sollte die Argumente und Fragen vertiefen können, die er selbst vielleicht vorbringt. Hat man im Voraus ein detailliertes und korrektes Profil des Mäzens, seines Umfelds und seiner Interessen ausgearbeitet, kann man schon voraussehen, welchen Ton man anschlagen, welche Themen man

5 Wenn es um die Beobachtung von Detailinformationen geht, ist es unabdingbar, stets die Privatsphäre des Mäzens zu achten und die Gesetze zum Datenschutz und insbesondere zur Erhebung und Archivierung von persönlichen Daten zu beachten.

ansprechen sollte, um ihn komplett in das Gespräch einzubeziehen. Am besten achtet man darauf, in der Narration sowohl das kognitive als auch das emotive Register zu ziehen. Das Ziel ist es ja, den Mäzen auch durch Überzeugungsarbeit auf empathischer Ebene ins Boot zu holen. Und was das schriftliche Material und die vertiefenden Unterlagen (Geschichte der Non-Profit-Organisation oder Biografie des Künstlers, Pressespiegel usw.) angeht: All das sollte möglichst in der Muttersprache des Mäzens und in einem dem Kontext angemessenen Stil abgefasst und in ausreichender Stückzahl vorhanden sein.

Wie man sein Storytelling aufbaut

Um eine überzeugende Erzählung aufzubauen, muss derjenige, der eine philanthropische Spende sucht:

- die Schlüsselbotschaft des Projekts klar definieren;
- die Bausteine des Treffens so gestalten, dass die Schlüsselbotschaft bestmöglich angenommen werden kann (z. B. kann eine analoge Präsentation unpassend sein, wenn man ein stark von technologischer Innovation geprägtes Projekt präsentiert)
- bedenken, dass es direkt von der darstellerischen und erzählerischen Kompetenz der präsentierenden Person abhängt, wie der Mäzen das Projekt wahrnimmt. Daher sollte die am besten geeignete Person mit großer Sorgfalt ausgewählt werden;
- beachten, dass auch die Umgebung und das Ambiente den Verlauf des Treffens beeinflussen können. Der Ort der Begegnung sollte daher sowohl für den Antragsteller als auch für den Mäzen einladend und bequem sein, der Zeitpunkt sollte Konzentration und Dialog begünstigen.

Drittens ist das Timing von außergewöhnlicher Bedeutung. Wie bei jeder guten Erzählung muss man auch bei der Präsentation eines Spendenantrags die Gefühle ansprechen und den Zuhörer fesseln, darf ihn nie langweilen. Die Zeitspanne, in der der Mäzen bereit ist, dem „Erzähler" seine Aufmerksamkeit zu widmen, kann man durch Beobachtung erkennen, denn auch der Mäzen kommuniziert über Gesten, Körperhaltung und die Art zu sprechen. Aus diesem Grund ist es äußerst ratsam, sich so vorzubereiten, dass man flexibel bleibt und von einer kurzen, nur wenige Minuten dauernden Präsentation zu einer längeren übergehen kann, die außerdem digitale oder gedruckte Zusatzinformationen beinhaltet. Eine perfekte Übung ist es, die Präsentation vor Freunden und Kollegen auszuprobieren, die am besten wenig Geduld mitbringen oder nicht in das Projekt eingebunden sind. Ihre Reaktion hilft zu verstehen, wie man vorgehen muss und wie lange man die Aufmerksamkeit aufrechterhalten kann.

Aus der Wirtschaft stammt die Praktik des *pitch* oder *elevator pitch,* die heute auch im Bereich von Kunst und Kultur und bei sozial geprägten Projekten Anwendung findet. Es handelt sich um eine knappe und effiziente Präsentation eines Projekts vor potenziellen Geldgebern. Diese Praktik hat ihren Namen wohl von einer Technik, die der Reporter von *Vanity Fair* Michael Caruso in den 1990er-Jahren entwickelte und verfeinerte, um von seiner Chefin Ilene Rosenzweig, die nie Zeit für ihn hatte, neue Artikel genehmigt zu bekommen. Er lernte, seine Ideen im Zeitraum der Fahrt im Aufzug, also in zwei oder drei Minuten, auf die überzeugendste Art und Weise zu präsentieren. Der Literatur zufolge sind dazu die beiden ersten Phasen dieser Turbopräsentation die wichtigsten, wenn es darum geht, die Aufmerksamkeit des Zuhörers oder der Zuhörerin ganz und gar zu gewinnen. Die Informationen und die wichtigsten Konzepte müssen maximal konzentriert, knapp und effizient dargelegt werden. Doch wie wir bereits betont haben, darf die Präsentation nicht starr angelegt sein, der Antragsteller muss flexibel bleiben und flüssig vortragen. So wird der Zuhörer am besten dazu angeregt, der Ansprache zu folgen, ohne das Gefühl zu haben, sie sei einstudiert.

Wenn man einen Spender sucht, ist es eine Frage der Details und des Timings, ob eine Begegnung den gewünschten Effekt hat. Denn das Mäzenatentum lebt im Gegensatz zu kommerziellen Vereinbarungen von Emotionen, Eindrücken, Leidenschaft und zu guter Letzt von der überzeugten Zustimmung zu einer gemeinsamen Absicht.

Die Regie des Treffens zur Spendenanfrage

Während des Termins mit dem Mäzen, bei dem man eine explizite Spendenanfrage stellt, sollte man bei der Präsentation des Projekts und der Anfrage

- kurz alle Teilnehmer vorstellen;
- die Ziele des Gesprächs beschreiben (finanzielle Notwendigkeit, Wert des Projekts für die Organisation, Beschreibung der Auswirkungen des Projekts und der Vorteile für den Mäzen usw.);
- eine konzentrierte Satzbildung beibehalten, sich an die Fakten halten und technische Begriffe vermeiden;
- dem Gesprächspartner die Möglichkeit geben, Fragen zu stellen;
- auf Initiativen des Mäzens flexibel reagieren;
- den Mäzen in die Betrachtungen miteinbeziehen, indem man ihm direkte Fragen stellt;
- genügend Zeit vorsehen, dass eine Diskussion zustande kommen kann;
- einen nächsten Termin vereinbaren;
- im Fall einer Absage die Möglichkeit offenhalten, mit dem Mäzen in Kontakt zu bleiben, oder zumindest einen positiven Gesamteindruck hinterlassen.

Tab. 2: Beispiel zur Gestaltung der Unterlagen für einen Spendenantrag an einen Mäzen zugunsten eines Projekts der architektonischen Erweiterung eines Kunstmuseumsbaus

Seite	Inhalt	Bebilderung
Titelblatt	Titel des Projekts, Logo des Museums.	Aussagekräftiges Bild zum Projekt, mit hoher visueller Wirkung.
Zweite Seite	Zitat des Gründers des Museums.	Eventuell Porträt des Gründers.
Vorwort	Einleitender Text des aktuellen Vorstands des Museums.	Eventuell Porträt des aktuellen Vorstands.
Museumsbau	Kurze Beschreibung der Architektur des Museums.	Bilder, Grundrisse und Aufrisse.
Testimonial (2-3 Seiten)	Zitate anderer Mäzene und von Testimonials des Museums darüber, warum es Sinn hat zu spenden.	Für dieses spezifische Projekt hergestellte Porträts und/oder Bilder von Projekten, die eventuell schon zugunsten des Museums durchgeführt wurden.
Geschichte des Museums	Kurze Erzählung der wichtigsten Geschehnisse zum Museum, illustriert von seinem Gründer oder Direktor.	Eventuelle Archivbilder oder -illustrationen oder extra angefertigte Fotografien.
Interview mit dem Direktor (2 Seiten)	Beschreibung der Mission und der Stellung des Museums.	Zitate von Mäzenen und Testimonials zur Illustration.
Besuch des Museums (3-4 Seiten)	Beschreibung der verschiedenen Räume durch verschiedene Mitglieder der Museumsdirektion.	Bilder der Ausstellungsräume und Porträts der Mitglieder der Museumsdirektion.
Das Projekt, das unterstützt werden soll	Kurze und doch detaillierte Beschreibung des Projekts, mit Angabe des Betrags, um den gebeten wird.	Abbildungen, Entwürfe, Zeichnungen.
Warum das Museum unterstützen	Beschreibung der Gründe, warum das Projekt notwendig und gesellschaftlich relevant ist (im Gespräch mit dem Architekten, den Mitarbeitenden, den Besuchern, anderen Stakeholdern).	Aussagen von führenden Persönlichkeiten der Kunst- und Kulturszene, der Wirtschaftswelt usw.
Warum dieses Museum inspiriert (3 Seiten)	Interviews mit Besuchern (auch Kindern).	Plakative Aussagen, als Illustration aufgemacht.
Ehrenkomitee	Bildunterschrift mit den Namen der Mitglieder.	Gruppenbild.
Kontakte	Angaben zum Ansprechpartner (Telefonnummer, E-Mail-Adresse usw.).	Porträt des Ansprechpartners.
Schlussseite	Kontaktangaben zum Museum: Anschrift, Telefon, Website und E-Mail, Kontodaten.	Eventuell Schlussbild mit hoher visueller Wirkung.

4 *Accountability*

Ein Spendenantrag stellt sich umso leichter, je besser man den Empfänger kennt, je besser man also die eigene Strategie zum expliziten Spendenantrag geplant hat. Man muss einen möglichst maßgeschneiderten Antrag erstellen. Dieser muss der tatsächlichen Fähigkeit des Antragstellers entsprechen, die Beziehung so zu führen, wie es dem Mäzen in Aussicht gestellt wurde. Das Engagement, die Vertrauenswürdigkeit und das Verantwortungsbewusstsein des Spendenempfängers – mit einem Wort: seine *Accountability* – sind grundlegende Elemente, die der potenzielle Spender aufmerksam bewerten wird. Sobald der Antragsteller seine Bereitschaft ankündigt, den Mäzen konstant mit transparenten und relevanten Informationen zum Fortschritt des Projekts zu versorgen, kann er ihm einen realistischen Reporting-Zeitplan vorlegen. Im Idealfall aber ist die *Accountability* des Antragstellers in allen Elementen des Antrags präsent.

Präsentation des Projekts
Die Unterlagen, die dem Mäzen präsentiert werden, müssen klar verständlich und komplett sein. Zudem muss das Profil des Mäzens in all seinen wichtigen Facetten bedacht worden sein. Seine besonderen Interessen oder Vorlieben können den Weg auch für eine Art des Engagements bereiten, die nicht auf eine Geldspende hinausläuft. Ein Antragsteller beweist in der Beziehung zu einem solchen Mäzen seine *Accountability*, wenn er dieser Möglichkeit offen gegenübersteht.

Spendenbetrag
Eine finanzielle Spende in angemessener Höhe zu definieren und einen detaillierten Finanzierungsplan zu präsentieren, vermittelt Professionalität und Vertrauenswürdigkeit. Das wird den Empfänger des Antrags dazu veranlassen, ein Engagement stärker in Betracht zu ziehen und die Diskussion darüber zu vertiefen. Man sollte in diesem Fall unbedingt darauf vorbereitet sein, den gewünschten Spendenbetrag rechtfertigen zu können. Jede Ausgabe sollte man detailliert begründen können, falls der Mäzen Zweifel hegt, dass der Gesamtbetrag angemessen ist. Je besser der Antragsteller auch zu diesen Aspekten vorbereitet ist, desto professioneller wirkt er, desto mehr Vertrauen schafft er.[6]

6 „Der Spendenbetrag kann von Mäzen zu Mäzen unterschiedlich sein. Um eine Vorstellung vom richtigen Betrag zu erhalten, um den man bitten will, sollte der Antragsteller für jeden Mäzen drei Faktoren bewerten: die angegebenen Güter, das Immobilieneigentum und den jährlichen Spendenbetrag für philanthropische Projekte. Im *Major Donor Fundraising* ist die Regel des ‚5 % over five' weit verbreitet: im Durchschnitt ist ein Mäzen bereit, 5 Prozent seiner sichtbaren Güter in 5 Jahren zu spenden", Stefanini F., *How to Build Public Trust by Advanced International Fundraising Models: the Case Study*, Diplomarbeit, Institute of Fundraising Academy London 2018.

Festlegen, wer die Präsentation vornimmt
Auch indem er die geeignete Person bestimmt, die den Spendenantrag vorbringt, beweist der Antragsteller seinem Gesprächspartner sein Engagement und seinen Willen zum guten Gelingen des Projekts und der Beziehung. Sollte wirklich dieselbe Person das Spendengespräch führen, die bisher den Kontakt gepflegt hat? Oder wäre es besser, einen Experten oder eine Vertrauensperson der Organisation einzuschalten?[7]

Die *Accountability* des Antragstellers wird auch in der nächsten Phase gefragt sein, wenn man die Spende erhalten hat: beim Danksagen, beim Reporting zu den erzielten Ergebnissen, beim Vermitteln der Bedeutung, die die Spende für den Antragsteller und die gesamte Organisation hatte.

5 Wenn der Mäzen beschließt, das Projekt zu unterstützen

Wenn der Mäzen das Projekt tatsächlich unterstützen will und man eine positive Antwort erhält, sollte man nach einem ersten formalen Dank (meist per E-Mail oder handgeschriebenem Brief) alle Details der Spende vereinbaren. Das sind zumeist die folgenden:

- die Herkunft des Betrags: Wird der Mäzen die Spende als Privatperson zur Verfügung stellen, oder läuft sie über eine eigens zu diesem Zweck geschaffene Struktur, zum Beispiel eine Spendenstiftung?
- die Modalitäten der Auszahlung: Handelt es sich um eine Gesamtzahlung oder wird in Raten ausgezahlt?
- besondere Bedingungen: Manchmal bindet ein Mäzen seine Spende an bestimmte Konditionen, zum Beispiel daran, dass der Empfänger noch weitere Gelder beschaffen kann – der sogenannte *Matching Grant.*
- Kommunikation: Zieht es der Mäzen vor, ungenannt zu bleiben, oder kann die Spende öffentlich bekanntgegeben werden?
- Vertrag: Erwartet der Mäzen, dass der Empfänger alle mit der Spende verknüpften rechtlichen Details vorbereitet, oder beauftragt er damit sein eigenes Büro?
- Erwartungen: Was erwartet sich der Mäzen vom Empfänger, mit welcher Häufigkeit will er über die Entwicklungen des Projekts informiert werden, usw.?

Eine positive Antwort auf einen Spendenantrag zu erhalten, ist oft ein Augenblick der Euphorie. Man vergisst allzu leicht, dass dies nicht der Moment des Zielein-

7 Melandri V., Masacci A., *Fundraising per le organizzazioni non profit*, Il Sole 24 Ore Editore, Mailand 2004.

laufs ist, sondern der Beginn eines anspruchsvollen Prozesses, der Kompetenz und Präzision verlangt. Üblicherweise wird man vom Treffen mit dem Mäzen ein Protokoll anfertigen und nach der ersten formellen Danksagung ein zweites, persönlicheres Dankschreiben schicken. Bei einer Non-Profit-Organisation wird es zweifach unterzeichnet (vom Direktor und vom Ansprechpartner des Mäzens), ein einzelner Antragsteller unterzeichnet nur selbst.

Außerdem ist es nötig, zu wissen, wer den Vorgang der Spende auf der Seite des Mäzens bearbeitet (Assistent, Verantwortlicher des Family Office usw.), und für sich selbst einen Rechtsberater hinzuzuziehen, um all die möglicherweise kritischen Aspekte zu definieren: Fristen und Bedingungen der Überweisung des Geldes; die Frage, wie man mit den Daten in Bezug auf die externe Kommunikation umgeht, und ganz im Allgemeinen, welchen Freiraum der Antragsteller bei der Durchführung des Projekts hat.

War ein Spendenantrag erfolgreich, beginnt der Empfänger eine Recherche über den Spender und über die Herkunft des Geldes nach den Regeln der *Due Diligence.* Externe Berater prüfen anhand von festgelegten Verfahren die Lage des Unternehmens und des Vermögens des Mäzens. Im Mäzenatentum ist es das Hauptziel der *Due Diligence,* alle wichtigen Aspekte der Vergangenheit, der Gegenwart und der absehbaren Zukunft eines Mäzens zu analysieren, um herauszufinden, ob es etwas gibt, was nicht zu den gemeinnützigen Zwecken des Projekts oder der Organisation passt. Die Aktivität des Mäzens und der Kontext der Spende sollten kritisch bewertet werden. Man sollte freilich das Ziel dieses Vorgangs und die Bedürfnisse des Empfängers im Auge behalten und dabei dem Partner mit genügend Feingefühl begegnen, um ihn nicht in seiner Empfindsamkeit zu irritieren. Dies ist ein sehr heikles Thema, das wir im weiteren Verlauf des Buches genauer behandeln werden.

Kommt die Spende über eine Spendenstiftung, muss der Vertrag nicht nur vom Mäzen unterzeichnet werden, sondern auch vom Vorstand der Stiftung (falls es sich um zwei verschiedene Personen handelt). So ist Kontinuität auch im Falle einer Krankheit oder des Ablebens des Mäzens gewährleistet. Der Empfänger muss (auch mit Hilfe seines Rechtsberaters) alle Kanäle, derer sich der Mäzen für seine Spende bedient, genauestens kontrollieren, vor allem bei einem großen oder in mehreren Raten langfristig gewährten Betrag.[8] Bei großen Spenden ist es erforderlich, insbesondere Aspekte des Erbrechts im Herkunftsland des Mäzens zu bewerten. So stellt man sicher, dass die Spende, nachdem sie vertraglich korrekt geregelt worden ist, nicht von Erben angefochten werden kann. Wenn man keinen aufs Erbrecht spezialisierten Anwalt zu Rate ziehen kann oder will, auch wenn das die sicherste Methode bleibt, können viele dieser Aspekte auch mit Verantwortlichen von kulturellen oder

8 Die Institutionen oder organisatorischen Strukturen, über die der Mäzen seine Spende abwickeln kann, unterliegen oft ganz unterschiedlichen legalen und steuerlichen Regelungen.

gemeinnützigen Vereinen besprochen werden, die bereits Erfahrung mit philanthropischen Treffen haben und sagen können, wie man normalerweise vorgeht. Man sollte von Anfang an festlegen, wie weit der Mäzen in das Projekt eingebunden werden will. Wer dies sorgfältig durchdenkt, vermeidet zukünftige Missverständnisse.

Wie der Mäzen eine Spende gewährt

Der Mäzen kann beim Spenden verschiedene Strukturen in Anspruch nehmen, zum Beispiel:

- eines seiner persönlichen Bankkonten;
- eine testamentarische Hinterlassenschaft;
- eine Spendenstiftung, die er gegründet hat;
- einen Trust, den er gegründet hat;
- die Form des zinslosen Kredits;
- die Teilnahme an einem *donors advised fund*[9];
- andere Kanäle.

Je größer der gespendete Betrag ist, desto komplexer wird auch die Abwicklung der Spende werden. Wenn der in der Organisation für die Philanthropie Verantwortliche mit anderen Kollegen vernetzt ist (was wünschenswert wäre), sollte er sich mit jemandem beraten, der schon Erfahrung mit großen Spenden hat. Er sollte aber auch mit dem Rechtsberater seiner Non-Profit-Organisation sprechen. Hat die Organisation bereits solide Erfahrungen gemacht, ist es allerdings ratsam, standardisierte Verfahren festzulegen, die der Organisation bei der Abwicklung der neuen Spende als Leitfaden dienen können. Checklisten helfen zum Beispiel, Schritt für Schritt alle nötigen organisatorischen und operativen Elemente ins Gedächtnis zu rufen und so zu vermeiden, dass wichtige Details vergessen werden. All dies sollte aber keinesfalls die Freude über den Erfolg mindern, die man mit dem Mäzen und der gesamten Organisation zu teilen hat. Ist der Empfänger eine Einzelperson, kann sich diese ebenfalls an externe Rechtsberater wenden. Oder auch an Berater, die auf Philanthropie spezialisiert sind, an vermittelnde Institutionen, an Datenbanken, die auch diese Art von Leistungen anbieten, oder auch an Netzwerke von Mäzenen in den Ländern, wo es diese gibt.

9 Diese Fonds, die in den USA sehr häufig verwendet werden, sind in Wirklichkeit ein Zusammenschluss von Konten, die von Familien, Organisationen oder Einzelpersonen geschaffen wurden, um philanthropische Spenden zu tätigen. Die Konten werden von einer gemeinnützigen Institution verwaltet, doch die Spender behalten das Privileg, mit zu beraten, wie das Geld verteilt und investiert wird.

6 Wie man mit einer Absage umgeht

Auch bei gründlicher Vorbereitung verläuft das Treffen in sehr vielen Fällen ganz anders, als es sich der Antragsteller vorgestellt hat. Möglicherweise bemerkt er selbst oder einer seiner Berater, dass der Mäzen nicht der Richtige für das Projekt ist. Da man sich in dieser Arbeit jedoch in seiner Gesamtheit exponiert – mit seinem ganzen Wesen, seinen Fähigkeiten, Kenntnissen, Einstellungen, mit seiner Entschlossenheit, mit Kopf und Herz –, sollte man auch ein negatives Ergebnis akzeptieren können und sich gleich wieder ans Werk machen. Man kann ja Dinge, die vielleicht zur Absage geführt haben, durchaus verbessern.

Wenn die Beziehung nicht in Gang kommt, weil der Mäzen nicht auf derselben Wellenlänge ist, gibt man die Sache am besten auf, statt eine Beziehung aufzubauen, die sich dann als sehr anstrengend und schwierig zu handhaben herausstellt. Auch bei größter Aufmerksamkeit für alle Details und bei aller Vorbereitung ist ein Misserfolg immer möglich. Sich gut zu verstehen, ist schwierig, es erfordert komplettes Einvernehmen über Ziele, Zwecke und Ideale.

Man sollte aber auch die verschiedenen Arten einer Absage unterscheiden können. Es gibt zwei Arten von „Nein" von Seiten des Mäzens. Das eine ist definitiv, es ergibt sich aus fehlendem Interesse am Projekt oder daraus, dass kein Einklang mit dem Antragsteller besteht. Das kann unterschiedlichste Gründe haben: Der Antragsteller war vom Charakter her nicht die richtige Person für den Mäzen, oder er hat versucht, den Mäzen in einem Moment einzubinden, der für diesen schwierig oder einfach der falsche war. In diesen Fällen kann man sich anstrengen, wie man will, die Antwort wird immer negativ ausfallen. Da bleibt einem nur, sich zu bedanken und abzutreten.

Im zweiten Fall ist das „Nein" in Wirklichkeit ein „Jein", und es wäre möglich, die Idee noch einmal zur Sprache zu bringen, die Themen und Konzepte wieder aufzunehmen. Wenn der Mäzen anmerkt: „Ich habe das Gefühl, nicht die richtige Person für das Projekt zu sein", ist das vielleicht keine wirkliche Absage, sondern öffnet weiteren Raum zum Gespräch. Eins sollte klar sein: Wir müssen mental auf ein Scheitern vorbereitet sein. Die Wahrscheinlichkeit, dass der Antrag abgelehnt wird, ist sehr hoch. Daher sollte man alle, die am Projekt mitarbeiten, darauf vorbereiten, in einem solchen Fall positiv zu reagieren und sich mit Blick auf neue Gelegenheiten wieder an die Arbeit zu machen.

Der Mäzen könnte aber auch einfach nur unentschlossen sein. In besonders schwierigen Situationen bleibt der Mäzen schweigsam, stellt keine Fragen, bringt keine Einwände vor und betrachtet einfach nur immer wieder die Projekte, die ihm vorgelegt werden. In diesem Fall muss man verstehen, woher diese Haltung kommt, um richtig darauf reagieren zu können. Der Mäzen verhält sich vielleicht auf diese Weise, weil er zwischen verschiedenen Notwendigkeiten hin- und hergerissen ist oder zwischen verschiedenen Projekten, die er vielleicht schon selbst leitet, oder seine momentane Unentschlossenheit ist durch andere Bereiche seines Lebens begründet. In diesen Situationen gelingt es dem gut vorbereiteten Antragsteller, über die richtigen Fragen das Dilemma des Mäzens zu verstehen und mit ihm darüber offen zu sprechen. Er sollte dann aufmerksam zuhören und das Gespräch konstruktiv und positiv halten. Gute Beziehungen und eine gewisse Erfahrung im Fundraising können helfen und bei Bedarf von einem Berater beigesteuert werden. Vor allem wenn ein Mäzen grundlegende Einwände gegen das Projekt hat, sollte man in der Lage sein, die Qualität des Projekts mit objektiven Daten und Fakten zu belegen, und eventuell weitere Treffen vorschlagen, um die wichtigsten Aspekte zu vertiefen. Selbstverständlich verlangt die Entscheidung, insbesondere wenn es sich um große Beträge handelt, genügend Zeit, um die Plausibilität des Projekts zu prüfen und es unter Umständen auch anzupassen.

Die Philanthropen wollen als Menschen erkannt und geschätzt werden und nicht nur wegen ihrer finanziellen Möglichkeiten. Daher sollten die Empfänger einer Spende klarstellen, dass der Beitrag des Mäzens unabdingbar für das Erreichen eines bestimmten Ziels ist. Noch wichtiger ist es, den Spender dauerhaft an der Vision teilhaben zu lassen, die dem Projekt zugrunde liegt. Hierzu muss das Engagement hochgehalten werden, auch während der „Bedenkzeit". Die Lösungsworte lauten: Information und Kommunikation.

Wenn der Mäzen absolut kein Interesse am Projekt zeigt, kann man dennoch etwas erreichen, indem man ihn um eine konstruktive Mitarbeit bittet, zum Beispiel zu helfen, das Projekt zu verbessern oder andere Mäzene zu finden. Den beantragten Geldbetrag zu reduzieren, ist dagegen alles andere als eine Erfolgsgarantie. Das vermindert die Glaubwürdigkeit des Antragstellers. Wenn der Mäzen einen Antrag ablehnt, fragt man sinnvollerweise nach dem Grund und nimmt eventuelle Ratschläge dankbar an.

Die Fragen des Mäzens bewerten und darauf reagieren

Eventuelle Einwände des Mäzens sind nicht unbedingt ein Zeichen dafür, dass er eine Spende ablehnt. Sie können durchaus kritisches Interesse bedeuten. Es ist daher angebracht,

- sich an die vereinbarten Zeiten zu halten – sowohl für die Dauer des Treffens als auch für eventuell vereinbarte Besprechungen von weiteren Details;
- ein weiteres Treffen innerhalb eines angebrachten Zeitraums vorzuschlagen, wenn man auf bestimmte Fragen nicht gleich antworten kann, statt unüberlegte und nicht fundierte Thesen vorzubringen;
- bei einer expliziten Absage die Gründe zu ermitteln und die Möglichkeiten zu sondieren, dennoch in irgendeiner Weise zusammenzuarbeiten;
- immer ein neues Treffen oder einen weiteren Kontakt zu vereinbaren.

7 Resilienz des Antragstellers

Der Prozess, der Vereinbarungen rund um ein Mäzenatentum zum Ziel hat, ist oft langwierig und verlangt nach extrem akkurater Arbeit. Wer Gelder sucht, muss Resilienz zeigen – er arbeitet daran, eine Welle zu erzeugen, die ganz unten entsteht und mit der Zeit höher wird.[10] Um das zu schaffen, muss er in der Kommunikation das richtige Register ziehen. Das vor allem, wenn man bedenkt, dass die Vorbereitung des Projekts Veränderungen, Präzisierungen, Verfeinerungen mit sich bringt. Es ist eine Menge Geduld gefragt, denn jede Geschichte ist eine Geschichte für sich, mit anderen Szenarien und Handlungen, und muss an die Personen und an die Bedingungen angepasst werden. Es gibt bei diesen Projekten immer einen Moment des Nachlassens oder der Schwierigkeiten. Und genau da muss man wachsam sein, muss die Welle wieder erwischen, mit ihr hinaufsteigen, neue Horizonte finden und sofort positive Zeichen in die eigene Organisation senden.

Es ist schwierig, um eine Spende zu ersuchen, wenn man selbst nicht bereit ist, etwas zu geben. Der persönliche Einsatz ist eine Garantie für das Vertrauen in das Projekt, für das man weitere Gelder sucht.[11] Es ist eine Einstellung, die Verbundenheit nach innen schafft und präzise Botschaften nach außen sendet. Diese Haltung gilt immer, vor allem im sozialen Bereich und für die Ehrenkomitees, es sei denn, der Fundraiser ist der Antragsteller selbst oder angestellt bei der Organisation, die das Projekt vorschlägt. Es ist nicht eine schlichte Frage des Geldes. Auch Zeit ist eine Ressource, die man spenden kann, indem man sich zur Verfügung stellt. Der Mäzen könnte den Fundraiser fragen, wie viel er selbst hineingegeben hat, und auf diese Frage sollte

10 Melandri, „Come chiedere una donazione …“, S. 53.

11 Ebenda.

man vorbereitet sein. Es ist besser, die Frage abzuwarten und sich dann zu erkennen zu geben, sonst könnte man eitel erscheinen. Der Mäzen achtet dabei nicht auf die Höhe der Spende – was ihm wichtig ist, ist ein Zeichen des Vertrauens in das Projekt.

Eine weitere Variable, die man beachten muss, wenn man eine Beziehung zu einem Mäzen aufbaut, sind die für die Entscheidungen nötigen Zeiten. Es gibt Fälle, bei denen man sogar ein ganzes Jahr warten muss. In der Zwischenzeit kann man weitere potenzielle Spender suchen, ohne sich zu viele Sorgen zu machen, und alle möglichen Techniken anwenden, um seine Balance und positive Einstellung zu bewahren.

Die Hebel der Resilienz

Resilienz wird definiert als „eine psychologische Fähigkeit von Menschen, trotz aller Hindernisse und Rückschläge Widrigkeiten effizient anzugehen und ihrer Existenz neuen Schwung zu verleihen, bis die wichtigen Ziele erreicht sind".[12] Resilient zu sein, bedeutet, eine sogenannte „psychologische Robustheit" zu besitzen, die ihrerseits durch drei Eigenschaften gekennzeichnet ist:

Durch Engagement, also den optimistischen Wunsch, in Aktivitäten und Projekte einbezogen zu werden, bei denen man wichtige Ziele erreichen und so das eigene Selbstwertgefühl stärken kann. Für den Antragsteller, der mit Mäzenen arbeiten will, ist das Wichtigste Arbeit, Arbeit, Arbeit. Die Befriedigung, die diese Arbeit bietet, entsteht aus dem tiefen Bewusstsein dessen, was man erreichen kann, aber auch aus der *großzügigen Beziehung* zum Mäzen.

Durch den internen „locus of control". Es geht darum zu glauben, dass man durch die eigenen Taten volle Kontrolle über sein Leben hat, ohne also den Erfolg oder Misserfolg externen Ursachen zuzuschreiben. Dies ist für einen Spendenempfänger und einen Antragsteller eine entscheidende Einstellung, wenn man bedenkt, wie lang die Zeit des Wartens werden kann und dass man mehr Absagen als Zusagen erhält.

Durch Spaß an der Herausforderung. Die Veranlagung, Veränderungen zu akzeptieren und als Antrieb für persönliches Wachstum und Verbesserung zu verstehen. Dies gilt sowohl für den Mäzen als auch für den Antragsteller.

Für den Antragsteller ist die erste Herausforderung die Kontaktaufnahme mit jenem Mäzen, der anderen unnahbar erscheint; für den Mäzen ist die erste Herausforderung, dem Antragsteller Vertrauen zu schenken und sich offen zu zeigen für eine Beziehung zu ihm.

---

12 Cantoni F., *La resilienza come competenza dinamica e volitiva*, Giappichelli, Turin, S. 30.

Um ein Projekt aufzubauen und all seine Details zu definieren, muss man sich also Zeit nehmen (wobei die Dauer von verschiedenen Faktoren abhängt, inklusive der Komplexität des Projekts) und, ganz wichtig: Zwischenziele festlegen, die sich nach den Spenden richten, die man sammeln kann. Das Risiko des Scheiterns ist immer vorhanden, doch wenn man die Entwicklung seiner Fundraising-Kampagne unter Kontrolle hat, kann man ein Projekt aufbauen, indem man es ständig anpasst, um immer das Beste herauszuholen.

Zusammenfassend kann man sagen: Eine *großzügige Beziehung* erfordert von demjenigen, der eine philanthropische Spende sucht, strategische Kompetenz. Und die ausgeprägte Fähigkeit, strukturiert und mit System zu handeln, mit Sensibilität und Aufmerksamkeit gegenüber allen Gesprächspartnern, die dem Projekt Wert geben und Wert von ihm erhalten. Wer mit Mäzenen und Philanthropen arbeiten will, ist nicht nur ein Antragsteller, sondern in erster Linie jemand, der etwas anbietet, das dank seiner visionären Ideen und seiner Fähigkeit zuzuhören Wohlbefinden in das Leben eines Mäzens bringen kann.

8 Anhang

Philanthropy und *Family Advisors:* Worauf Sie achten müssen

- Berücksichtigen Sie, dass Sie mit Persönlichkeiten sprechen werden, die es gewohnt sind, in Projekten zu denken und ergebnisorientiert zu arbeiten.
- Achten Sie darauf, eine emotionale Sprache zu vermeiden, die mit Stereotypen spielt, und präsentieren Sie Ihre Arbeit: Vorgeschichte, durchgeführte Aktivitäten, erzielte Ergebnisse und Budget, mit dem Sie bisher gearbeitet haben.
- Die Berater achten natürlich auf die formale Stringenz, mit der ein Antrag vorgelegt wird (Broschüren, Präsentationen usw.). Sie legen auch Wert auf Höflichkeit und Einfühlungsvermögen im Umgang miteinander.
- Wichtig ist die Fähigkeit, aktiv zuzuhören und sich auf das Gesprochene zu konzentrieren. Schließlich ist auf die Kleiderordnung zu achten, die dem Gesprächspartner und nicht dem eigenen Stil angemessen sein sollte.
- Es ist ratsam, Elemente zu erwähnen, die Nähe erleichtern und das Misstrauen verringern. Sprechen Sie z. B. über gemeinsame Bekannte, andere beteiligte Förderer (wenn sie genannt werden können) oder Projektpartner. Sprechen Sie über Personen, die Sicherheit und Gemeinsamkeiten vermitteln.

Quelle: www.familystrategy.it

Philanthropy und *Family Advisors:* Wie Sie Informationen sammeln

- Bevor Sie mit einem potenziellen Mäzen Kontakt aufnehmen, müssen Sie wissen, ob er Berater für seine philanthropischen Aktivitäten in Anspruch nimmt.
- Um dies zu verstehen, empfiehlt es sich, in Online- und Offline-Quellen zu prüfen, ob der Mäzen mit einem *Philanthropy-Advisory*-Unternehmen zusammenarbeitet und/oder eine eigene Struktur hat, die sich mit Philanthropie befasst.
- In internen und sozialen Medien können die Namen von Beratern und weitere Informationen ermittelt werden. Zudem sollten Informationen über die herausragenden Merkmale der Organisation und des Projekts ermittelt werden (Geschichte, Größe, Rating, Qualifikationen, Auszeichnungen usw.).

Kontaktaufnahme mit den Beratern des Mäzens

- Wenn Sie eine E-Mail-Adresse haben, schreiben Sie eine kurze Mitteilung für den Erstkontakt und für Ihre Vorstellung bei der philanthropischen Organisation, um einen Termin zu vereinbaren.

- Es empfiehlt sich, sich kurzzufassen, eventuell einen gemeinsamen Bekannten zu erwähnen, eine Zusammenfassung der eigenen Tätigkeit anzugeben und um ein Treffen zu bitten.

Wann und wie man sich trifft

- Nach dem Versand der Dokumentation ist es wichtig, mit dem Berater ins Gespräch zu kommen und ihm einige Fragen zu den philanthropischen Strategien des Mäzens und den Projekten, mit denen er zufrieden war, zu stellen. Damit erfahren Sie, ob Ihr Projekt eine Chance auf Unterstützung hat.

Auf welche Aspekte ist beim Gespräch zu achten?

- Ihr Ziel sollte es sein, den Berater des Mäzens sowohl inhaltlich als auch emotional für sich zu gewinnen.
- Es ist wichtig, Anzeichen für Interesse oder Problemkreise zu erkennen und angemessen zu reagieren. Dabei sollte sichergestellt sein, dass der Berater die wichtigsten Anliegen Ihres Projekts kennt und vor allem weiß, was Sie konkret erwarten.

Quelle: www.familystrategy.it

Die Sicht des Beraters: Checkliste zur ersten Evaluation eines Projekts im Auftrag eines Mäzens/eines Philanthropen

1. Informationen über den Antragsteller

Name des Antragstellers: . . . .

Adresse: . . . .

Webseite: . . . .

Kontaktperson: . . . .

Funktion: . . . .

Telefonnummer und E-Mail: . . . .

Datum der Anfrage: . . . .

Engagement vermittelt durch Fundraising-Agentur ❑ **Ja** ❑ **Nein**

Falls ja:

Name der Fundraising-Agentur: . . . .

Ist es eine Agentur, die Beraterdienste anbietet? ❑ Ja ❑ Nein

Prozentuale Beteiligung der Fundraising-Agentur am budgetierten Fundraising-Betrag ❑ Ja ❑ Nein

Falls ja: . . . . % . . . . SFr

Erfahrung der Agentur/des Beraters im Umgang mit Mäzenen/Philanthropen:

. . . .

Referenzen . . . .

❑ Auskunft positiv: . . . .

❑ Auskunft negativ: . . . .

2. Organisation des Antragstellers

Struktur der Organisation: ....

Zweck: ....

Steuerbefreiung: ❑ Ja ❑ Nein

Hat die Organisation ein Ehrenkomitee: ❑ Ja ❑ Nein

Mitglieder des Ehrenkomitees:

Sind unter den Mitgliedern des Ehrenkomitees:

Bekannte des Mäzens ❑ Ja ❑ Nein

Freunde des Mäzens ❑ Ja ❑ Nein

Beziehung zwischen Antragsteller und Mäzen

Dem Mäzen bekannt: ❑ Ja ❑ Nein

Vom Mäzen geschätzt: ❑ Ja ❑ Nein

Potenzial der Zusammenarbeit mit dem Antragsteller

Ist die Verlässlichkeit von Projektmanagement und Projektfortschritt geprüft worden?

❑ Ja ❑ Nein

Sind die Kompetenzen des Antragstellers dem Ziel des vorgestellten Projekts angepasst?

❑ Ja ❑ Nein

Image des Antragstellers in der Öffentlichkeit:

angesehen bei den für den Mäzen relevanten Zielgruppen

- ❑ bekannt
- ❑ unbekannt
- ❑ umstritten

Weitere Aspekte

Verwurzelung des Antragstellers am Standort:

- ❑ beachtlich
- ❑ unbedeutend
- ❑ unbekannt

Antrag eingegangen durch:

- ❑ eigene Informationen
- ❑ Antrag ungefragt eingesandt

3. Informationen zum Projekt

Name: . . . .

Kurzbeschreibung: . . . .

Beginn: . . . .

Dauer: . . . .

Erstmals durchgeführt: ❑ Ja ❑ Nein

Falls nein:

regelmäßiges Projekt: ❑ Ja ❑ Nein

Termin: ❑ fest ❑ wechselt jährlich

Ort:

Wo findet das Projekt statt? . . . .

Standort des Projekts für den Mäzen: ❑ wichtig ❑ unbedeutend

Bereich:

Bereich interessant für den Mäzen: ❑ Ja ❑ Nein

Bereich entspricht der Leidenschaft des Mäzens: ❑ Ja ❑ Nein

Bereich entspricht einem tiefen psychologischen Bedürfnis des Mäzens/des Philanthropen: ❑ Ja ❑ Nein

Involvement des Mäzens (abgesehen von den Finanzen):

Inhaltliches Involvement . . . .

z. B. aktive Teilnahme an dem Projekt in Form von Transfer von Know-how, Teilnahme an Sitzungen/Generalproben

Involvement seiner Netzwerke . . . .

z. B. Vermittlung von Kontakten an Antragsteller

In der Kommunikation nach innen . . . .

z. B. regelmäßige Information über die Fortschritte des Projekts

In der Kommunikation nach außen . . . .

z. B. Teilnahme an Medienkonferenzen, Erwähnung in Medienmitteilungen

In Bezug auf weitere für den Mäzen relevante Bedürfnisse:

. . . .

4. Beurteilung des Potenzials des Projekts

Verankerung: . . . .

Popularität: ❑ groß ❑ mittel ❑ gering

Alleinstellungscharakter: ❑ stark ❑ schwach

Entspricht das Projekt einem tiefen gesellschaftlichen Bedürfnis?
❑ groß ❑ mittel ❑ gering

Entspricht das Projekt einem großen Bedürfnis des Mäzens?
❑ groß ❑ mittel ❑ gering

Hat das Projekt modellhaften Charakter, kann es wiederholt oder kopiert werden?
❑ groß ❑ mittel ❑ gering

Stimmt das Projekt mit den Werten und Bereichen überein, die der Mäzen bereits als Schwerpunkt seiner philanthropischen Tätigkeit angegeben hat?
❑ Ja ❑ Nein

Sind folgende Elemente sichergestellt:
Die Nachhaltigkeit des Projekts, d. h. der Nachweis, dass die wirtschaftlichen Aspekte geprüft wurden?
❑ Ja ❑ Nein

Die Kohärenz zwischen Projekt, Fundraising-Konzept und anderen beteiligten Förderern?
❑ Ja ❑ Nein

Die Dauer des Projekts und seine Skalierbarkeit (nach Gebiet und nach Segment)?
❑ Ja ❑ Nein

Risiken

. . . .

❑ unbedenklich ❑ abzuklären, Expertise einholen bei: . . . .

Ausstiegsszenario

. . . .

5. Budget des Antragstellers

Planungs- und Projektierungskosten
+ Durchführungskosten
+ Kontroll- und Anschlusskosten
– Eigenleistungen
– Leistungen anderer Partner
= nicht gedeckte Kosten
+ Reserve
= Antrag um Unterstützung

Finanzierungsplan des Antragstellers

Vom Mäzen erwartete Leistungen
Finanzen:
Euro: ....
Zahlungsmodalitäten: ....
Sachleistungen: ❑ Ja ❑ Nein Wert der Sachleistungen: ....

Weitere Leistungen: ....
Gesamtwert der Leistungen: ....
Eventuelle Gegenleistungen des Antragstellers (bitte auch Details erwähnen):

....

Weitere Förderer

Öffentliche Stellen
Welche: ....
Höhe der Beträge: ....

Förderstiftungen
Welche: ....
Höhe der Beträge: ....

Sponsoren
Welche: ....
Höhe der Beträge: ....

Gegenleistungen des Antragstellers bzw. Anerkennungsmaßnahmen der Schenkung

....

6. Vertragliches

Vertrag nach CH-Recht ❑ Ja ❑ Nein, nach folgendem Recht: . . . .

Vertragspartner: . . . .

Beginn des Vertrages: . . . .

Dauer des Vertrages: . . . .

Kündigungsfristen des Vertrages: . . . .

Wirkung nach Vertragsablauf (negative Öffentlichkeit?): . . . .

Sicherungsklausel: . . . .

Option: . . . .

Gerichtsstand: . . . .

7. Möglichkeiten der Wirkungskontrolle

Input: . . . .

Erwartetes Output: lfd. Jahr 2. Jahr 3. Jahr

Income: . . . .

Erwartetes Outcome: . . . .

8. Schlussbetrachtung

Beurteilung: . . . .

Empfehlung: . . . .

An: . . . .

Am: . . . .

Eine auf Dauer harmonische Beziehung entwickeln

7

Gemeinsame Werte

Der letzte Schritt auf dem Weg des *Moves Management* ist zugleich der erste. Er gibt dem Empfänger die Möglichkeit, einen weiteren Spendenzyklus des Mäzens einzuleiten: sich verantwortlich und anerkennend in Bezug auf die erhaltenen Mittel zu zeigen, also das zu pflegen, was man gemeinhin *Stewardship* nennt. In diesem Kapitel beschäftigen wir uns damit, was es vom Standpunkt eines Empfängers aus gesehen – egal ob Einzelperson oder Organisation – konkret bedeutet, eine wertschätzende Beziehung zu einem Mäzen aufzubauen. Wir beleuchten insbesondere, wie viel Arbeit, Energie und Kreativität die Phase der *Stewardship* verlangt, wie wichtig es gleichzeitig ist, sich des Wertes bewusst zu sein, den man mit dem Mäzen getauscht hat, und die persönliche Dankbarkeit in stimmiger Art und Weise auszudrücken. Das führt uns zu einer Auflistung der häufigsten Verhaltensmerkmale der Empfänger. Vertiefen werden wir besonders jene Aspekte, die zu einer guten Beziehung mit einem Mäzen führen und sie zu einer mehr oder weniger nachhaltigen werden lassen.

So wie der Mäzen muss auch der Empfänger in der Lage sein, die vielen Beweggründe und Interessen zu verstehen, welche die beteiligten Menschen antreiben. Eine philanthropische Beziehung darf nicht enden, sobald die Spende vollständig überwiesen ist. Sie sollte sich fortsetzen mit dem Dank, den man auch ausspricht, durch das Mitteilen dessen, was dank des philanthropischen Engagements verwirklicht werden konnte und welche Auswirkungen es für die Organisation und deren Zielgruppe hatte.

1 Definition von *Stewardship*

Unter dem englischen Begriff *Stewardship* verstehen wir das Führen und Gestalten einer Beziehung mit dem Mäzen. Dieser Prozess beginnt mit der Zusage der Spende und setzt sich über die gesamte Dauer der Beziehung fort. Er setzt beim Vertrauen und dem angemessenen Umgang mit den empfangenen Mitteln an.

In der *Stewardship*-Phase bringt der Empfänger seine Wertschätzung, Dankbarkeit und sein Verantwortungsbewusstsein für die Unterstützung zum Ausdruck. Mit der Spende hat der Mäzen auch Verantwortung übertragen zu verwirklichen, was vereinbart wurde und was beide Seiten wünschen. Im weiteren Sinne bedeutet *Stewardship*, etwas, das vertrauensvoll übergeben wurde, korrekt zu verwalten, um etwas für das Allgemeinwohl zu schaffen.[1]

Um sämtliche Nuancen dieser Phase zu erfassen, verwenden wir weiterhin den englischen Begriff, denn „die Aufgabe lässt sich auch anhand der Verantwortung eines Stewards auf einem Schiff beschreiben: Dieser ist für das Wohlbefinden der Passagiere zuständig. FundraiserInnen sind demnach dafür verantwortlich, dass sich die SpenderInnen an Bord der Organisation wohlfühlen.“[2]

Die *Stewardship*-Phase ist vor allem aus zwei Gründen wichtig:

- um den Mäzen, der an das Projekt glaubt und in das Projekt investiert hat, emotional einzubinden;
- um sein Bedürfnis zu erfüllen, darüber informiert zu werden, wie die von ihm gespendeten Mittel verwendet wurden und welche positive Wirkung sie gezeitigt haben.

Wie stark ein Mäzen sich emotional beteiligt, hängt auch davon ab, wie groß sein philanthropisches Investment war. Je größer die Spende, desto wichtiger werden ihm die Nähe und der Dialog mit der beschenkten Einzelperson oder Organisation sein. Er wünscht Anerkennung dafür, dass er sich aktiv in die Gemeinschaft der Organisation einbringt; dafür, dass er sich mehr und mehr für die Durchführung des Projekts begeistert, von der Anfangsphase bis zur tatsächlichen Verwirklichung.

In Bezug auf das rationale Bedürfnis des Mäzens geht es darum, genaue Auskünfte darüber zu geben, wie die Spende verwendet wurde. Die Verwendung des Geldes darf den Prinzipien des Mäzens nicht zuwiderlaufen, sie muss seinen Werten

1 Vgl. Tempel E. R., Seiler T. L., Burlingame D. F., *Achieving Excellence in Fundraising*, vierte Aufl., John Wiley and Sons, Hoboken 2016.

2 Haibach M., *Handbuch Fundraising: Spenden, Sponsoring, Stiftungen in der Praxis,* Campus, Frankfurt/Main 2012, S. 345.

sowie den Vereinbarungen entsprechen. Es geht um eine gedankliche Rückversicherung, die bewirken kann, dass der Mäzen das Projekt auch in Zukunft unterstützt.[3]

1.1 Die fünf grundlegenden *Stewardship*-Aktionen

Die Beziehungsdynamiken sind derart vielfältig, dass man nicht die eine für alle angemessene philanthropische Beziehung beschreiben kann. Menschen handeln ganz unterschiedlich, je nach Charakter, Ausbildung, kulturellem Hintergrund und der Fähigkeit, Beziehungen aufzubauen. In jedem Fall geht der letzte Schritt in der Beziehung zu einem Mäzen mit fünf grundlegenden Aktionen einher.[4]

Danken. Dem Mäzen die eigene Dankbarkeit mitteilen, unter Berücksichtigung des Mind-Sets und der persönlichen Empfindungen, die wir gerade thematisiert haben. Je nach Umfang der Spende und der besonderen Merkmale der Aktivität, für die man Unterstützung erhalten hat, kann die Danksagung unterschiedliche Formen annehmen. Für kleinere Spenden und das klassische Fundraising empfiehlt sich eine Software, die bei Eingang der Überweisung automatisch ein Dankschreiben versendet.[5] Diese Vorgehensweise eignet sich jedoch nicht für größere Spenden. Diese verlangen eine persönliche Würdigung, denn eine solche erwartet der Mäzen. Er wäre enttäuscht, wenn er sie nicht erhalten würde.

Den Mäzen einbeziehen. Sobald die Spende eingetroffen ist, sollte man dem Mäzen eine Art Begrüßungsdokumentation senden. Diese enthält detaillierte Informationen über die Non-Profit-Organisation oder das Projekt, Broschüren oder anderes Informationsmaterial. Sie wird eventuell von einem persönlichen Brief begleitet.[6] Der Mäzen soll das Gefühl bekommen, dass er Teil einer Gemeinschaft ist, die einen eindeutigen Zweck verfolgt. Man sollte ihn über das Potenzial des Projekts aufklären und ihm alle Ansprechpartner und -partnerinnen in der Organisation vorstellen. Das kann über eine digitale und/oder gedruckte Dokumentation geschehen oder über den persönlichen Kontakt.

Den Mäzen über die Verwendung seiner Spende informieren. Dieser Handlungsschritt ist immens wichtig, denn er schafft Vertrauen und ist die Grundlage für ein dauerhaftes Verhältnis. Es geht darum, dem Mäzen zu zeigen, dass er sein Geld gut

3 Vgl. Blasi C., *Major Donor Fundraising. Massimizzare la raccolta fondi e sviluppare il potenziale dei grandi donatori*, Maggioli Editore, Rimini 2017.

4 Vgl. Melandri V., *Fundraising. Il manuale più completo per fare raccolta fondi*, Maggioli Editore, Rimini 2017.

5 Es gibt Mäzene, die mit kleinen Spenden beginnen und erst später größere Summen gewähren.

6 Vgl. Blasi, *Major Donor Fundraising …*, a. a. O.

investiert hat und dass seine Geldmittel genauso verwendet werden wie in der Präsentationsphase des Projekts beschrieben, möglicherweise unter Berücksichtigung seiner Wünsche, Präferenzen und Anregungen (vgl. Tabelle 1). In einigen Fällen, vor allem bei sehr großen Spenden, kann der Mäzen auch direkt in die wichtigsten Entscheidungen über die Verwendung der Mittel einbezogen werden.

Das Interesse am Projekt lebendig halten. Anrufe, persönliche Briefe, Einladungen zu Veranstaltungen und individuell abgestimmte Geschenke zur Erinnerung an das Projekt – in einem Maße, das nicht aufdringlich wirkt – helfen, die Beziehung zum Mäzen auf Dauer zu festigen.

Die Anfrage nach einer Spende erneuern. Die Beziehung zum Mäzen geht Hand in Hand mit der allmählichen Entwicklung des Projekts.[7]

Die Aufmerksamkeit für Details, die kritische Beobachtung des Fortschritts der gemeinsamen Arbeit sind Elemente einer Beziehung, die ungeahnte Perspektiven eröffnen und sich zu lebenslanger Partnerschaft entwickeln können. Sie können Meisterwerke der Kunst hervorbringen oder soziale Fortschritte anstoßen, die tiefgreifende Auswirkungen auf eine Gesellschaft haben können.

Administration einer Großspende: Grundsätze

Vermögensverwaltung der Spende

Die Spende kann in einer einzigen Transaktion oder in regelmäßigen Abständen überwiesen werden. In beiden Fällen muss der Spendenempfänger, bevor er mit der Verwaltung des Spendenbetrags beginnen kann, das Risikoprofil des Portfolios festlegen. Basierend auf diesem Risikoprofil werden dann die zukünftigen Investitionen festgelegt.

Der Prozess, in dem beschlossen wird, mit welchem Risikoprofil das Portfolio verwaltet werden soll, geht von einer genauen Bewertung der Risikofähigkeit und der Risikofreude des Spendenempfängers in Bezug auf das unterstützte Projekt und dessen Bedürfnisse aus. Wenn also der

7 Die empfangende Einzelperson oder Organisation sollte einen *Recognition Plan* („Anerkennungsplan") erstellen, um dem Mäzen ihre Wertschätzung für die erhaltene Spende auszudrücken. Wenn man sich an Großspender wendet, empfiehlt es sich, einen individuellen Plan auszuarbeiten, der auf den spezifischen Merkmalen des einzelnen Mäzens beruht und als *Individualized Stewardship Plan* bezeichnet wird. Kurz gesagt, schließt der Dank drei Faktoren ein: Zugang zur Organisation, das Teilen von Informationen und die (öffentliche oder private) Danksagung; vgl. Stefanini F., *How to Build Public Trust by Advanced International Fundraising Models: the Case Study*, Diplomarbeit, Institute of Fundraising Academy, London 2018.

Spendenbetrag bestimmten Vorgaben entsprechen muss, dann werden diese Ziele die Leitlinien für die Vermögenverwaltung bestimmen.[8]

Der Mäzen stellt zum Beispiel eine Million Euro zur Unterstützung eines Museums zur Verfügung, wobei der Betrag über zehn Jahre ausgegeben werden soll. Der Vermögensverwalter wird also einen Liquiditätsplan entwickeln und sicherstellen, dass der im Moment nicht notwendige Teil der Spende gezielt angelegt wird. Im Dialog zwischen dem Treuhänder und dem Asset Manager werden geeignete Lösungen erarbeitet und mit dem Mäzen abgesprochen.

Die Spendengeldverwaltung muss sich den Bedürfnissen des Spendenempfängers bzw. der Projekte anpassen, die finanziert werden sollen. Dies gilt vor allem für die notwendige Mindestliquidität, die nötig ist, um das unterstützte Projekt bzw. die Projekte zu finanzieren, aber auch für die Langzeitanlage der Gelder. Es ist empfehlenswert, dass der im Moment nicht nötige Teil der Gelder in Aktivitäten investiert wird, die nur ein Minimum an Risiken gewährleisten (*gilt-edged investments*), nach folgenden Kriterien:

- Höchste Bonität
- Maximale Liquidität
- Keine „Spekulation"!

Bei der Strukturierung der Anlagen müssen die Investitionen dem Zweck der Organisation des Spendenempfängers und dem entsprechenden Projekt angepasst werden.

Die Spenden sollten nur in Finanzprodukte investiert werden, die als besonders wenig riskant eingestuft sind, und vor allem ist wichtig, dass die Gesamtheit der Investitionsprodukte dem Portfolio niedrige Volatilität verschafft. Die Anlage darf keine negativen Auswirkungen auf den Gebrauch der Spende haben, sondern muss wirtschaftliche Vorteile bringen. Außerdem muss jegliche Spekulation vermieden werden. Unter diesen Voraussetzungen sind die Anlagenoptionen recht überschaubar.

Der Aufbau eines Anlagen-Portfolios muss entsprechend diskutiert werden und so zusammengesetzt sein, dass das Risiko überschaubar bleibt. Falls nötig, ist es vorzuziehen, Ertrag zu opfern, anstatt das Kapital Risiken auszusetzen.

Aus diesem Grund ist es ratsam – vor allem wenn der Spendenempfänger kein professioneller Anleger ist –, die Anlagestruktur und Verwaltung mit einem unabhängigen Experten und/oder einem erstklassigen Vermögensverwalter zu definieren und Letzterem ein geeignetes Mandat zur Vermögensverwaltung zu erteilen.

Kontrolle der Investitionen

Der Erfolg der Anlagen muss monatlich kontrolliert werden, unter Beibehaltung der Notwendigkeit, dass alle Aktivitäten ein Maximum an Kreditwürdigkeit und Liquidität garantieren. Auch die Volatilität des Portfolios muss laufend überwacht werden. Diese Kontrollen sollten von einer Person

8 Normalerweise stellt der Mäzen keine Bedingungen, wie der von ihm gespendete Betrag verwaltet werden soll. Anders verhält es sich, wenn der Mäzen z. B. eine Spendenstiftung gründet. In diesem Fall wird die Anlage der Gelder durch das Statut dieses Rechtssubjekts definiert.

ausgeführt werden, die effektive Kenntnisse in der Vermögensverwaltung hat. Falls der Spendenempfänger nicht über qualifiziertes Personal verfügt, wird besser ein unabhängiger Experte mit der Kontrolle beauftragt. Wie detailliert der Mäzen über die Vorgänge unterrichtet wird, hängt davon ab, was im Spendenvertrag definiert wurde.

Fehler, die man in der Verwaltung der Spende eines Mäzens absolut vermeiden muss

- Die getroffenen Vereinbarungen nicht vollumfänglich zu respektieren.
- Gelder für nicht vereinbarte Zwecke auszugeben.
- Das vereinbarte Risikoprofil nicht periodisch zu überprüfen.

Wenn der Spendenempfänger keine Erfahrung in Vermögensverwaltung hat, sollte er sich an einen ausgewiesenen Fachmann wenden, um rechtliche Risiken zu vermeiden. Hier darf man nicht improvisieren. Die Vermögensverwaltung sollte immer über eine gut organisierte professionelle Person oder Organisation laufen.

Quelle: www.wmm-group.com

Tab. 1: Beispiel für die Berichterstattung zum erhaltenen Betrag

Darstellungsbericht	Beschreibung und Bewertung der Durchführung des Projekts in Bezug auf die Zusammenarbeit mit dem Mäzen.	Wurden die geplanten Aktivitäten in Übereinstimmung mit dem operativen Programm verwirklicht? Eventuelle bedeutende Veränderungen und Abweichungen illustrieren. Wurden die Ziele erreicht? Ist die Zielgruppe in den Genuss der Ergebnisse gekommen? Die Durchführung der verschiedenen Projektphasen beschreiben und dabei die zwischenzeitlichen Erfolge beleuchten. Die wichtigsten Kommunikationsmaterialien beilegen. Abschließend eine Analyse der Aussichten vornehmen: Wie kann das Projekt in Zukunft wachsen? Die Elemente darstellen, die Nachhaltigkeit bewirken.
Finanzbericht	Detaillierte Aufstellung darüber, wie das Geld verwendet wurde, das der Mäzen zur Verfügung gestellt hat.	Beschreibung der Art der Finanzierung (Zeitraum und Modalität) und der vom Mäzen gespendeten Summe. Aktualisierung des Budgets mit den Posten der Endausgaben und Rechtfertigung eventueller signifikanter Abweichungen. Kopien der Belege und Quittungen müssen nur auf ausdrückliches Verlangen des Mäzens beigefügt werden.

Quelle: Fondazione Stanley Thomas Johnson, Bern[9]

Externes *Stewardship*-Verfahren

Jeder Empfänger, ob Einzelperson oder Non-Profit-Organisation, wird Formen der Danksagung schaffen, die seiner Kreativität und seinem Kommunikationsstil entsprechen. Die Danksagung für erhaltene Spenden kann zum Beispiel folgende Punkte umfassen:

9 www.johnsonstiftung.ch/de/downloads/.

- einen persönlichen Dank von Seiten des Leiters der Organisation, etwa durch einen Brief oder eine andere Form der herzlichen Kommunikation;
- ein persönliches Treffen mit dem Leiter der Organisation und dem Vorstand;
- Bücher oder Sonderausgaben veröffentlichen, die dem Spender gewidmet sind;
- besondere Events zu Ehren des Spenders organisieren;
- dem Spender eine Gedenktafel widmen oder eine ähnliche Würdigung zusprechen.

1.2 In die Beziehung investieren

Besonders wichtig ist es, dem Mäzen zu danken, ihn zu informieren, einzubeziehen und sein Interesse wach zu halten. So bereitet man den Boden für einen möglichen weiteren Zyklus des *Moves Management,* dafür also, die philanthropische Beziehung auch in Zukunft fortzuführen.

Ein informierter, begeisterter und von seiner Spende überzeugter Mäzen ist ein Mensch, der zufrieden ist mit seinem philanthropischen Engagement, der bereit ist, neue Projekte zu entdecken und weiter in die Non-Profit-Organisation zu investieren, mit der er gute Erfahrungen gemacht hat.

Allerdings gibt es keine exakte, leicht wiederanwendbare Formel, die dafür sorgen würde, dass die Beziehung zwischen demjenigen, der auf der Suche nach einer philanthropischen Spende ist, und einem Mäzen zufriedenstellend und dauerhaft wäre. Die individuellen Eigenheiten, Stile und Bedürfnisse und vor allem das Milieu, in dem beide jeweils leben, machen diese Beziehung zu einer einzigartigen und kaum reproduzierbaren.

Ihre Dauer und das Potenzial, gute Ergebnisse hervorzubringen, hängen gewissermaßen von den Persönlichkeiten der Beteiligten ab. Wenn beide Seiten imstande sind, den Charakter der jeweils anderen zu erfassen, ihn zu verstehen, dem Partner gegenüber offen zu sein und seine Erwartungen zu begreifen, bekommt die philanthropische Beziehung eine solide Basis.

2 Die Großzügigkeit des Antragstellers

Im Allgemeinen sehen wir die Philanthropie als das Handlungsfeld des Mäzens, in dem er seine Großzügigkeit in die Tat umsetzt; wir betrachten sie für gewöhnlich nicht als jenen Bereich, in dem ein Künstler, Kulturschaffender, sozial Tätiger oder eine Non-Profit-Organisation den Wert eines kreativen Projekts anbietet und gemeinsam mit dem Mäzen Zeit, Arbeit und Energie investiert, um es zu verwirklichen. Von ihm geht der kreative Elan aus, der zur Begegnung mit dem Mäzen führt; von ihm kommt die Einladung zur Zusammenarbeit; und letztendlich ist er es, der dem Mäzen die Möglichkeit gibt, Mäzen zu sein.

Wenn man sich dies bewusst macht, erweitern sich die Möglichkeiten dafür, dass zwischen beiden Seiten eine dauerhafte und menschlich wertvolle Beziehung entsteht, in der dem Vermögen des Spenders die Glaubwürdigkeit und Kohärenz des Antragstellers gegenüberstehen.

Wie wir im vierten Kapitel ausgeführt haben, sehen wir, wenn wir es aus dem Blickwinkel des Empfängers betrachten, dass die philanthropische Beziehung auf fünf Säulen ruht:

Bewusstsein. Eine wertschätzende und harmonische Beziehung mit einem Mäzen beginnt damit, dass man sich seiner selbst, seiner Vision und des Wertes der eigenen kreativen Arbeit bewusst ist.[10]

Gleichgewicht. Es ist wichtig, den Wert des philanthropischen Engagements des Mäzens (über die finanzielle Dimension hinaus) klar zu ermessen, die Verpflichtungen, die sich daraus ergeben, zu begreifen und keine Abhängigkeit gegenüber dem Mäzen zu entwickeln.

Öffnung. Ehrliches Interesse für den Mäzen haben und die Bereitschaft, ihn als Partner zu erleben; dabei die Grenzen der Beziehung akzeptieren. Also berücksichtigen, dass sich auch der Mäzen mit seinem Engagement den eigenen Traum erfüllen kann.

Intelligentes Vertrauen. Einerseits Urteils- und Analysevermögen besitzen, andererseits die Neigung, anderen zu vertrauen.[11]

10 Vgl. diesbezüglich u. a. Bortoluzzi Dubach E., Frey H., *Sponsoring dalla A alla Z – Manuale operativo*, Skira, Mailand 2014, S. 77-79: „Den wirtschaftlichen Wert seines Projekts zu berechnen, bedeutet nicht nur, die quantitativen Aspekte zu bedenken (Produktionskosten, Erreichen des Zielpublikums, Kommunikation usw.), sondern auch die qualitativen (nicht-materiellen und symbolischen kulturellen Aspekte) sowie die geschaffene Wirtschaftsleistung."

11 Vgl. Covey S. R., Link G., Merrill R., *Smart Trust. Creating Prosperity, Energy, and Joy in a Low-Trust World*, Free Press, New York 2013. Intelligentes Vertrauen, wie es Covey, Link und Merrill beschrieben haben, verknüpft zwei Wesenszüge: Da ist die angeborene und je nach Umgebung modifizierte Neigung und das Verlangen, Menschen zu vertrauen. Und da ist eine ausgeprägte Fähigkeit zur Analyse. Während Ersteres „vor allem eine emotionale Angelegenheit ist, ist die Fähigkeit zur Analyse vor allem eine geistige Angelegenheit". Intelligentes Vertrauen baut auf drei grundlegenden Dimensionen auf:
Gelegenheit: Jemandem auf intelligente Weise vertrauen, bedeutet, die Situation und den Grund, warum man jemandem vertraut, klar zu identifizieren.
Risiko: Zu vertrauen stellt ein Risiko dar; nicht zu vertrauen aber auch. Das Maß an Risiko einzuschätzen, dem man sich aussetzt, bedeutet, sich zu fragen: Welche möglichen Resultate können sich ergeben? Wie hoch ist die Wahrscheinlichkeit, dass wirklich etwas herauskommt? Welche Bedeutung haben die Resultate und wie gut werden sie wahrgenommen?
Glaubwürdigkeit: die Bewertung des Charakters (Integrität und Absichten) und der Kompetenz (Fähigkeiten und tatsächlich Erreichtes) der beteiligten Person oder Personen.

Vom gemeinsamen Wunsch geleitete Zweckgemeinschaft. Die Bereitschaft, am gegenseitigen Erfolg zu arbeiten.

Eine nützliche Übung, um sich mit der eigenen philanthropischen Dimension vertraut zu machen, besteht für den Antragsteller darin, seine Motivation, sein ethisches Engagement, die Organisation und ihre Arbeitsweise und das Projekt, für das er eine Spende sucht, zugleich vom Standpunkt des Beteiligten und von außen zu betrachten: eine zu wiederholende, realistische Betrachtung, die jedes Element so bewertet, wie es ist, und nicht so, wie man es gerne hätte.

Durch diese Bewusstseinsübung gewinnt man einen umfassenderen Blick auf das Projekt. Eine solche „Prüfung der Realität" erlaubt einen weniger persönlichen und emotional beteiligten Blickwinkel. So lassen sich auch die Erwartungen gegenüber dem Mäzen in einem ausgewogenen Rahmen halten.

Vor diesem Hintergrund zielt der Antragsteller, wenn er eine Beziehung zum Mäzen aufbaut, nicht nur darauf, die Spende zu erhalten. Er nähert sich einer Ko-Konstruktion des Projekts an und ist in der Lage, alle Szenarien, die sich ergeben könnten, positiv anzunehmen. So ergibt sich ein Ansatz, bei dem der Antragsteller sein Gegenüber miteinbezieht.

Die kritische Selbstbeobachtung ist folglich eine Praxis, die nach und nach wächst, indem sie beständig und gemeinsam ausgeübt wird. Sie bringt die Mitarbeitenden einer Non-Profit-Organisation dazu, immer wieder mit neuen Augen auf ihre Arbeit zu blicken und alles, was als selbstverständlich vorausgesetzt wird, in Frage zu stellen. So entsteht ein harmonisches Klima und ein zielgerichtetes Verhalten, das Worte und Taten zur Deckung bringt. Eine solche Organisation kann ihren Kurs auch anpassen, wenn es nötig erscheint, prompt auf externe Anforderungen, Veränderungen und Innovationsbedarf zu reagieren.

Die Fähigkeit zur Beobachtung und Selbstbeobachtung entwickeln

Wenn der Empfänger, sei es ein Individuum oder eine Non-Profit-Organisation, die Fähigkeit zur Beobachtung und Selbstbeobachtung entwickelt, kann er die Beziehung zum Mäzen solider und nachhaltiger gestalten, was wiederum der Beziehung zugutekommt. Das heißt:

- Wenn er eine klare Vorstellung vom Projekt besitzt und es im Griff hat, ist er in der Lage, den Mäzen angemessen zu informieren; der kann sich dann seinerseits mit größerer Sicherheit bewegen (vgl. Kapitel 2).
- Wenn er in der Lage ist, den ökonomischen Wert und die sozialen Auswirkungen des Projekts zu quantifizieren, bekommt er eine genauere Vorstellung vom Gesamtwert und kann eventuelle Auseinandersetzungen mit dem Mäzen über diese Aspekte besser führen.

- Wenn er ein Projekt mit klar definierten Zielen, einer klaren Vision, einem professionellen Budget und Businessplan hat, wird die Kommunikation mit dem Mäzen effizient.
- Wenn er die Psychologie des Mäzens versteht, ist er in der Lage, sich in ihn hineinzuversetzen und seinen Standpunkt einzunehmen, um besser mit ihm zu interagieren.
- Wenn ihm bewusst ist, dass die Beziehung zum Mäzen immer eine Beziehung auf Zeit ist, kann ein Austausch entstehen, der optimal für beide Seiten ist, bei dem man weder sich selbst Illusionen macht noch falsche Erwartungen weckt.

Dem Projekt einen wirtschaftlichen Wert geben

Der Antragsteller sollte sich folgende Fragen stellen:

- Ist er sich seines wirtschaftlichen Werts bewusst? Als Künstler, Kulturschaffender oder sozial Tätiger ...? Beispiele: Wert des Namens als Marke, Berühmtheit, Image und Reputation (seiner selbst und seiner Mitarbeitenden).
- Hat er berechnet, welchen Wert sein Projekt für die Gesellschaft, die Kultur, die Bevölkerung hat? Kann sein Projekt eine gegebene Situation oder Wirklichkeit verändern, verbessern oder weiterentwickeln?
- Ist er sich der Bedeutung bewusst, die die Spende des Mäzens in wirtschaftlicher und zwischenmenschlicher Beziehung hat? Beispiele: Wie sehr verändert die Spende sein Leben als Künstler und die Entwicklungsmöglichkeiten seines Projekts? Wie viel Sicherheit gibt sie ihm in der Beziehung zu anderen möglichen Spendern oder Mäzenen? Wie viel Sicherheit gibt sie ihm für die Finanzplanung der nächsten Jahre? Wie viele neue Beziehungen zu Mäzenen und möglichen Spendern öffnet ihm die Spende? Wie bedeutend sind diese neuen Beziehungen für seine persönliche und künstlerische oder projektbezogene Entwicklung?
- Wie viel persönlichen Einsatz kostet es ihn, der Geste eines Mäzens einen angemessenen emotionellen und beziehungsbezogenen Gegenwert zu schaffen? Möchte er diesen Einsatz leisten? Wenn ja, wie plant er die notwendigen Aktivitäten so, dass seine Arbeit als Künstler oder sozial Tätiger nicht leidet, weder im Hinblick auf das Zeitmanagement noch auf seine Reputation?
- Gelingt es ihm, dem Spender dankbar zu sein, ohne dass dies auf irgendeine Weise seine Vision, seine Arbeitsweise oder den Grundgedanken seines Unterfangens beeinträchtigt?
- Hat er daran gedacht, im Vertrag alle Verpflichtungen zu erwähnen, die er eingeht? Und hat er genaue Kriterien definiert, die seine persönliche und berufliche Unabhängigkeit schützen? Beispiele: Hat er für die Zusammenarbeit mit Mäzenen und Stiftungen Richtlinien ausgearbeitet? Hat er im Vertrag alle wichtigen Punkte beachtet? Hat er das Ganze mit dem Mäzen gründlich besprochen, bevor die Zusammenarbeit beginnt, um Missverständnisse zu vermeiden? Ist er sich bewusst, welcher Traum den Mäzen leitet, wenn er ihn und sein Projekt unterstützt?
- Was ist das gemeinsame Ziel der Zusammenarbeit zwischen Mäzen und ihm als Antragsteller? Beispiele: ein gemeinsames Interesse an der Realisierung eines Kulturprojekts (z. B. der Digi-

talisierung aller Kantaten von Johann Sebastian Bach) oder eines sozialen oder wissenschaftlichen Projekts usw.; die Leidenschaft dafür, im Bereich von Kunst, Gesellschaft oder Wissenschaft Neues auszuprobieren und zu experimentieren; der gemeinsame Wunsch, einen Beitrag zur effizienten Lösung eines gesellschaftlichen Problems zu leisten (z. B. durch Unterstützung der Forschung gegen eine seltene Krankheit).

2.1 Verhaltensmerkmale des Antragstellers

Einer der ersten Bereiche, auf die das Prinzip der Selbstbeobachtung angewandt werden sollte, ist die Gemütsverfassung, mit der man sich dem Mäzen nähert. Wie bei den Philanthropen, so lassen sich auch bei denjenigen, die nach einer philanthropischen Spende Ausschau halten, einige wiederkehrende Verhaltensmerkmale feststellen, auch wenn diese der Komplexität der Wirklichkeit nicht ganz gerecht werden. Sie bilden sich aufgrund von Lebenserfahrungen, Absichten, persönlichen Anliegen und Gefühlszuständen heraus. Ein Antragsteller kann sein Verhalten und seinen Beziehungsstil durchaus an den Typ Mäzen anpassen, mit dem er in Kontakt tritt, und sie nach und nach entsprechend der Erfahrungen modifizieren, die er im Laufe seiner Beziehungen zu Philanthropen sammelt. Wir erheben keinen Anspruch auf Vollständigkeit, möchten aber betonen, wie wichtig es ist, diese Makrobereiche von Verhaltensweisen zu kennen und die eigenen vorherrschenden Neigungen zu ermitteln. Dadurch lässt sich verstehen, wo sie entweder Vorboten von Missverständnissen sein könnten oder wo sie einen von Dialog und gegenseitigem Verständnis geprägten Rahmen begünstigen.

Unsichtbarkeit. Manche Antragsteller scheuen die Beziehung zum Mäzen. Sie errichten – vielleicht ohne es zu merken – Barrieren, die verhindern, dass überhaupt eine Beziehung entsteht. Diese Antragsteller, die wir als die Unsichtbaren bezeichnen könnten, warten darauf, dass sich der Mäzen annähert und den ersten Schritt tut. Das kann auf Stolz beruhen, der übertriebener Selbstsicherheit geschuldet ist, oder die Zurückhaltung entsteht aus einer Unduldsamkeit gegenüber den finanziellen Aspekten der eigenen Arbeit (da man ohne sie nicht auskommt, jedoch fürchtet, von ihnen abhängig zu sein). Manchen ist schlicht nicht klar, welches Potenzial die Begegnung mit einem Philanthropen hat. Wieder andere könnten als schweigsame Intellektuelle bezeichnet werden: Sie sind scheu, sind sich ihres Genies nicht bewusst, schenken niemandem Vertrauen und verbleiben in ihrem privaten Kreis. Dieser Typ hätte es vor allem einem Glücksfall zu verdanken, wenn eine philanthropische Beziehung entsteht.[12]

12 Parsi M. R., *Ingrati. La sindrome rancorosa del beneficato*, Mondadori, Mailand 2012.

Ingenieursmentalität. Dies ist das Charakteristikum desjenigen Antragstellers, der sich ganz und gar auf die Qualität seines Projekts konzentriert. Er wendet sich unterschiedslos an jeden Mäzen, der ihn unterstützen könnte, ohne ausreichend zu bedenken, wie wichtig es ist, eine Eins-zu-eins-Beziehung aufzubauen, eine Beziehung, in der auch der Mäzen seine Fähigkeiten im Hinblick auf das Projekt einbringen kann. In diesem Fall ist die gegenseitige Beziehung einfacher, aber langfristig gehen viele Chancen verloren, denn der Antragsteller ist derart überzeugt vom Wert seiner Idee, dass seine Haltung kontraproduktiv werden kann.

Oberflächlichkeit/Bedenkenlosigkeit. Dieser Typ von Antragsteller hält nach Spendern Ausschau, deren biografische Situation zu einer besonderen Empfindlichkeit für bestimmte Themen führt. Manche Antragsteller nutzen diese Empfindlichkeit möglicherweise unbewusst aus, was zu einer disharmonischen Beziehung führt.

Reserviertheit. Einen bestimmten Typ Empfänger erfüllt die Beziehung mit dem Philanthropen mit Beklemmung angesichts der möglichen Auswirkungen auf sein Leben und der Veränderungen, die sie hervorrufen könnte. Statt die Beziehung positiv zu erleben, neigt er dazu, sich zurückzuziehen. Er macht sich nichts aus öffentlicher Anerkennung und verpasst die Gelegenheit, günstige zukünftige Entwicklungen anzustoßen.

Undankbarkeit. Die Spende des Mäzens kann beim Typ des besonders unsicheren Begünstigten ein Gefühl von psychologischer Abhängigkeit hervorrufen und eine Irritation auslösen, die sogar in Frustration umschlägt. Es handelt sich um jemanden, der nicht an sein Potenzial und die Kraft seiner Projekte glaubt und die eigene Unsicherheit an anderen auslebt. Einige Wissenschaftler haben diese Haltung, aus der Undankbarkeit hervorgeht, als „Syndrom des von Groll erfüllten Empfängers“ bezeichnet.[13]

Selbstbewusstsein. Der selbstbewusste Antragsteller freut sich über die erhaltene Spende, macht das Beste aus ihr, bezieht den Mäzen gerne in die Entwicklung des Projekts ein und baut eine dauerhafte und ausgeglichene Beziehung zu ihm auf. Dieser Antragsteller ist sich des Werts seines Projekts bewusst,[14] weswegen er sich auch nicht unterlegen fühlt; er berücksichtigt aber auch die Erwartungen und Wünsche des Mäzens. Wenn sowohl der Antragsteller als auch der Mäzen selbstbewusste Menschen sind, ergibt sich ein ausgeglichenes Verhältnis, das auf gegenseitiger

---

13 Pars, *Ingrati …*, a. a. O.

14 Vgl. die in Kapitel 5 beschriebenen Aktionen zur Sensibilisierung des Mäzens.

Wertschätzung beruht und sie menschlich bereichert. Diese Art von Antragsteller ist nicht so verbreitet, wie man annehmen könnte.

Aus dieser kurzen Analyse geht hervor, wie zahlreich und wie komplex die Elemente sind, welche die Qualität der Beziehung zu einem Mäzen beeinflussen. Man findet sich nicht so leicht zurecht im Dickicht der Erwartungen, Emotionen und Reaktionen, die aufkommen, wenn man eine Spende erhält. Betrachtet man das Wesen der Spende (ein zentrales Thema in den sozialen Mechanismen, die jede Art von Gemeinschaft regulieren, wie die Sozialwissenschaften festgestellt haben), treten zum Teil Widersprüchlichkeiten hervor, die dementsprechend schwierig zu handhaben sind. So kann die spontan gemachte Spende beim Empfänger den Eindruck hervorrufen, dass es eine Verpflichtung zur Gegenseitigkeit gebe; oder eine Spende wird offen und sichtbar getätigt, der Empfänger aber könnte überzeugt sein, dass eine „wahre Gabe“ unscheinbar bleiben sollte. Es kommt also nicht selten vor, dass im Empfänger Selbstschutz- und Abwehrreaktionen ausgelöst werden, die dazu führen, dass der Wert des Erhaltenen nicht unbeschwert angenommen wird.

Das Verhalten gegenüber dem Mäzen

Der Antragsteller sollte sich folgende Fragen stellen:

- Ist er sich der Notwendigkeit bewusst, einen flexiblen und offenen Umgang mit dem Mäzen zu pflegen? Beispiel: Wie kann er Empathie zeigen?
- Wie weit kann er auf die Person eingehen, die er vor sich hat? Beispiele: einen bestimmten Sprachstil verwenden; im Gespräch ein langsameres Tempo anschlagen; Geduld haben, wenn die Antworten nicht den Erwartungen entsprechen.
- Hat er einen introvertierten Charakter oder ist er eher extrovertiert? Inwiefern kann dies eine Beziehung zu einem Mäzen beeinflussen? Beispiele: Gelingt es ihm im Gespräch, die Dinge selbstverständlich und klar darzulegen? Gibt er seinem Gesprächspartner Zeit, sich auszudrücken? Kann er seinem Gesprächspartner zeigen, dass er seine Sichtweise versteht?
- Reagiert er sofort negativ, wenn er kritisiert wird? Gelingt es ihm, bei Bedarf seine Position zu überdenken, um dem anderen entgegenzukommen?
- Ist er bereit, sein kreatives Projekt voll und ganz mit dem Mäzen zu teilen? Beispiele: Transparenz in der Übermittlung von Daten und Zahlen und bei der Kommunikation von Schwierigkeiten, Risiken und Veränderungen.
- Ist er offen und teilt dem Mäzen mit, wenn er Kontakte zu anderen Mäzenen pflegt? Beispiele: Sensibilität, den richtigen Moment zu erkennen; Fähigkeit, nicht unüberlegt und unpassend zu agieren.
- Kann er abschätzen, wie stark der Mäzen eine exklusive Beziehung (und eine Ownership) eingehen will? Ist er einverstanden, einem Netzwerk anzugehören das auf ein gemeinsames Ziel hinarbeitet?

- Worauf verzichtet er, wenn er einer exklusiven und dauerhaften Beziehung zu einem einzigen Mäzen die Entwicklung anderer Möglichkeiten vorzieht? Beispiel: das wirtschaftliche Risiko einer exklusiven Beziehung (eventuelle Probleme im Fall, dass der Mäzen vorzeitig aus dem Projekt aussteigt, Liquiditätsprobleme, eventuelle finanzielle Abhängigkeit von einer einzigen Quelle usw.).
- Im Fall mehrerer Mäzene: Wie viel Aufwand und Energie kostet es, die Kontakte zu pflegen und ein Klima der Zusammenarbeit aufrechtzuerhalten? Gelingt es ihm, die Intentionen eines jeden Einzelnen zu berücksichtigen und als Vermittler zu agieren?
- Ist er imstande, allen das Gefühl zu geben, dass sie gleichermaßen am Projekt teilhaben und bedeutend sind, unabhängig davon, welchen Beitrag jeder von ihnen (vielleicht auf verschiedene Weise) leisten kann? Wird es ihm gelingen, die Gruppe so zu führen, dass sich alle aufgehoben fühlen?

2.2 Das Gefühl von Dankbarkeit kultivieren

In den vergangenen Jahren haben sich zahlreiche Wissenschaftler damit beschäftigt, inwiefern Dankbarkeit das Wohlbefinden steigert und zur Lebensfreude der Menschen beträgt. Nach und nach hat man verstanden, „dass Dankbarkeit nicht nur ein wichtiger Schlüssel für emotionales und psychophysisches Wohlbefinden ist, sondern auch wesentlich dazu beträgt, befriedigendere Beziehungen herzustellen, besser zu arbeiten und gesünder zu sein".[15]

In der Beziehung zu einem Mäzen darf sich die Dankbarkeit weder nach dem Umfang der Spende bemessen noch nach den Auswirkungen, die sie auf das Leben des Empfängers hat. Nur wer die Bedeutung des Spendenakts als solchen begreift und nicht abwägt, was dabei herauskommt, ist aufrichtig dankbar für das erhaltene Geschenk, ist nicht nur erfüllt und beglückt von der Spende an sich, sondern auch vom Gefühl der Dankbarkeit, das sie in ihm hervorruft. Andernfalls kann es leicht zu Reaktionen kommen, die das Gefühl von Dankbarkeit zur schwer handhabbaren Last werden lassen. Dies vorausgeschickt, sollen hier einige Verhaltensweisen vorgestellt werden, die dem Empfänger dabei helfen können, das Gefühl zu vermeiden, von der erhaltenen Spende psychologisch abhängig zu sein:

Sich die Bedeutung von Dankbarkeit bewusstmachen. Die Spende ist der „Zauberstab", mit dem plötzlich ein lang erträumtes und entwickeltes Projekt realisierbar

15 Gemäß der Wissenschaftlerin Immaculata De Vivo (Harvard University) und dem Experten für die Wissenschaft des Wohlbefindens, Daniel Lumera, geht ein einfaches „Danke" mit verschiedenen Vorteilen einher: Es ermöglicht eine größere Anzahl von Beziehungen, verbessert die körperliche und psychische Gesundheit, erzeugt Empathie und vermindert Aggressivität, verbessert den Schlaf, lässt die Selbstachtung wachsen, vermindert Stress und erzeugt Resilienz. De Vivo I., Lumera D., *Biologia della gentilezza. Le 6 scelte quotidiane per salute, benessere e longevità*, Mondadori, Mailand 2020.

wird. Das Gefühl von Dankbarkeit kann weniger mit dem erhaltenen Geld assoziiert werden als mit der größeren Freiheit, die eigene Kreativität ausleben zu können. So betrachtet, ruft die Dankbarkeit weder Neid noch Groll auf den Wohlstand des Spenders hervor. Man begreift, dass es gerade dieses Vermögen ist, das die Verwirklichung des Projekts ermöglicht. Der Empfänger, der sich dieser Dimension der Spende bewusst ist, fühlt sich dem Mäzen nicht unterlegen und lernt, ihm ehrlich zu begegnen, nicht servil oder mit Neid.

Lernen, die Beziehung mit dem Mäzen zu schätzen. Wenn der Empfänger eine klare Vorstellung von seiner Rolle in der philanthropischen Beziehung entwickelt hat, kann er die Spende auf eine positive und konstruktive Weise würdigen. Er kann dem Mäzen bei öffentlichen oder privaten Anlässen danken, ihm seine Dankbarkeit und Wertschätzung spontan und ohne Schmeichelei zeigen. Ist sie aufrichtig, überdauert diese Dankbarkeit auch das vorgesehene Ende eines bestimmten Projekts.

Die Voraussetzungen für eine dauerhafte Beziehung schaffen. Der selbstbewusste Antragsteller achtet darauf, Projekte einzureichen, die genau erkennen lassen, für welche Dauer die Spende gewünscht ist. Er sollte nicht den Eindruck vermitteln, er wolle sich bis in alle Ewigkeit an den Mäzen binden. Er weiß sich zu bescheiden, macht das Beste aus dem, was ihm angeboten wird, und übt nicht Kritik oder ist beleidigt, wenn die Unterstützung einmal unverhofft ausbleibt. Sobald er ein erstes Projekt präsentiert und mit Hilfe des Mäzens realisiert hat, kann er diese Beziehung pflegen und vertiefen.

Wie zwischen Antragsteller und Mäzen eine Kultur der Dankbarkeit kultiviert werden kann

- Ist sich der Antragsteller der Tatsache bewusst, dass sein Projekt ohne Mäzen vielleicht nicht realisiert werden kann?
- Hat er eine positive Beziehung zu seinem Förderer, die nicht von anderen, störenden Emotionen beeinträchtigt ist? Beispiele: Angst vor dem Verlust von Autonomie und/oder Meinungsfreiheit, Wut darüber, von jemandem abhängig sein zu müssen.
- Weiß er, was dem Mäzen Freude macht, und setzt er sich souverän für ihn ein? Beispiele: ihm nicht nur an offiziellen Anlässen danken; ihn an kleinen und großen Freuden teilhaben lassen; eventuelle Erfolge mit ihm teilen; ab und zu seine Gedanken anhören, auch wenn er kein Experte ist.
- Gelingt es dem Antragsteller, neben der professionellen auch eine gute zwischenmenschliche Beziehung aufzubauen, so dass der Mäzen sich geschätzt und anerkannt fühlt, auch über seinen Beitrag zum Projekt hinaus? Kann er ihm glaubhaft versichern, dass er ihn auch ohne seine Spende schätzt und sich gerne an ihn wenden würde, um seine Vision zu teilen?

- Kann er innehalten und die positiven Veränderungen betrachten, die die Begegnung mit dem Mäzen in beider Leben gebracht hat? Beispiele: die Steigerung seiner Bekanntheit; seine wirtschaftliche Stabilität; Leidenschaft, Freude und Entdeckung neuer Aktivitäten.
- Gelingt es dem Antragsteller, die Begegnung mit dem Mäzen als eine willkommene Chance zu erkennen, wenn dem so ist, und ihm dies zu vermitteln?
- Spricht er mit seinen Mitarbeitenden über Dankbarkeit, damit diese zu einem Teil im Alltag seiner Non-Profit-Organisation werden kann? Beispiele: Die Erklärung von Dankbarkeit kann positive Arbeitsbeziehungen schaffen und helfen, eventuelle kleine Missverständnisse im Alltag zu überwinden.
- Gelingt es ihm, die Arbeit seiner Organisation „mit Dankbarkeit zu durchdringen", so dass sie zur kontinuierlichen Entwicklung jedes Mitglieds beiträgt und so das gemeinsame Ziel fördert?
- Geht er mit gutem Beispiel voran und teilt seinen Mitarbeitenden den Grund mit, warum er dem Mäzen dankbar ist? Und umgekehrt, geht der Mäzen mit gutem Beispiel voran und teilt seinen Mitarbeitenden und Verbündeten den Grund mit, warum er einen Künstler unterstützt?
- Wenn in der Beziehung zum Partner oder in seiner Arbeitsweise kritische Punkte auftauchen, können beide diese so ansprechen, dass sie die Verbesserungsmöglichkeiten hervorheben, anstatt nur die Schwachpunkte zu unterstreichen? Können sie in ihrer Kritik proaktiv und konstruktiv sein, so dass auch in „schwierigen" Gesprächen immer Respekt und Freundlichkeit die Oberhand haben?
- Hat der Mäzen wiederkehrende Momente festgelegt, um den von ihm geförderten Künstler zu feiern, oder umgekehrt der Antragsteller, um den Mäzen zu feiern, der ihn unterstützt?
- Ist der Antragsteller sich bewusst, dass das Verhältnis zum Mäzen mit der Zeit zu einer festen und langanhaltenden Beziehung wird, aber auch abgebrochen werden kann? Gelingt es ihm, ein Gefühl der Dankbarkeit aufrechtzuerhalten, auch im Bewusstsein, dass die Beziehung scheitern kann? Gelingt es ihm, „im Moment zu bleiben", ohne sich um die Zukunft zu sorgen, und doch gleichzeitig Alternativen vorzubereiten für den Fall, dass sich die Bedingungen ändern?

2.3 Art der Beziehung, nach Verhalten der Beteiligten

Wie bei jeder dauerhaften Beziehung ist das Verhältnis zwischen Mäzen und Antragsteller nicht nur eine Zweckgemeinschaft. Sie hängt auch davon ab, wie gut die Charaktere harmonieren. Manche Beziehungen sind für die Dauer gemacht und für beide Seiten fruchtbar, andere scheitern innerhalb kurzer Zeit. Nun ist es sicher nicht möglich vorauszusehen, ob eine Beziehung perfekt sein wird, und nach dieser Perfektion zu suchen. Dennoch lassen sich einige Charaktereigenschaften ausmachen, die bei näherer Betrachtung helfen können, die Voraussetzungen für eine mögliche gute Zusammenarbeit zu ermitteln.[16]

Wir wollen hier einige der wichtigsten Interaktionen darlegen:

Bei einem tatkräftigen/unaufhaltsamen Mäzen stellt sich eine positive, ausgewogene Beziehung vor allem mit dem eher *unsichtbaren* Antragsteller ein. Ist dieser Antragsteller in einer Position der Bedürftigkeit, kommt ihm das Bedürfnis des Mäzens zu spenden sehr entgegen. Wenn die Unsichtbarkeit des Antragstellers auf Schüchternheit, Widerwillen oder geringer Dankbarkeit beruht, wird ein Mangel an Feedback freilich auch die größte Entschlossenheit bremsen. Eher positive Reaktionen ruft auch der Antragsteller *mit Ingenieursmentalität* hervor. Schließlich sind beide Seiten äußerst motiviert, das Projekt zu verwirklichen. Die geringe Neigung der Beteiligten, die Beziehungsaspekte zu berücksichtigen, könnte das Verhältnis dann aber doch schnell beenden.

Schlechte Prognosen sind mit den anderen Konstellationen verbunden. Gegenüber dem *oberflächlichen/bedenkenlosen* Antragsteller wird der tatkräftige Mäzen schnell zum Gefangenen seiner eigenen Großzügigkeit. Er sieht sich außer Stande, beharrlichen Forderungen Einhalt zu gebieten. Der *reservierte* Antragsteller fühlt sich leicht eingeschüchtert und macht sich rar oder verschwindet komplett. Doch auch der selbstbewusste Antragsteller ist von allzu großer Beharrlichkeit des Mäzens schnell genervt und wird versuchen, sich elegant aus der Affäre zu ziehen.

Komplexer gerät in der Regel die Beziehung mit einem **Mäzen, der sich durch ausgeprägte Führungspersönlichkeit** *(Alpha-Persönlichkeit)* **auszeichnet**. Zu den Beziehungen, mit denen ein solcher Leader-Typ gut umgehen kann, gehört die mit dem *unsichtbaren* und *bedürftigen* Antragsteller, der dankbar jede Art von Engagement annimmt, das seine Situation verbessert. Funktionieren kann auch die Beziehung mit dem *selbstbewussten* Antragsteller – sofern es diesem gelingt, das Gleichgewicht zwischen den Vorteilen, die ihm erwachsen, und dem Führungsanspruch des Mäzens zu bewahren. Die anderen Konstellationen tendieren zu einem frühen Scheitern. Beim Zusammentreffen mit einem Antragsteller vom Typ *Ingenieursmentalität* entsteht leicht ein von Wettbewerb und Spannungen geprägtes Klima; der *oberflächliche/bedenkenlose* Antragsteller ist häufig nicht in der Lage, es mit der starken Persönlichkeit des Leader-Typs aufzunehmen; erst recht nicht der *reservierte* Antragsteller.

Die **Beziehung mit einem Mäzen, der womöglich desillusioniert ist,** wird von einigen Konstellationen profitieren: Der *unsichtbare* Antragsteller kann bewirken, dass diese Enttäuschung abklingt. Vor allem dann, wenn er eher zurückhaltend auftritt und von Anfang an seine Dankbarkeit zeigt. Der *reservierte* Antragsteller könnte

16 Diese Liste erhebt keinen Anspruch auf Vollständigkeit, sondern soll die verschiedenen Interaktions- und Verhaltensmuster aufzeigen, die bei Mäzenen und Antragstellern am häufigsten festzustellen sind.

gerade wegen seiner Zurückhaltung Interesse wecken, sofern er fähig ist, zu warten und die Beziehung *peu à peu* aufzubauen. Günstigen Einfluss hat auch der *selbstbewusste* Antragsteller. Er kann verstehen, dass der desillusionierte Mäzen schlechte Erfahrungen gemacht hat, und ist imstande, diese Haltung zu ändern.

Schlecht sieht es aus beim Antragsteller *mit Ingenieursmentalität*. Der konzentriert sich ganz auf die Qualität des Projekts und zeigt wenig Gespür für die Bedürfnisse des Mäzens. Der *bedenkenlose* Antragsteller wiederum wird die Enttäuschung des Mäzens sogar steigern, sofern sie sich überhaupt noch steigern lässt.

Was die besten Chancen auf Erfolg bietet

Grundsätzlich gilt: Die besten und dauerhaftesten philanthropischen Beziehungen werden von jenen Typen von Mäzenen aufgebaut, die sich durch visionäres Denken, Diskretion und Selbstbewusstsein auszeichnen, und von Antragstellern, die ausgewogen und pragmatisch sind. Der visionäre Mäzen und der reservierte Mäzen entwickeln deshalb ein ausgezeichnetes Verhältnis zum selbstbewussten Antragsteller ebenso wie zum unsichtbaren und mittellosen oder zum diskreten Antragsteller, denn dank ihres ausgeglichenen Charakters nehmen die Vertreter dieser beiden Muster eine Verbindung auf, ohne dass die Beziehung erstickend wird. Souveränität ist das Geheimnis. Wie in einer musikalischen Komposition „macht der Ton die Musik“.

Elemente, die für den Mäzen attraktiv sind

Alles in allem ist derjenige Antragsteller am erfolgreichsten, der in der Lage ist:

- mitzureißen und zu begeistern: Die Entscheidung eines Mäzens wird im Wesentlichen vom Herzen bestimmt. Eine gezielte und klare Kommunikation (ohne zu viele Fachausdrücke und jemandem angemessen, der nicht „vom Fach“ ist), die begeistert und begeisternd ist, erweckt sein Interesse und spricht ihn emotional an;
- einen sozialen Mehrwert hervorzubringen: Möglicherweise reicht die Leidenschaft für eine Aktivität – egal ob künstlerischer, kultureller oder sozialer Natur – nicht aus, um den Spender zu überzeugen, ein Projekt zu unterstützen. Ausschlaggebend ist, ihm zu zeigen, wie das Projekt den menschlichen Fortschritt und das Gemeinwohl fördern kann. Möglicherweise ist es sinnvoll, ihm Kriterien für die Bewertung der erwarteten Resultate zur Verfügung zu stellen (vgl. Kapitel 9);
- den gesellschaftlichen Zusammenhalt zu stärken: Die künstlerische, kulturelle oder soziale Aktivität kann einer Gemeinschaft helfen, einen kollektiven Lernprozess zu durchlaufen und so die Integration und den Zusammenhalt zu stärken. Die Verwurzelung des Projekts im jeweiligen Gebiet erregt in vielen Fällen die Aufmerksamkeit und das Interesse des Mäzens.

3 Wie man eine positive Grundstimmung für erfolgreiches Mäzenatentum schafft

Alles in allem geht es also darum, sich für die Verbreitung einer neuen Kultur der Zusammenarbeit zwischen Mäzen und Geldempfänger einzusetzen, eine Kultur, die sich positiv auf die Zivilgesellschaft auswirkt. Dabei sind alle Akteure gefordert. Der Staat kann ein positives Klima fördern, durch Dialogbereitschaft, klare Regeln, nachvollziehbare Entscheidungen sowie durch gezielte Steuererleichterungen für Spender. Die Fachpresse kann Analysen, Daten und Erfahrungen verbreiten und so die Debatte über eine Kultur der Großzügigkeit und Offenheit anregen. Das heißt konkret, über Beispiele zu informieren, die als Vorbild dienen können. Wichtige Informationen für Geldempfänger und Mäzene sollten zielgerichtet und kontinuierlich verbreitet werden, wobei durchaus auch auf Missstände oder Verbesserungsmöglichkeiten hingewiesen werden soll. Die Beschäftigten im Non-Profit-Sektor sind dazu angehalten, ihre Kenntnisse und Fähigkeiten zu verfeinern, Beziehungen aufzubauen, um positive Philanthropie zu leben. Der Antragsteller, *last but not least*, sollte lernen, den Mäzen in seine Arbeit, dort, wo nötig und sinnvoll, aktiv einzubeziehen und mit ihm intensiv zusammenzuarbeiten. Damit entstehen dann innovative Kooperationen, mit denen die zukünftigen Herausforderungen nachhaltig gemeistert werden können.

4 Anhang

Checkliste

Welche Aspekte sind wichtig, um eine gute Beziehung zum Mäzen zu erhalten?

- **Gute Kommunikation:** Der Mäzen soll mit geringem Aufwand feststellen können, ob sein Geld bei Ihnen in guten Händen ist. Gute Kommunikation mit dem Mäzen kann in der Tat die Basis für eine erneute Spende in der Zukunft sein.
  Das heißt:
  - Einigen Sie sich auf die Häufigkeit des Austausches, die für den Mäzen geeignet ist.
  - Optimieren Sie die Art der Kommunikation: E-Mails, Telefonate, Sitzungen.
  - Kommunizieren Sie mit dem Mäzen mit „maßgeschneiderten", persönlichen Berichten. Dabei gilt es, im persönlichen Kontakt – durch gelegentliche Besuche und geeignete schriftliche Kommunikation – ein Vertrauensverhältnis aufzubauen und zu erhalten.
  - Legen Sie die Kommunikationspflichten im Spendenvertrag fest und gestalten Sie die Berichterstattung entsprechend. Dabei sollten die besonderen Bedürfnisse des Mäzens erfüllt werden:
    - Form der Berichterstattung
    - die Periodizität der Berichte (jährlich, halbjährlich usw.)
    - Meilensteine der Projektarbeit
    - Soll-Ist-Vergleich zum Budget; Ausgaben des Projekts
    - Übersicht über den Verlauf des Projekts
- **Empathie:** Versuchen Sie, die Persönlichkeit des Mäzens und die Themen, die für ihn wichtig sind, zu erfassen und ihm Informationen zu geben, die für ihn von Interesse sein könnten (Recherchen zu Themen, die interessant sein könnten, Veranstaltungen Dritter, Events).
- **Aussagekräftige Ergebniskontrolle:** Informieren Sie den Mäzen über die Resultate Ihres Projekts. Definieren Sie von Anfang an die Kriterien der Wirkungskontrolle Ihres Projekts und kommunizieren Sie diese in regelmäßigen Abständen.
- **Know-how-Transfer:** Stellen Sie Informationen zur Verfügung, um über die Themen des Projekts zu orientieren oder persönliche Erfahrungen auszutauschen, die in der Familie des Mäzens geteilt werden können (Sharing). Suchen Sie Formen der Beteiligung, die den Philanthropen aktiv am Projekt teilhaben lassen und Nähe fördern.

Welche Punkte sind wichtig, um eine gute Beziehung zum Berater des Mäzens aufrechtzuerhalten?

- Bleiben Sie aktiv und informieren Sie ihn in regelmäßigen Abständen über die Projekte, die sein Interesse geweckt haben, unabhängig davon, ob bereits eine Spende eingegangen ist oder nicht.
- Laden Sie ihn zu öffentlichen/exklusiven Veranstaltungen ein, an welchen über das Projekt berichtet wird.

- Beziehen Sie ihn frühzeitig in Diskussionen ein, die neue Entwicklungen des Projekts betreffen, wie zum Beispiel das Kennenlernen relevanter Stakeholder, die Pflege relevanter Netzwerke, oder wenn Sie sein Fachwissen benötigen, das dem Projekt Schwung verleiht.
- Bedanken Sie sich für seine Beiträge in adäquater Form.

Welche Aspekte steuerlicher Art müssen bei der Annahme einer Spende eines Mäzens berücksichtigt werden?

1. Art des Empfängers (NGO, NPO, Universität, Künstler, Kulturschaffender, sozial Tätiger usw.). Folgende Aspekte sind zu berücksichtigen:
   - Ist der Empfänger eine natürliche Person oder eine juristische Person?
   - Falls es eine juristische Person ist, hat die juristische Person eine Steuerbefreiung (gemeinnützige Stiftung)?
   - Falls es eine juristische Gesellschaft ohne gemeinnützigen Charakter ist, ist es empfehlenswert, den steuerlichen Sachverhalt (inkl. der Mehrwertsteuer) im Einzelfall anzuschauen. Dieser Fall dürfte aber eher selten sein.
   - Sind die Empfänger natürliche Personen, dann muss man hier wohl auch unterscheiden, ob es sich um Einzelfirmen handelt (selbstständige Künstler mit eigener Buchhaltung) oder um Privatpersonen, welche ein Stipendium oder eine Förderung erhalten.
2. Steuerdomizil des Empfängers, um mögliche zusätzliche Steuerbelastungen und auch allfällige Sozialversicherungsabgaben zu ermitteln.
3. Kosten im Zusammenhang mit der Spende (Kosten für den Rechtsanwalt, wenn es sich um einen größeren Betrag handelt).
4. Umsetzungszeit (Zeitspanne zwischen der Entscheidung über die Annahme der Spende und der Folgemaßnahmen).

Quelle: www.familystrategy.it

Die andere Seite der Philanthropie

8

Wenn die Beziehung zur Herausforderung wird

In seinem Buch *La società generosa* (Die großzügige Gesellschaft) argumentiert Pier Mario Vello, „dass es nicht so sehr die Gesetze des Staates oder der interessenbasierte wirtschaftliche Austausch sind, die die Gesellschaft formen und soziale Bindungen zwischen den Menschen herstellen, sondern vielmehr das weit verbreitete und umfassende Netzwerk von Mikrohandlungen der Großzügigkeit unter den Menschen. Staat, Markt oder Großzügigkeit – es ist Letztere, die den wahren Kitt zwischen den Menschen schafft und das Fundament der Gesellschaft bildet."[1] Eine solche Funktion der Philanthropie innerhalb des Gefüges von Staat, Markt und Non-Profit-Sektor könnte uns dazu verleiten, sie als Allheilmittel zu betrachten, das die Lücken in den Wohlfahrtssystemen schließt, wo Staat und Markt keine zufriedenstellenden Lösungen bieten können. Aber Vello warnt uns sogleich: Philanthropie darf nicht so tun, als würde ihr eine stellvertretende Rolle zukommen oder mehr als eine subsidiäre Rolle, denn das könnte demokratische Systeme verzerren. Notwendig ist vielmehr ein harmonisches Zusammenspiel in der Triade Staat – Markt – Non-Profit-Sektor, nämlich ein effizienter Austausch und eine Zusammenarbeit zwischen öffentlichem und privatem Sektor.[2]

Die öffentliche Hand, die gewinnorientierte und die nicht gewinnorientierte Wirtschaft sind keine getrennten und voneinander unabhängigen Systeme, sondern stehen in Beziehung zueinander und beeinflussen sich gegenseitig. Große Philanthropen sind oft auch erfolgreiche Unternehmer, manchmal führen sie wahre Großkonzerne. Die historischen philanthropischen Familien Europas leiten Unter-

1 Vgl. Bortoluzzi Dubach E., „Stato, mercato e filantropia. Per una nuova agenda culturale", *Artribune*, 17. März 2014. https://www.artribune.com/attualita/2014/03/stato-mercato-e-filantropia-per-una-nuova-agenda-culturale/.

2 In diesem Sinne erhofft sich Vello eine zivile Aktion der Philanthropen, die „originell und säkular ist, auf Großzügigkeit und Solidarität, auf Toleranz und Multikulturalität basiert; ein Engagement, das im Zeichen der Gerechtigkeit und der sozialen Gleichheit steht, das sich um den einzelnen Menschen kümmert, aber auch um die Umwelt, in der er lebt, und das nach Gleichgewicht und Glück strebt". Vello P. M., Reolon M., *La società generosa*, Feltrinelli-Vita, Mailand 2014, S. 195.

nehmen und verfügen über Vermögen, die sie über die Generationen hinweg erwirtschaftet haben, und selbst in kleineren Gemeinschaften ist ein Mäzen oft eine führende Figur in der lokalen Wirtschaftsszene.

Das Gleiche gilt für Künstler und Arbeitskräfte des Non-Profit-Sektors, die – vor allem im jüngeren Alter – neben ihrer rein künstlerischen oder sozial nützlichen Arbeit auch in der gewinnorientierten Welt tätig sind.

Bei der Suche nach einer philanthropischen Spende sollte man sich daher der Netzwerke und Beziehungsstrukturen zwischen Philanthropie und anderen Sektoren bewusst sein. Insbesondere gilt es, den wirtschaftlichen und finanziellen Kontext zu kennen, in dem die Persönlichkeiten agieren, mit denen man zu tun hat, ebenso wie die Art der Aktivitäten, durch die sie ihr Vermögen aufgebaut haben und weiter aufbauen. Diese Informationen zu finden und zu analysieren, ist nicht einfach. Ohne den Anspruch zu erheben, alle strittigen Aspekte der Philanthropie abzudecken, konzentrieren wir uns in diesem Kapitel auf einige der wichtigen Fragen hinsichtlich der Beziehung zwischen Mäzen und Begünstigtem: insbesondere auf die Frage nach der Herkunft von Vermögenswerten und Spenden, die von Mäzenen vergeben werden. Relevant ist dies im Allgemeinen und besonders im aktuellen Kontext der zunehmenden Dominanz des Finanzsektors sowie in Bezug auf das Prinzip der Diskretion, das seit jeher die Philanthropie bestimmt und das in einzelnen Fällen zu Schwierigkeiten führen kann.

1 Die Herkunft der Vermögenswerte

Der Non-Profit-Sektor besteht aus Organisationen und Initiativen, die – ließe man sie nach dem Prinzip des freien Marktes arbeiten – nicht lange überleben könnten. In diesem Sektor funktioniert das Prinzip von Angebot und Nachfrage nicht wie anderswo. Nehmen wir zum Beispiel ein Opernhaus. Würden dessen Einnahmen ausschließlich aus dem Verkauf von Eintrittskarten und Abonnements stammen, ohne jegliche institutionelle Förderung durch die öffentliche Hand oder ohne private Unterstützung, würde es seine Pforten bald schließen. Einerseits wissen wir, dass nicht alle Menschen regelmäßig in die Oper gehen, so dass das Haus bei geringer Nachfrage so lange den Preis erhöhen müsste, bis sich Angebot und Nachfrage decken. Oder es müsste in sein Repertoire eingreifen, indem es die Produktion all jener Opern ausschließt, die als Nischenprodukte gelten, und sich auf diejenigen mit der größten Anziehungskraft beschränken. Die Suche nach Raritäten einzustellen, würde jedoch zu einer kulturellen Verflachung führen. Am Ende würde man die Musikliebhaber entfremden und kein neues Publikum hinzugewinnen.

Die öffentliche Hand greift ein, um die schlichte Logik des Marktes zu überwinden, um letztlich ein Kulturgut, das auch ein Allgemeingut ist, für künftige Generationen zu erhalten und zu erneuern. In einer gelungenen öffentlich-privaten Partnerschaft tragen jedoch auch Unternehmen und Mäzene zu diesem Ziel bei. Und deren Rolle wird immer wichtiger, um die Zukunft von Kulturorganisationen und des Non-Profit-Sektors im Allgemeinen zu sichern.

Betrachten wir die Rolle der Mäzene, erkennen wir sofort, wie sehr das betreffende Opernhaus das großzügige Engagement einer Privatperson wertschätzen wird, sollte sie sich entschließen, es finanziell zu unterstützen und sich um strategische Aktivitäten zu kümmern. Dazu könnte gehören, Schulen und junge Menschen an die Oper heranzuführen, also das Publikum von morgen zu erschaffen. Eine Überprüfung der Herkunft von Spenden erscheint jedoch nicht nur sinnvoll, sondern notwendig. Im Interesse der Sache selbst ist es wichtig, dass die erhaltenen Mittel nicht aus illegaler oder ethisch fragwürdiger Quelle stammen. Dies würde dem philanthropischen Auftrag zuwiderlaufen und letztlich der begünstigten Institution schaden.

Im Falle eines Mäzens oder einer Mäzenin der ersten Generation ist es nützlich zu wissen, wie sein/ihr Vermögen generiert wurde. Wenn es beispielsweise durch Aktivitäten zustande gekommen ist, die Menschen ausbeuten oder die Umwelt zerstören, drängt sich die Frage auf, ob es gesellschaftlich wünschenswert und ethisch vertretbar scheint, solche Mittel für philanthropische Zwecke zu verwenden. Wo es an Konsistenz zwischen vorangegangenem und nachfolgendem Verhalten mangelt, schwindet die Legitimität des Philanthropen.

Schwieriger ist es, die Trennlinie zu ziehen zwischen angemessener und unangemessener Annahme privater Zuwendungen bei Vermögen der zweiten, dritten (oder späteren) Generation, deren Vermögensherkunft ungeklärt ist. Etwaige Fehler der Vorfahren sollten nicht auf die Kinder zurückfallen, die in manchen Fällen sogar das edle Bedürfnis verspüren, die möglicherweise rechtswidrige Herkunft des geerbten Vermögens durch altruistische Taten vergessen zu machen. In manchen Fällen ist das Problem jedoch nicht einfach zu lösen. Nehmen wir das Beispiel der Vermögenswerte, die den Opfern des Holocausts geraubt wurden. Während es (trotz großer Schwierigkeiten) in vielen Fällen gelungen ist, Kunstwerke den rechtmäßigen Eigentümern zurückzugeben, ist die Rückgabe des Geldes nahezu unmöglich. Können derart bedeutende Nachlässe von den Erben für philanthropische Zwecke verwendet werden? Solche Aspekte sollte man nicht oberflächlich angehen, da sie den Ruf und die Glaubwürdigkeit der Organisationen, die die Spenden erhalten, unmittelbar schädigen können.

1.1 Großzügigkeit und Vermögenserwerb

Im Zusammenhang mit der „Finanzialisierung der Wirtschaft“[3] stellt sich eine weitere Frage: Sind philanthropische Zwecke mit dem Erwerb von Vermögen durch rein spekulative oder illegale Aktivitäten vereinbar?[4] Um möglichen Widersprüchen zwischen spekulativen Investitionen und philanthropischer Einstellung entgegenzuwirken, hat auch die Finanzwelt eine Reihe nachhaltigerer und gesellschaftlich verantwortungsvollerer Strategien und Instrumente aufgebaut (z. B. *Impact Investing* und *Ethical Finance;* siehe Kapitel 9). Der Non-Profit-Sektor erfährt einen erheblichen Mehrwert durch Philanthropen, deren Investitionen im Finanzsektor eine positive gesellschaftliche Wirkung erzeugen, oder durch Philanthropen, die auf Unternehmen mit einem hohen ethischen Rating abzielen (also solche mit einem hohen Maß an sozialer und ökologischer Verantwortung). Sie rücken ihre Absichten in ein klareres Licht und machen die Bestimmung ihrer philanthropischen Investitionen effektiver.

Staat und Markt spielen hier eine bedeutende Rolle. Wir meinen einen Wohlfahrtsstaat und eine soziale Marktwirtschaft, die darauf hinwirken, „wirtschaftliche Ungleichheiten und soziale Ungerechtigkeit unter den Bürgern zu verringern, Eigenheiten aufzuwerten, die Ausübung der individuellen Freiheiten eines jeden zu gewährleisten, Ressourcen optimal zu verwalten und umzuverteilen, die Justiz neutral zu verwalten, die Solidarität unter den Bürgern zu fördern“.[5]

Öffentliche und private Einrichtungen haben ein Interesse daran, Modelle der Zusammenarbeit zu finden, die das gesellschaftlich positive Verhalten eines Philanthropen auch bei seinen persönlichen Investitionsentscheidungen fördern. In Anbetracht der oben genannten Möglichkeiten und Probleme wird unser Opernhaus davon profitieren, die Kosten und den Nutzen systematisch zu erfassen, die sich aus einer Beziehung zu einem bestimmten Mäzen ergeben können. Es wird bewerten können, wie angemessen diese Beziehung erscheint, nachdem es überprüft hat, ob das Verhalten dieses Mäzens den geltenden ethischen Richtlinien entspricht, über die es verfügen sollte.

---

3 Vgl. Levinson M., *Guide to Financial Markets: Why They Exist and How They Work*, The Economist Books, London 2018.

4 „Die riesige Masse des in der Welt zirkulierenden Kapitals, das aus Pensionsfonds oder aus überschüssiger Liquidität stammt und ständig auf der Suche nach hohen und schnellen Renditechancen ist, hat sich, statt durch die Produktion von Industriegütern und Waren Profit zu machen, dem Profitmachen durch Finanzanlagen zugewandt“, Vello, Reolon, *La società generosa …*, S. 157.

5 Ebenda, S. 194.

Eine Strategie für gute Zusammenarbeit: der Ethikkodex

Der Ethikkodex sollte ein integraler Bestandteil jeder Strategie für die Zusammenarbeit mit Mäzenen und privaten Geldgebern sein – ganz gleich, ob es sich um Einzelpersonen, Stiftungen oder Unternehmen handelt. Er ist ein Dokument, das die Grundwerte, Prinzipien und leitenden Verhaltensstandards der Non-Profit-Organisation und aller ihrer Mitarbeiter beschreibt. Der Ethikkodex definiert und regelt:

- die ethischen Richtlinien der Beziehung zu Mäzenen;
- die Kriterien, die im Falle einer Spende zu beachten sind;
- die Übereinstimmung des Verhaltens der Mitarbeitenden mit den Grundwerten und ethischen Prinzipien der Non-Profit-Organisation;
- die Verantwortlichkeiten gegenüber dem operativen Geschäft und der Performance;
- die Überlegungen zu Entscheidungsprozessen, ihr Herausbilden und ihr Management;
- die Kriterien für die Bewertung jeder vorgeschlagenen potenziellen Zusammenarbeit.

1.2 Die *Due Diligence*

Wie wir in Kapitel 6 gesehen haben, informiert sich der Begünstigte nach erfolgreichem Abschluss der Spendenanfrage über die Herkunft der Spenden, ausgehend von der nationalen und internationalen Gesetzgebung auf dem betreffenden Gebiet. Letztere verlangt überaus gründliche Kontrollen zur Bekämpfung von Geldwäsche, Steuerhinterziehung, internationalem Terrorismus – Vorschriften, die darauf abzielen, Spekulation zu illegalen Zwecken zu bekämpfen, die zum Beispiel unter dem Deckmantel von Scheinfirmen betrieben wird. In die Verpflichtung zur Identifikation hat der Gesetzgeber auch den Begünstigten der Transaktion einbezogen *(Customer Due Diligence).* Er muss Auskunft geben können über Zweck und Art der Spende sowie über die tatsächliche Beschaffenheit der ausgeführten Transaktionen. Um den privaten und gesetzlichen Verpflichtungen nachzukommen,[6] ist es sinnvoll, ein Archiv zu führen, in das die Daten der Ansprechpartner zusammen mit der Dokumentation des Projekts und der Spende eingetragen werden. Das sind die Daten zur Identifikation des Mäzens; zu der Person, in deren Auftrag der Mäzen arbeitet; der Arbeitstätigkeit des Mäzens und der Person, in deren Auftrag er arbeitet; des Zeitpunkts, wann die Identifikation erhoben wurde; eine zusammenfassende Beschreibung der Art der erbrachten Leistung und der Wert des Leistungsgegenstands, falls bekannt.

6 Für die Schweiz vgl. dazu insbesondere den Tatbestand der Geldwäscherei (Art. 305bis StGB), das Bundesgesetz über die Bekämpfung der Geldwäscherei und der Terrorismusfinanzierung (Geldwäschereigesetz, GwG), die Ethischen Richtlinien für das Fundraising (Standard 1) von Swissfundraising (2021), den Zewo Standard 18 (Absätze 6 und 7), die Empfehlung 23 des Swiss Foundation Code. Für Italien vgl. dazu insbesondere das Dekret Nr. 141 vom 3. Februar 2006 (Verordnung zur Umsetzung der Richtlinie 2001/97/EG zur Verhinderung der Nutzung des Finanzsystems zum Zwecke der Geldwäsche).

In welchen Fällen eine Spende abgelehnt werden sollte

Ein Begünstigter, sei es eine Einzelperson oder eine Non-Profit-Organisation, sollte eine Spende ablehnen, wenn:

- deren Herkunft unbekannt ist oder sie aus einer dubiosen Quelle stammt;
- sie an Bedingungen geknüpft ist, die nicht mit den Prinzipien oder Grundwerten der gemeinnützigen Organisation vereinbar sind;
- sie Bedingungen vorsieht, die die Freiheit des Empfängers in nicht hinnehmbarer Weise einschränken würden;
- sie die Gefahr birgt, dass die begünstigte Organisation in finanzielle Schwierigkeiten gerät, z. B. weil sich andere Unterstützer abwenden könnten;
- sie mehr Kosten als Nutzen mit sich bringt;
- sie aus Geld oder Gütern besteht, die die gemeinnützige Organisation aus rechtlichen Gründen nicht für ihre Ziele verwenden kann;
- die Non-Profit-Organisation sie aus rechtlichen Gründen ausdrücklich nicht annehmen kann.

2 „Philanthrokapitalismus" und philanthropischer Paternalismus

In den vergangenen Jahren ist eine Debatte um das Konzept des sogenannten Philanthrokapitalismus[7] entstanden. Der Begriff meint das Anwenden von Geschäftsmodellen auf die Welt der Philanthropie – in der Absicht, auch im Non-Profit-Sektor einen *Return on Investment* zu erreichen. Das erklärte Ziel ist, große philanthropische Vermögen mit derselben Kompetenz und Expertise zu verwalten wie Finanzvermögen und damit einen kontinuierlichen Fluss von Mitteln zu gewährleisten, die für gesellschaftlich sinnvolle Projekte eingesetzt werden. Diese Art von Philanthropie, wie sie ein Andrew Carnegie oder ein John Rockefeller betrieben haben und wie sie heute von einigen der reichsten Männer der Welt in großem Stil wiederbelebt wurde, stößt auf großen Widerstand, insbesondere in Kreisen, die dem Wirtschaftsliberalismus feindlich gesonnen sind. So wird zum Beispiel argumentiert: Wenn der Kapitalismus die Bedingungen für einen solchen Bedarf an Philanthropie in der Welt geschaffen hat, kann nicht ausgerechnet der Philanthrokapitalismus, der ja dessen Dynamik nachbildet, die großen sozialen Probleme lösen. Wenn überhaupt, wird er dazu beitragen, den Bedarf an Philanthropie im Laufe der Zeit anzuheizen, weil – im Wettbewerb mit großen privaten Investitionen – der Staat geschwächt werden könnte.

7 Vgl. Bishop M., Green M., *Philanthrocapitalism: How the Rich Can Save the World*, Bloomsbury Press, New York 2008; Vallely P., „How Philanthropy Benefits the Super-Rich", *The Guardian*, 8. September 2020.

Diese Kreise fürchten die Ausweitung des Marktes der Philanthropie selbst sowie das, was sie als Eingriff in den Bereich des öffentlichen Dienstes sehen. Sie befürchten einen Hyper-Wettbewerb der Non-Profit-Organisationen um die verfügbaren philanthropischen Mittel. Diese Organisationen würden ihre Techniken ausfeilen, die Performance und die erwarteten Ergebnisse zu berechnen. Ist Philanthropie – so fragen die Kritiker – ein individuelles Recht, das in absoluter Handlungsfreiheit ausgeübt werden kann, oder ist sie ein Motor gesellschaftlicher Transformation, der gemeinsame Regeln erfordert und den Eingriff des Staates zugunsten eines gerechteren und solidarischeren Geldkreislaufs? Berechtigte Fragen, solange sie nicht die Bedeutung der Philanthropie selbst in Frage stellen und damit eine gelungene Partnerschaft von öffentlichem und privatem Sektor im Dienste des Gemeinwohls. Philosophen wie Slavoj Žižek sehen in der Philanthropie einen bloßen Mechanismus, der es dem kapitalistischen System erlaubt, den Status quo zu erhalten. Sie sehen Philanthropie als Schutzmantel gegenüber Forderungen nach einer gerechteren Umverteilung des Reichtums und strukturellen Veränderungen in der Wirtschaftspolitik.[8]

Das Potenzial der Philanthropie zur Verwirklichung des Gemeinwohls scheint sich jedoch zu konsolidieren. Initiativen zur Transformation der Gesellschaft, das Bedürfnis und die Fähigkeit des Menschen, Dynamiken des Austauschs aufzubauen, aus denen Modelle des allgemeinen Wohlstands erwachsen können, all das kommt eher von unten, beginnt damit, dass sich Menschen aktiv daran beteiligen, ein glücklicheres und gerechteres Gemeinschaftsleben aufzubauen.

Der Wegbegleiter dabei war und ist die Philanthropie, denn sie verfügt einerseits über die Ressourcen und Kompetenzen, Projekte umzusetzen, und andererseits über die Agilität und Unabhängigkeit, mit Innovationen zu experimentieren, ohne bürokratische Bremsen und jenseits der bloßen Marktlogik. „Was die heutigen Erfahrungen mit dem Mäzenatentum in Europa und den Vereinigten Staaten, und man könnte sagen, in allen Teilen der Welt, vereint, ist die Tatsache, dass Philanthropen und diejenigen, die im Sinne des Abkommens über Philanthropie handeln, die Idee vertreten, dass ihr Handeln autonom und unabhängig von Staat und Wirtschaft ist, von Bereichen, die dennoch von Maßnahmen profitieren, die von philanthropischen Zielen und Projekten inspiriert sind. Daher die Idee, weiterhin mit neuen Lösungen für alte Probleme zu experimentieren, um mit multidisziplinären Ansätzen adäquate Antworten auf die Komplexität der Situation zu finden.“[9]

Wenn sie sich auf ihre wahre Daseinsberechtigung besinnt und ihren Prinzipien treu bleibt, kann die Philanthropie dank ihrer originellen Projekte, aber auch dank ihrer strategischen Ausrichtung und der aus der gewinnorientierten Welt entlehnten

8 Žižek S., „La nuova beneficenza dei capitalisti“, *International* 869, 2010.

9 Vello, Reolon, *La società generosa …*, S. 195.

Prozesse des *Capacity Building* einen bedeutenden Beitrag zum Aufbau einer gerechten und solidarischen Gesellschaft leisten.

Erwähnenswert ist auch das Engagement von Mäzenen mit bedeutenden finanziellen Mitteln, die sich nach eigenen Angaben auf die Verbesserung von Prozessen der Demokratisierung, der sozialen Gerechtigkeit und der Armutsbekämpfung konzentrieren. Wenn der Reichtum eines einzigen dieser Mäzene der Finanzkraft eines ganzen Staates entspricht, schafft das allerdings die Voraussetzungen für einen philanthropischen Paternalismus. Der führt zu politischen Verzerrungen vor allem durch übermäßiges Sich-Einmischen in ein öffentliches System, das darüber entscheidet, wie Ressourcen verteilt werden.

Die indische Schriftstellerin Suzanna Arundhati Roy fragt: „Wie können Bill und Melinda [Gates] nachts mit all dem Geld in einem einzigen Schlafzimmer schlafen? Auch wenn es nur ein kleiner Prozentsatz ist, sind es Milliarden, und das reicht aus, um die Prioritäten der Welt zu bestimmen, Regierungspolitik zu kaufen, Universitätslehrpläne zu bestimmen, NGOs und Aktivisten zu finanzieren. Dieses Geld gibt ihnen die Macht, die Welt so zu gestalten, wie sie es wollen.“[10]

Auch wenn man bedenkt, dass dieses Vermögen teils aus gebundenem Kapital besteht, stellt sich die Frage, ob eine solche Konzentration von Vermögen in den Händen einiger Weniger und der absolute Ermessensspielraum akzeptabel sind, mit dem sie einen Teil davon in bestimmte Entwicklungsmaßnahmen statt in andere investieren können. Inwieweit ist es unter Wahrung der vollen Unternehmens- und Gewinnfreiheit des Einzelnen zulässig, Philanthropie für politische Zwecke einzusetzen? Ist es möglich, auch in diesem Bereich eine gelungene öffentlich-private Partnerschaft zu erreichen?

Wenn öffentliche Einrichtungen mit Philanthropen zusammenarbeiten

Der Staat kann seine Möglichkeiten verbessern, Philanthropen in die Entwicklung von gesellschaftlich nützlichen Projekten und Kooperationen einzubeziehen, z. B. durch bestimmte Instrumente:

- Verfeinern des Know-hows der öffentlichen Akteure über Philanthropie;
- Zugänglichmachen von Datenbanken der Philanthropie;
- Festlegen von kodifizierten Prozessen;
- Festlegen von Standard-Vertragsmodellen;
- Organisation von Studientagungen, Forschung und Austausch von Erfahrungen.

10 Arundhati R. S., „Capitalism: A Ghost Story“, *Outlook India Magazine*, 26. März 2012.

Eine Bewegung, die vor kurzem gegründet wurde, um Philanthropie politisch zu beeinflussen, ist *Effective Altruism,* „effektiver Altruismus“.[11] Diese Bewegung will philanthropische Aktionen identifizieren und unterstützen, die im weltweiten Maßstab am wirksamsten wären für soziale und wirtschaftliche Entwicklung sowie für ökologische Nachhaltigkeit. Und das geht über den Zugewinn an Image und Zufriedenheit für den Philanthropen hinaus.

Der effektive Altruismus fordert dazu auf, alle möglichen Szenarien in Betracht zu ziehen, bevor man eine Entscheidung für eine philanthropische Investition trifft, und zeigt dann die Lösung auf, die im Anschluss an eine Kosten-Nutzen-Analyse den größten positiven Effekt erzeugt. Dazu gehört auch zu bewerten, inwiefern die geförderte Non-Profit-Organisation in der Lage sein wird, die erhaltene Finanzierung zu verwalten, auch unter Berücksichtigung der Möglichkeit, dass die Organisation auf lange Sicht weitere Fördermittel erhält. Die Vertreter dieses Ansatzes haben eine Reihe von globalen Handlungsschwerpunkten identifiziert, insbesondere die Armut in Entwicklungsländern, das Leiden der Tiere bei intensiver Haltung und die Risiken im Zusammenhang mit globalen Umweltkatastrophen.[12]

Für diejenigen, die auf der Suche nach einer philanthropischen Spende sind, stellen sowohl die von Großmagnaten initiierten Stiftungen als auch der effektive Altruismus (der weniger personalisiert, aber ebenso wirksam ist) eine Chance dar. Bei der Planung seines Projekts kann man sich an den Indikatoren orientieren, die für Mäzene wichtig sind. Wenn man weiß, wie man z. B. den Impact messen kann, die Wirkung des Projekts in Bezug auf die Stakeholder in dem betreffenden Gebiet, erhöht man auch auf Dauer seine Chancen auf Erfolg und Nachhaltigkeit. Man sollte sich jedoch bewusst machen, dass man es mit Initiativen zu tun hat, die Politik nicht nur national, sondern auch global stark beeinflussen können, und dass sie daher Teil einer Machtdynamik sind, die nicht leicht zu kontrollieren ist.

3 Ein neuer ethischer Horizont

Die oben genannten Fälle weisen darauf hin, dass es moralische Maßgaben braucht, beispielsweise einen Ethikkodex für Philanthropie. Damit meint man ein Regelwerk, dem jeder unmittelbar zustimmen würde. Es wäre ein Beitrag dazu, positive Verhaltensweisen zu fördern und negative Auswirkungen von Spenden fragwürdiger

11 www.effectivealtruism.org.

12 Vgl. Singer P., *The Most Good You Can Do: How Effective Altruism is Changing Ideas About Living Ethically,* Yale University Press, New Haven 2015. Es handelt sich um eine Form der Philanthropie, die sich streng auf wissenschaftliche Erkenntnisse stützt, um die besten Möglichkeiten zur Erzielung sozialen Impacts zu ermitteln.

Herkunft ebenso zu vermeiden wie die Beeinflussung nationaler und internationaler demokratischer Verfahren.

Diese Systeme der Selbstregulierung hätten auch den indirekten Effekt, den Beitrag der Zivilgesellschaft zur Lösung der gemeinsamen Probleme im neuen Jahrtausend zu verstärken. Der „Kodex der Selbstregulierung für Stiftungen" zum Beispiel hat in Ländern, in denen er bereits weit verbreitet ist, positive Resultate gebracht, indem er diejenigen faktisch sanktioniert, die ihm nicht zustimmen

Die Debatte ist ernst und komplex und sollte mit dem Anspruch einer gelungenen und konstruktiven Partnerschaft zwischen dem öffentlichen und privaten Sektor für das Gemeinwohl angegangen werden. Einerseits wollen Philanthropen ihren Freiraum und ihre Initiative schützen und bewahren. Andererseits gibt es ein System öffentlicher Einrichtungen, das nicht nur den Reichtum der Philanthropen benötigt, sondern auch ihre planerischen und strategischen Fähigkeiten, um die dringenden Probleme der Zivilgesellschaft zu bewältigen. Ein Aktionsplan, der auf einem gemeinsamen Ethikkodex basiert, würde dazu beitragen, viele Zweifel oder gegenseitige Widerstände zu beseitigen. Der Aktionsplan wäre ein erster Schritt, eine positive Art des philanthropischen Engagements zu festigen. Ein solcher Plan böte nämlich auch eine Reihe von bewährten Praktiken, auf die man sich beziehen, und Verhaltensmodelle, die man übernehmen könnte.

Ethik ist ein bewegliches Konzept, das von den jeweiligen Gemeinschaften und historischen Epochen ausgeformt wird. In diesem Sinne erscheint es nützlich und notwendig, gründlich darüber nachzudenken, was es bedeutet, in die Menschheit und für die Menschheit zu investieren, und wie man den Motor am Laufen hält, der die Großzügigkeit dort antreibt, wo Altruismus nicht eine Art von Statussymbol darstellt.

Es gibt Länder, in denen die Tradition der Philanthropie und des Mäzenatentums ein ökonomisches Erbe an wirtschaftlichen Praktiken, Know-how und Netzwerken darstellt, das hochgeschätzt und respektiert wird; in anderen hingegen fehlt jegliche Infrastruktur, die Mäzene und Philanthropen durch die Systematisierung ihrer Projekte, Bedürfnisse und Interventionsmodelle miteinander verbinden würde.

Wie wir gesehen haben, kann die Beziehung zu Mäzenen und Philanthropen auch problematisch sein. Und das Prinzip der Diskretion, das traditionell die Philanthropie regiert, kann in manchen Fällen bedauerliche Verzerrungen hervorrufen. Aber genau an diesem Punkt kann man eingreifen, indem man wertvolle Synergien schafft. Das ist im positiven Sinne der Fall bei jenen Mäzenen, die detailliert über alle von ihnen geleisteten Aktivitäten berichten, und zwar auch über die angefallenen Kosten; die künftige Handlungslinien skizzieren, so dass andere sich anschließen können. Es ergibt sich die Notwendigkeit, das Augenmerk auf wiederholbare und skalierbare Instrumente dieser Art zu richten, insbesondere auf drei Ebenen:

- *Medien:* Berichterstattung über diese Themen in der Fach- und Publikumspresse.
- *Markt:* Der Philanthrop perfektioniert seine Fähigkeit, Absichten, Ziele und Betriebsmodelle rechtzeitig zu kommunizieren.
- *Institutionell*: Schaffung von Rahmenbedingungen, um die Begegnungen und eine gelungene Zusammenarbeit mit Philanthropen zu erleichtern

Dies veranlasst uns, zum Abschluss dieses Kapitels vier operative Punkte für diejenigen vorzuschlagen, die eine philanthropische Spende anstreben:

- Sich *Informationen* zu beschaffen, ist eine gute Möglichkeit, einen Orientierungsrahmen zu erhalten und sich zu schützen.
- Wenn man eine *Strategie* und einen *Ethikkodex* aufgestellt hat, kann man problemlos die Qualität einer Beziehung zu einem Mäzen überprüfen.
- Man sollte die *Wichtigkeit der Due Diligence* nicht unterschätzen und bei der Akquisition einer Spende mit seinen Beratern die Einhaltung der Vorschriften überprüfen.
- Man muss mögliche *Steuerfragen* berücksichtigen.[13]

Es wäre ein Fehlschluss zu denken, dass diese Verhaltensregeln – insbesondere ein Ethikkodex – die *Beziehung der Großzügigkeit* schwächen. Im Gegenteil: Sie schaffen die Voraussetzungen für Transparenz, die es wiederum ermöglicht, mit der Zeit solide und nachhaltig zu wachsen. Die kritische Analyse der Philanthropie steht im Zentrum einer breit angelegten Debatte, die unter anderem von Philanthropen selbst, von Stiftungen sowie von Denkern, Philosophen, Ökonomen und Begünstigten angeregt wird. Es ist eine Debatte, die – wenn sie konstruktiv und nicht ideologisch geführt wird – der Philanthropie selbst guttut und sie zu einem neuen Selbstbewusstsein für ihre Grenzen und Möglichkeiten anregt. Das ist notwendig, um die großen und rasanten gesellschaftlichen Transformationen, die im Gange sind, zu

13 In den letzten Monaten haben 83 Millionäre ihre Regierungen aufgefordert, stärker besteuert zu werden, um dem Staat mehr Ressourcen für die Reaktion auf den Covid-19-Notstand zu verschaffen. Auf europäischer Ebene wird darüber diskutiert, wie legitim Strategien der digitalen Technologieriesen (GAFA) sind, ihre Steuerlast zu verringern. All das weist darauf hin, wie wichtig ein korrektes Verhalten in Bezug auf die Besteuerung ist. Wenn Philanthropie als das anerkannt werden soll, was sie ist, nämlich ein grundlegender Beitrag zum Gemeinwesen, liegt es in ihrem ureigenen Interesse, den Vorwurf loszuwerden, sie spende dem Gemeinwesen Ressourcen, die diesem vorher durch Steueroptimierung entzogen worden sind. Vgl. Togoh I., „‚Please Tax Us': Dozens of Millionaires Urge Governments to Tax the Rich to Pay for Coronavirus Impact", *Forbes*, 13. Juli 2020. Für weitere Informationen vgl. https://z2x.zeit.de/events/z2x21/.
Ein weiterer Punkt, der immer wieder angemahnt wird, ist, dass jede Art von Unterstützung, auch die philanthropische, etwas „Gönnerhaftes" haben könnte; sie könnte eben auch Druck auf die vermittelten Inhalte ausüben, und sei es durch „vorauseilende Selbstzensur". Die Autorinnen gehen davon aus, dass auch dieser Punkt in nächster Zeit immer wieder diskutiert werden könnte.

begleiten und positiv zu beeinflussen. Mäzene und Antragsteller müssen sich der gemeinsamen Verantwortung bewusst sein, die sie tragen – gemeinsame Verantwortung nicht nur, um Gutes zu tun, sondern „um das Gute gut zu tun“.

Ein Blick in die Zukunft

9

Neue Strategien, Visionen und Aussichten für die Philanthropie und das Mäzenatentum

An diesem Punkt wollen wir unseren Blick erweitern und uns fragen, was die Philanthropie und das Mäzenatentum[1] für die moderne Gesellschaft bedeuten und welchen Entwicklungslinien sie folgen. In den vorhergehenden Kapiteln haben wir erfahren, dass das System der unentgeltlichen Unterstützung sozialer und kultureller Projekte heutzutage vielgestaltig und mannigfaltig ist und die Sphären des individuellen und des kollektiven Wohlergehens überlagert. Es bewegt sich in eine Richtung, welche die Entwicklung der gesamten Gesellschaft betrifft.

Gerade in Bezug auf die vom Mäzenatentum entwickelte Fähigkeit, die Bedürfnisse eines Gemeinwesens zu erfassen und sich an Wirkungskraft und Effizienz zu orientieren, wollen wir auf diesen Seiten die beiden wichtigsten Ansätze, die sich herausgebildet haben, eingehend betrachten: die *strategische Philanthropie* und die *systemische Philanthropie*. Dabei sollte man nie vergessen, dass die Philanthropie so vielfältig ist, wie es die Persönlichkeiten der Mäzene sind, und dass sie beeinflusst wird vom soziokulturellen Kontext der Ursprungsländer, den verschiedenen Gesetzen und den Beziehungen zwischen Staat, Markt und Zivilgesellschaft.

Innerhalb dieser unendlichen Vielfalt sind auch die neuen Formen der Philanthropie zu betrachten, die wir Ihnen auf den folgenden Seiten vorstellen wollen. Denn nicht immer sind die *strategische* oder die *systemische Philanthropie* die rich-

1 Wir möchten die Leser daran erinnern, dass die Autorinnen in diesem Buch die Begriffe Philanthropie und Mäzenatentum als Synonyme verwenden. In der komplexen Welt von heute sind viele Mäzene auch Philanthropen und unterstützen nicht nur kulturelle, sondern auch soziale Projekte. Die großen Veränderungen, die in den sozial relevanten Bereichen angestrebt werden, betreffen auch Kunst und Kultur. Für die Autorinnen ist ein anderer Punkt von Interesse: wie private Förderung Innovation unterstützt, weil sie ohne besondere Beschränkungen nicht nur Risikokapital, sondern auch Kompetenz und Infrastruktur zur Verfügung stellen kann.

tige Antwort. Es hängt ab vom Umfang der Investitionen, von der allgemeinen Situation der Mäzene, von denjenigen, die sich um Förderung bemühen, sowie von den beteiligten Organisationen. Jeder Fall ist einzigartig und einmalig und verlangt zudem eine Förderung, die *ad hoc* erwogen werden muss und nicht nur die Dynamik des Kontextes berücksichtigen sollte, sondern auch ein fundamentales menschliches Bedürfnis: Freiheit. Die Freiheit des Mäzens zu geben, aber auch seine Spontaneität, die Lust und das Bedürfnis, eine hilfreiche Tat zu vollbringen, zum Beispiel in einer Notsituation.

In jedem philanthropischen System, auch im vollkommensten – das heißt in einem gut strukturierten, bewussten und gemeinschaftlichen System –, muss Raum für unbeschränkte, spontane und kreative Großzügigkeit sein, die motiviert ist vom reinen Wunsch zu geben und vom Sinn für Solidarität. Dieser ist eine der stärksten Antriebskräfte für wirtschaftliche und gesellschaftliche Entwicklung, gemeinsam mit einem harmonischeren menschlichen Umfeld.

1 Neue Arbeitsperspektiven

Dank der Globalisierung kann eine künstlerische, kulturelle oder sozial bedeutsame Idee heutzutage mehr denn je aufrichtige Bewunderer und großzügige Geldgeber überall auf der Welt finden. Der bevorzugte Wirkungsbereich des Mäzens bleibt dennoch weiterhin sein eigener Standort. Und wenn die einzelnen Territorien in jedem Bereich komplexer werden, ist die Optimierung der Ressourcen nicht mehr nur eine bewährte Praxis, sondern eine Notwendigkeit. Das bedeutet, dass der Mäzen die Performance der Empfänger seiner philanthropischen Investitionen[2] sehr genau bewertet und sie anhält, Kompetenzen für die Selbstbewertung und Einschätzung der sozialen Auswirkungen ihrer Projekte zu entwickeln. Die bemerkenswerte technologische Entwicklung, die laufenden soziokulturellen Veränderungen und die wiederholten Wirtschaftskrisen haben in diesem Sinne die Entstehung einer neuen Art von Beziehung zwischen Mäzen und Empfänger begünstigt. Nachhaltigkeit zum Beispiel, die lange Zeit beinahe wie eine Chimäre behandelt wurde, hat heute für die Mäzene Priorität und ist in vielerlei Hinsicht ein unverzichtbarer Wert: *finanziell* (es entstehen neue Anlagemöglichkeiten wie *Mission Related Investments* und *Impact Investing*), **ökologisch** (endlich ist der Schutz des Ökosystems der Erde an die erste Stelle gerückt), *kulturell* (der Erfolg der kulturellen Gestaltung ist zum großen Teil abhängig von Bildung, ständiger Weiterbildung und der Fähigkeit, menschliche Ressourcen zu integrieren) und *sozial* (für den Schutz von Minderheiten und

2 Vgl. Zamagni S. (Hg.), *Dalla quantità al merito. Una proposta per valutare gli istituti culturali* (Paradoxa VIII, 4), Fondazione Internazionale Nuova Spes, Rom 2014.

die Umverteilung von Reichtum engagieren sich sowohl das Finanz- wie das Wirtschaftsuniversum, sowohl die lokale wie die globale Politik).[3] Auf Basis dieser Vorannahmen nennen wir drei wesentliche Elemente für eine Perspektive des Mäzenatentums:

- *Die zukünftige Nachhaltigkeit des Projekts*: intrinsisch – das Projekt muss auch nach der Aktivität des Mäzens wachsen und überleben; extrinsisch – das Projekt muss reale Bedürfnisse erfassen und auf sie wirken, und zwar spürbar und fruchtbar.
- Die Fähigkeit, *Netzwerke zu bilden*: konsolidierte, gut strukturierte Beziehungen, die dauerhaft wirksam sind und Visionen im großen Maßstab integrieren, Projekte vereinen und Investitionen optimieren. Heute sind es die Standorte, die verlangen, das Prinzip der „kooperativen Partnerschaft" anzuwenden, ein operatives Paradigma, das neben dem Mäzen und dem Antragsteller auch die anderen Stakeholder einschließt und Skalierbarkeit, effizienten gegenseitigen Informationsaustausch und langfristige Kontinuität fördert.
- Die Herbeiführung und Messung der sogenannten *sozialen Auswirkungen*, das heißt der langfristigen, nachhaltigen (positiven oder negativen, primären oder sekundären) Veränderung der Lebensbedingungen der Menschen oder der Umweltbedingungen, zu der die Aktivität des Mäzens ihren Beitrag geleistet hat.[4] Die gewünschten sozialen Auswirkungen müssen zwecks der vollkommenen Transparenz der Förderaktivität im Voraus definiert werden.

Insbesondere letztgenannter Aspekt ist zu einem essenziellen Element für die Entscheidungen der großen Mäzene geworden und hat diejenigen, die nach einer philanthropischen Spende Ausschau halten, dazu gebracht, ihre Kompetenzen bei der Bewertung von Projekten zu erweitern. Sie erkennen und präsentieren nicht nur den soziokulturellen Charakter des Projekts, sondern treffen auch eine klare Voraussage für die erwarteten Ergebnisse zugunsten der betroffenen Gemeinschaft.

3 In Bezug auf den Umgang mit ökologischen und sozialen Risiken von Anlageprojekten folgt eine wachsende Zahl von Finanzinstituten zum Beispiel den Äquator-Prinzipien, einem Modell für das Risikomanagement, das Standards von *Due Diligence* und Kontrolle zugunsten nachhaltiger Entscheidungsprozesse vorsieht, vgl. www.equator-principles.com.

4 Zamagni S., Venturi P., Rago S., „Valutare l'impatto sociale. La questione della misurazione nelle imprese sociali", *Impresa sociale* 6, 2015, S. 77-97.

Die wesentlichen Elemente des veränderten philanthropischen Kontextes

Ein Antragsteller, der sich an einen Mäzen wendet, muss bedenken, dass:

- die philanthropischen Ressourcen unter verstärkter Berücksichtigung der mittel- und langfristigen Ergebnisse und Verbesserungen vergeben werden;
- die korrekte Vorausplanung der gewünschten soziokulturellen Auswirkungen des Projekts eine wesentliche Voraussetzung für eine aussichtsreiche Zusammenarbeit mit Mäzenen und Philanthropen ist;
- interne Kompetenzen für die Messung und Bewertung der Projekte entwickelt werden müssen;
- eine kooperative Ausrichtung und die Konzentration auf eine optimierte Verwendung der Geldmittel ein entscheidender Faktor für Erfolg sein kann.

1.1 Die sozialen Auswirkungen im Mäzenatentum

Projekte von Organisationen, aber auch die Handlungen einzelner Individuen wirken immer auf die Gemeinschaft, die sie umgibt. Bei der Bewertung der *sozialen Auswirkungen* handelt es sich um das Instrument, das die gesellschaftliche Tragweite zu erfassen sucht.[5] Wenn wir allein den Non-Profit-Sektor betrachten, deuten eine ungeheure Vielfalt der Akteure, die sich für positive soziale und kulturelle Veränderungen einsetzen, und die Mannigfaltigkeit der sozialen Milieus darauf hin, dass es keine gemeinsame Richtschnur zur Messung der sozialen Auswirkungen geben kann. Jede Non-Profit-Organisation muss die von ihren Projekten erwarteten Ergebnisse in Bezug auf den Umfang der Förderung voraussehen und einschätzen.[6] Die sozialen Auswirkungen – und ihre Messung – hängen allerdings von vier wesentlichen Faktoren ab:

- der Art des Projekts;
- den angestrebten Zielen;
- den verwendeten Ressourcen;
- der Zeit für die Verwirklichung des Projekts (Wirksamkeit auf der Zeitachse).

Das bedeutet, dass einige Organisationen darauf zielen werden, langfristige Auswirkungen hervorzubringen, während andere sich darauf beschränken dürften, ihre Resultate eher kurzfristig anzulegen.

---

5 Der Vorsatz, mit einem Projekt soziale Auswirkungen hervorzubringen, ist ein entscheidender Faktor für seine Bewertung, denn sonst besteht die Gefahr, als soziale Wirkung das zu betrachten, was nichts anderes als eine Auslagerung ist, das heißt der Effekt einer Aktivität, der auf Personen zurückfällt, die keine entscheidende Rolle in der Aktivität gespielt haben.

6 Unter den zahlreichen methodologischen Ansätzen, die für die Messung der sozialen Auswirkungen nützlich sein können, sei auf folgende Quellen verwiesen: www.theoryofchange.org; www.betterevaluation.org; www.researchgate.net; www.outcomemapping.org; www.aspeninstitute.org; www.socialvalue.org. Unter den Autoren seien genannt: Mario Calderini, Sue C. Funnel & Patricia J. Rogers, Michael Q. Patton, Marco Segone, Nicoletta Stame, Carol H. Weiss.

Ausgehend von ihren Zielen und ihrem Arbeitsmodell kann jede Non-Profit-Organisation:[7]

- klären, welche Art von Ergebnissen sie erreichen möchte, und eine kausale Logik oder *Theory of Change* formulieren;
- die Kontrolle über die langfristigen gesellschaftlichen Auswirkungen verbessern und ihre Aktionen ausweiten, bis eine kritische Masse erreicht ist (Skalierbarkeit), oder umfassendere Leistungen anbieten oder mit anderen Organisationen zusammenarbeiten, um dasselbe Problem in Angriff zu nehmen (Ziel).

Die sozialen Auswirkungen vom Blickwinkel des Mäzens aus betrachtet

Der Mäzen kann durch vielfältige Aspekte seiner philanthropischen Aktivität positive soziale Auswirkungen hervorbringen: die Wahl der zu unterstützenden Bereiche, das Förderungsmodell, das seiner Zusammenarbeit mit dem Antragsteller zugrunde liegt, die Investitionsstrategien in Bezug auf sein Vermögen. So kann der Mäzen einige grundlegende Entscheidungen treffen und vermeidet, in Unternehmen oder Projekte zu investieren, die negative gesellschaftliche Auswirkungen haben, und diese Informationen mit den Angehörigen seines Family Office, Freunden und Familienmitgliedern teilen. Er kann auch den Erfahrungsaustausch zwischen Philanthropen fördern und Kenntnisse und Techniken weitergeben, die dazu befähigen zu verstehen, welche Vorgehensweisen am besten geeignet sind, positive soziale Auswirkungen an den Standorten zu erreichen.

Die sozialen Auswirkungen vom Blickwinkel des Empfängers aus betrachtet

Das Gleiche gilt für die Non-Profit-Organisationen und Einzelpersonen, die sich um eine philanthropische Spende für künstlerische, kulturelle oder soziale Projekte bemühen. Ihr Blickwinkel auf das Projekt und ihre Analyse- und Bewertungskompetenzen müssen erweitert werden und sämtliche ökonomischen und nicht ökonomischen Aspekte umfassen, die den Gesamtwert ihrer Aktivität definieren – einen Wert, der in vielen Fällen eine langfristige Veränderung der Lebensqualität der Gemeinschaft hervorbringt, denen diese Organisationen und Einzelpersonen angehören.

Die Messung der sozialen Auswirkungen

Die sozialen Auswirkungen der philanthropischen Aktivitäten eines Mäzens und der Projekte einer Non-Profit-Organisation oder eines Künstlers zu messen, heißt,

7 Ebrahim A., Kasturi Rangan V., „The Limits of Nonprofit Impact: A Contingency Framework For Measuring Social Performance", *Harvard Business School Working Papers* 2010, S. 10-99.

die Gesamtheit der Veränderungen zu analysieren, die diese unter wirtschaftlichen, sozialen und kulturellen Gesichtspunkten bewirken können. Insbesondere geht es darum, die Effekte ihrer Aktivitäten[8] auf die Gemeinschaft zu ermitteln, in der sie tätig sind, in Bezug auf die Ziele, die sie sich gesetzt haben, und sie sowohl unter qualitativen wie quantitativen Gesichtspunkten kurz-, mittel- und langfristig zu bewerten.[9]

Das Erste, was geklärt werden muss, wenn diese Art von Bewertung vorgenommen werden soll, ist der Gegenstand der Bewertung: Was will man bewerten?

Die Messung der sozialen Auswirkungen eines Projekts sollte die Bewertung der folgenden Aspekte einschließen:

- der soziale und kulturelle Mehrwert, der geschaffen wird;
- die dank der Aktivitäten geschaffenen sozialen Veränderungen;
- die Nachhaltigkeit der sozialen Aktion.

Die Messung gliedert sich in fünf Schritte:

1. Definition der Ziele der Bewertung;
2. Ermittlung der Stakeholder;
3. Definition der Messkriterien;
4. Bewertung des Impacts;
5. Evaluierung und Lerneffekt.

Am Prozess der Bewertung der sozialen Auswirkungen sind folgende Akteure beteiligt:

- gegenwärtige oder zukünftige Geldgeber und Philanthropen;
- die primären und sekundären Empfänger einer Förderung;
- weitere Kategorien von Stakeholdern der Aktivität (zum Beispiel die lokale Gemeinschaft);
- die Beschäftigten, Mitarbeitenden, Mitglieder und Freiwilligen der Organisation;
- die Bürger und Bürgerinnen;
- öffentliche Einrichtungen.

8 Laut der Definition der OECD betreffen die sozialen Auswirkungen „die positiven und negativen, beabsichtigten und unbeabsichtigten, direkten und indirekten, primären und sekundären Auswirkungen, die eine Förderaktivität hervorbringt". Um die Benutzung einer gemeinsamen Terminologie bei der Bewertung der Auswirkungen zu begünstigen, hat die OECD ein Glossar mit Schlüsselwörtern erstellt: *Glossary of Key Terms in Evaluation and Results Based Management*. Vgl. www.oecd.org/dac.

9 Vgl. https://www.cantiereterzosettore.it/riforma/trasparenza/impatto-sociale#.

Tab. 1: Beispiel für die Gliederung einer Maßnahme zum „Bau einer Schule in einer ländlichen Gemeinschaft im südlichen Afrika", aus der hervorgeht, welche Indikatoren zur Messung der erreichten Ergebnisse zu entwickeln sind.

Indikatoren	Generelle Beschreibung	Beispiel der Schule
Input	Geldmittel Personal Material	eine Million Euro Schuldirektor und Lehrer Lehrmaterial, Ausstattung
Aktivität	Verwirklichte Aktionen	Baumaßnahmen Kommunikation mit den Institutionen Beschäftigung
Output (Leistungen)	Ergebnisse der durchgeführten Maßnahmen	Bau der Schule Einstellung von 20 Lehrern Einschreibung von 300 Kindern
Outcome (Auswirkungen)	Auswirkungen des Outputs auf die Empfänger	Verbesserung der Schulbildung, der Gesundheit und der Zukunftsaussichten
Impact	Langfristige Auswirkungen Indirekte Auswirkungen	Verbesserung der Lebensbedingungen der Familien Vorteile für die Gemeinschaft

Quelle: François Geinoz, Limmat Stiftung, SUPSI Lugano, 2015

Selbstverständlich kann die Bewertung der sozialen Auswirkungen nicht absehen von der Beteiligung von Mäzenen und Antragstellern sowie bedeutenden Stakeholdern innerhalb der jeweiligen Organisationen und der territorialen Einrichtungen. Es ist ein Prozess, der die gemeinsamen Werte, die Ziele und spezifischen Bewertungskriterien beleuchtet. Der letztgenannte Aspekt ist besonders von Bedeutung für Kunst- und Kulturprojekte, solche Projekte also, die sich mit einem Gut von hohem Symbolwert befassen, das sich jedoch nur schwer mit Interpretationsschemata messen und erfassen lässt.[10] Ein bedeutender Teil der Kulturarbeit besteht nämlich in seiner Wirkung auf den Menschen. Die Veränderungen auf menschlicher Ebene sind aber nur schwer quantitativ zu messen. Daher kann man sich daranmachen, subjektive und objektive Daten zu sammeln und zu klassifizieren und über ein Bewertungsschema messbare Fakten beider Kategorien zu bieten, um so die Veränderung zu erkennen, die zwischen der Situation vor dem Eingriff und der Nachher-Situation entstanden ist.

10 Das Kulturgut ist ein komplexes Gut; es ist Ware und Bedeutung, Zeichen und Objekt. Die Kultur ist eine Ressource, um Identitäts- und Beziehungsmodelle zu schaffen, und die Kulturgüter haben eine starke Beziehung zum Sozialkapital, das nötig ist, um die Partizipation auf der Grundlage der Transformations- und Entwicklungsprozesse der Gesellschaft zu gewährleisten. Vgl. Santagata W., *Simbolo e merce. I mercati dei giovani artisti e le istituzioni dell'arte contemporanea*, Il Mulino, Bologna 1998.

1.2 Die sozialen Auswirkungen im nachhaltigen Finanzwesen

Wie im vorhergehenden Kapitel angedeutet wurde, haben sich auch die Finanzinvestitionen weiterentwickelt: Heute kann nach ethischen Standards investiert werden, wobei die Rentabilität nur eines unter verschiedenen Zielen darstellt. Auch die Anleger interessieren sich dafür, welche sozialen und wirtschaftlichen Auswirkungen die Entscheidungen über die Verwendung ihres Reichtums haben.

Zu den wichtigsten Instrumenten gehören:

Impact Investing

Mit dem Begriff *Impact Investing* bezeichnet man Investitionen in Unternehmen, Organisationen und Fonds, die getätigt werden, um messbare soziale und ökologische Auswirkungen sowie einen finanziellem Ertrag für die Anleger zu erzielen. Das *Impact Investing* bietet finanzielle Lösungen (mit marktüblichen oder geringeren Renditen) für soziale und ökologische Probleme und Bedürfnisse. Laut der Definition[11] des Forums für Nachhaltiges Finanzwesen aus dem Jahr 2013 zielt die nachhaltige und verantwortliche Investition auf Wertschöpfung für den Investor und die Gesamtgesellschaft und verfolgt eine mittel- und langfristig angelegte Investitionsstrategie. In der Bewertung von Unternehmen und Institutionen werden die finanzielle mit der ökologischen und sozialen Analyse verbunden. Ein Bewertungskriterium ist auch verantwortungsvolle Führung.

Die Investitionen werden unter Berücksichtigung von internationalen Normen und Standards ausgewählt, die von Organisationen wie UNO und OECD definiert werden. Umstrittene Investitionen, zum Beispiel in Waffenproduktion, Pornografie, Tabakproduktion oder Projekte, die Tierversuche vorsehen, sind ausdrücklich ausgeschlossen.[12]

Mission Related Investments

Investitionen, die an den Stiftungszweck gebunden sind, werden von den Stiftungen getätigt, um ihre philanthropischen Ziele zu verfolgen und gleichzeitig finanzielle wie soziale Ergebnisse zu erzielen. Auf diese Weise erfüllt die Stiftung den Stiftungszweck nicht mittels der Erträge aus dem Stiftungsvermögen, wie es im Allgemeinen der Fall ist, sondern auch durch das Vermögen selbst.

---

11 Vgl. www.finanzasostenibile.it.

12 „Man muss auf das Risiko des ‚Impact Washing' achten, das heißt auf das Risiko, alles als Auswirkung zu betrachten und so die Auswirkung selbst ihres Sinns zu berauben. Ein Investment, das positive soziale Auswirkungen hervorbringen soll, muss die Kriterien Intentionalität, Messbarkeit und Additionalität erfüllen, also konkret auf eine messbare positive Auswirkung und somit einen zusätzlichen Mehrwert für die Gesellschaft getätigt worden sein." Calderini M., „Come evitare l'impact washing? Ecco i tre criteri", *Vita*, 14. September 2018.

Es handelt sich um Investitionen zum Marktzinssatz. Sie sind dazu bestimmt, dem Stiftungszweck zu dienen, der auf unterschiedliche Arten verwirklicht wird. Die Ergebnisse dieser Art von Investition erlauben es, die lokale Entwicklung und Beschäftigung zu fördern, positive soziale oder ökologische Auswirkungen zu erzielen und einen Vervielfältigungseffekt in den von den Maßnahmen betroffenen Gebieten zu aktivieren. Gleichzeitig werden einigermaßen wettbewerbsfähige Zinssätze realisiert. Das *Mission Investing* wird mit einem beachtlichen Zinssatz bedacht. Folglich können die erzielten Gewinne für weitere gemeinnützige Werke investiert werden, was wiederum Wert und Wirkung der philanthropischen Ressourcen in jeder Hinsicht vervielfältigt.[13]

Program Related Investments (PRI)
PRIs sind Anlagen, die verwendet werden, um ein bestimmtes Ziel zu erreichen, statt eine finanzielle Rendite zu erzielen. PRIs können Kredite sein, Bürgschaften für Kredite oder die Hinterlegung von Bargeld und *Equity Investment*. Der Zweck der PRIs ist vielfältig; sie können zum Beispiel anstreben, günstigen Wohnraum zu schaffen, ein Gemeinwesen wiederzubeleben und aufzuwerten oder neue Arbeitsplätze und gemeinschaftliche Einrichtungen zu schaffen.

Venture Philanthropy
Die *Venture Philanthropy* ist eine Form des *Venture Capitals* (die auch als *Social Venture Capital* bezeichnet wird), die Investitionen von Risikokapital und die Bereitstellung von Managerkompetenzen in Unternehmen vorsieht, die innovative Lösungen für soziale und ökologische Probleme bieten. Diese Investitionen sollen im Idealfall attraktive Ergebnisse für die Anleger und auf marktwirtschaftlichen Modellen basierende Lösungen für soziale und ökologische Fragen hervorbringen.[14]

Die Chancen des nachhaltigen Finanzwesens

Das nachhaltige Finanzwesen

- bietet einzelnen Anlegern, die nicht zwangsläufig Philanthropen sind, die Möglichkeit, zum Erfolg von gemeinnützigen Projekten beizutragen;
- verbessert für die Empfänger die potenzielle Skalierbarkeit der Projekte;
- führt zu einer Verbesserung der Kompetenzen in der Messung und Bewertung der Auswirkungen im Non-Profit-Sektor;
- verbreitet die Philanthropie-typischen ethischen Werte auf dem Finanzmarkt.

13 www.missioninvestors.org.

14 Vgl. [Redaktion], „La Venture Philanthropy. Il modello di venture capital applicato all'economia delle organizzazioni non profit“, *Vita*, 16. Februar 2008.

2 Strategische Philanthropie

Wie andere Bereiche auch entwickelt sich das Mäzenatentum ständig weiter und entfaltet sich heute besonders in Situationen von „Hilfe zur Selbsthilfe", technischer Zusammenarbeit und der aktiven Beteiligung der Empfänger an ihren Projekten. Der Mäzen trifft immer häufiger strategische Entscheidungen und agiert in einem bis ins kleinste Detail durchdachten und analysierten Rahmen, den er gleichzeitig bezüglich seiner ganzen Komplexität und seines Potenzials bewertet: mit *gezielten Investitionen*, die langfristig der Selbstfinanzierung und Autonomie der Empfänger zugutekommen, der *Anwendung von Modellen*, die alle „interessierten Akteure" berücksichtigen und sie, wenn möglich, beteiligen und mit der *Definition von Indikatoren*, um das hervorgebrachte Outcome zu bewerten und die verbesserten Lebensbedingungen der Empfänger der Förderung konkret zu dokumentieren. In diesem veränderten Kontext spricht man von strategischer Philanthropie.[15] Worum handelt es sich?

Unter strategischer Philanthropie *verstehen wir Beiträge, die sich an Non-Profit-Organisationen wenden, von einem Mäzen zur Verfügung gestellt werden und auf einer gezielten Suche, klaren Zielen, einer kreativen Planung, bewährten Strategien, einer sorgfältigen Ausführung und einem akkuraten Follow-up beruhen, um die gewünschten Ergebnisse zu erreichen.* Das Adjektiv „strategisch" steht für den wesentlichen Unterschied zur reinen Philanthropie im allgemeinen Sinne. „Strategisch" bezeichnet die Absicht, verantwortlich und proaktiv zu handeln, mit dem Ziel, einen Mehrwert für die Gesellschaft hervorzubringen, das heißt, über die Beziehung Mäzen-Empfänger hinauszugehen. Diesem Ansatz liegt die Idee zugrunde, dass philanthropische Investitionen sowohl ein ökonomisches wie ein soziales Ergebnis erzielen sollen, was einen großen Unterschied zur üblichen Dynamik zwischen Mäzen und Antragsteller ausmacht.[16]

Mit seinem großzügigen Engagement zielt der Mäzen nicht nur darauf, ein bestimmtes Problem zu lösen, sondern auch eine Unterstützung zu bieten, welche die strukturellen Probleme langfristig löst, denen der Antragsteller gegenübersteht. Er begleitet folglich die finanzielle Unterstützung mit anderen Formen materieller, relationaler und intellektueller Hilfe, wie zum Beispiel Beratung zu Organisation und Management.

15 Wenn man die Bedeutung des Wortes vertieft, „begreift man [...], dass dem Begriff Philanthropie die Bemühungen des Philanthropen, selbst und mit starkem persönlichen Engagement zugunsten des sozialen Anliegens und der Empfänger zu agieren, innewohnen". Martina L., „L'ecosistema della Filantropia Strategica", in *Philanthropy Insight* 3, 2015, S. 5-7.

16 Vgl. Pantrini P., *Sviluppo e diffusione della filantropia strategica: il ruolo di Fondazione Lang Italia*, Percorsi di Secondo Welfare, Turin 2016.

Im Bereich der strategischen Philanthropie können Mäzene insbesondere durch die Qualität und nicht nur die Quantität der Mittel, die es ihnen zu mobilisieren und dem Empfänger zur Verfügung zu stellen gelingt, etwas für das Gemeinwohl bewirken. Die Unterstützung von Missionen und Organisationen und nicht nur einzelner Projekte ist wesentlich, um es den Empfängern zu ermöglichen zu wachsen, sich zu konsolidieren, ihre Ziele bestmöglich zu erreichen und eine positive Wirkung für die zugehörige Gemeinschaft zu erzeugen.[17]

Darüber hinaus werden die Ergebnisse mit den Empfängern kontrolliert, die unterstützt werden, und die Aktivität des Mäzens ist auf eine mittel- bis langfristige Perspektive angelegt. Zur Ermittlung, ob mit den zur Verfügung gestellten Mitteln die gesetzten Ziele tatsächlich erreicht und die gewünschte Veränderung herbeigeführt wurde, bedarf es eines Instruments zur Bewertung, wie es die sogenannte *Theory of Change* oder *TOC* („Theorie der Veränderung“) bietet, mit der die Methode der Durchführung der philanthropischen Aktivität bestimmt wird und die Instrumente zur Analyse der Situation vor der Durchführung und nach der verwirklichten philanthropischen Aktivität festgelegt werden. Die *Theory of Change* anzuwenden bedeutet, vom Ergebnis, das erreicht werden soll, auszugehen und dann sämtliche Schritte zu beschließen, die notwendig sind, es zu erreichen.

Teilnahme an einem Prozess der strategischen Philanthropie

Ein Antragsteller, der mit einem strategisch vorgehenden Mäzen zusammenarbeiten möchte, muss sich fragen:

- Welches ist die Positionierung innerhalb des Rahmens, in dem man tätig ist?
- Welche Bündnisse und Kooperationen haben sich innerhalb des Bezugsrahmens entwickelt?
- Welche Ziele sollen langfristig erreicht werden?
- Was müsste sich am eigenen Bezugsrahmen ändern, um diese Ziele zu erreichen?
- Was sind die größten Hindernisse für eine Veränderung in dem Rahmen, in dem man tätig ist?

2.1 Die *Theory of Change*

Die *Theory of Change* (ToC) wurde Mitte der 1990er-Jahre in den USA im Bereich der Wirkungsmessung von Entwicklungsprogrammen in komplexen sozialen Umfeldern entwickelt. Es handelt sich um eine Methodologie, die auf der Grundlage der tatsächlichen Beteiligung der Betroffenen und einer gemeinsamen Definition von langfristigen Zielen darauf angelegt ist, einen Veränderungsprozess rückwirkend zu umreißen, und zwar anhand einer Karte von mittelfristigen Zielen, die durch kau-

17 Vgl. Carazzone C., „Le fondazioni filantropiche? Adesso sostengano organizzazioni, non progetti“, *Vita*, 14. März 2020.

sale Zusammenhänge miteinander verbunden sind.[18] Dadurch wird es möglich, sich den endgültigen Zielen zu nähern und nicht nur am Ende, sondern auch während des Prozesses Resultate zu erreichen.[19] Die ToC geht von der Überzeugung aus, dass jedem gelungenen Entwicklungsprogramm oder -projekt ein Schema zugrunde liegt, das dieses Programm oder Projekt zu einem erfolgreichen Ende geführt hat.

Die ToC bietet eine Richtschnur, die eine Organisation verwendet, um ihre tägliche Arbeit zu programmieren, zu überwachen und ihre Wirksamkeit zu messen.

Die Anwendung der *Theory of Change*

Die ToC hat zwei Anwendungsbereiche: Organisation und Planung. Wenn man sich zum Beispiel dem planerischen Bereich zuwendet, bedeutet die Implementierung der ToC, dass sich der Antragsteller einige Fragen stellen muss:

- Wer sind die Begünstigten des Projekts (demografische Merkmale und individuelle Eigenschaften)?
- Welche unmittelbaren Ergebnisse können aufgegriffen werden, um die Empfänger von den langfristigen Vorteilen des Projekts zu überzeugen?
- Welche Ergebnisse des Projekts werden erwartet? Wie viele Empfänger, in Prozenten, erreichen sie?
- Welche Einflüsse von außen könnten das Erreichen dieser Resultate verlangsamen oder beeinträchtigen?
- Welcher zusätzlichen Informationen bedarf das Projekt, um noch ausgebaut zu werden? Welche Drittquellen können herangezogen werden (zum Beispiel neue Untersuchungen über Merkmale und Kompetenzen der Empfänger, neue Studien, die es erlauben, Analogien mit ähnlichen Projekten zu nutzen, usw.)?
- Gibt es bewährte Strategien, um auf die negativen äußeren Einflüsse zu reagieren oder die zusätzlichen Informationen optimal zu nutzen?

Damit eine *Theory of Change* wirksam ist, das heißt, dem Bezugsrahmen und der spezifischen Problematik genau entspricht, sind neben der Schlüssigkeit des Projekts und der Solidität der kausalen Beziehungen folgende Punkte unerlässlich:[20]

18 Mit der ToC können bei angemessener Durchführung die notwendigen Bedingungen für die Realisierung eines Projekts und die möglichen Risiken ermittelt und außerdem die Strategien für das Risikomanagement entworfen werden; es handelt sich um entscheidende Elemente, die den Erfolg oder Misserfolg eines Projekts bedingen können und dazu dienen, die ermittelten kausalen Zusammenhänge zu kontextualisieren und die *Result Chain* zu artikulieren; www.theoryofchange.org.

19 Taplin D. H., Clark H., *Theory of Change Basics*, ActKnowledge, New York 2013.

20 Vgl. Hunter D. E. K., *Working Hard & Working Well. A Practical Guide to Performance Management*, Hunter Consulting LLC 2013; vgl. www.betterevaluation.org.

- die *Gründe*, die in einem bestimmten Bereich reale und dauerhafte Veränderungen begünstigen, sowie die bestehenden *Vorbedingungen aufzuzeigen*, das heißt die externen Faktoren, die diese Veränderungen fördern oder behindern könnten;
- *sämtliche Details des Prozesses zu bedenken*, der diese Veränderungen herbeiführt, das heißt konkret alles, was die Entwicklung von Strukturen, spezifischen organisatorischen Kompetenzen, Programmen und Projekten betrifft;
- die *Daten zu sammeln und zu analysieren*, um die vom Projekt vorgesehenen Veränderungsprozesse optimal zu verwirklichen, und die Wirksamkeit und Zweckmäßigkeit der verwirklichten Maßnahmen zu überprüfen.

Die ToC bietet ein Modell, das den traditionellen Ansatz umkehrt. Anstatt uns zu fragen, welche Aktionen nötig sind, um die Ziele zu erreichen, müssen wir uns fragen, welche Veränderungen wir mittel- und langfristig zugunsten der Empfänger erreichen wollen und welche Vorbedingungen ihre erfolgreiche Verwirklichung begünstigen können.

Tab. 2: Anwendung der *Theory of Change* auf ein Projekt: praktische Ratschläge für Mäzene und Antragsteller

Initiativen	Empfohlene Schritte
Identifizierung des Problems	Vor Beginn der ToC kennen Antragsteller und Mäzen ihre Positionierung im Bezugsrahmen und die Veränderung, die sie erreichen möchten.
Die strategischen Akteure auffordern, das Problem zu identifizieren	Vor Beginn der ToC nehmen Antragsteller und Mäzen einen Dialog mit sämtlichen strategischen Akteuren des Bezugsrahmens auf.
Brainstorming, um die Problematiken besser zu erfassen	Der offene Austausch mit den anderen im Umfeld Tätigen hilft dabei, die Probleme zu erfassen. Für den Mäzen hat dieser Dialog den konkreten Vorteil, sämtliche strategischen Akteure zu systematisieren.
Anfängliche Definition der Ziele	Die ToC beginnt mit der präzisen Definition der Veränderungsziele, die für den Antragsteller die Aktivität des Mäzens begründen.
Die Gruppe der Stakeholder erweitern	Es kann von Vorteil sein, Persönlichkeiten mit unterschiedlichen Profilen und Kompetenzen einzubinden, um die Probleme, die gelöst werden sollen, und das Szenario zu ihrer Überwindung besser zu fokussieren.
Definition des Teams und der Kooperationen	Alle Stakeholder legen ihre Überzeugungen und Ziele dar. Dieser Austauschprozess (der aus regelmäßigen Treffen und Ad-hoc-Mitteilungen besteht) hilft dabei, sich kennenzulernen und Vertrauensbeziehungen aufzubauen.
Die Planung der Initiativen beginnen	Im Mittelpunkt des ToC-Prozesses stehen die klare und genaue Definition der Veränderungen, die angestoßen werden müssen, sowie ihre wechselseitigen Beziehungen.
Geldmittel sammeln	Wenn sie sich an den Mäzen wenden, müssen die Antragsteller zeigen, dass ihr Arbeitsplan gut konzipiert, praktisch, machbar und messbar ist und Elemente der Rechenschaftsberichterstattung einschließt.
Einen Aktionsplan erarbeiten	Wenn die Veränderungsziele und die notwendigen Strategien, um sie zu erreichen, ermittelt wurden, werden die Aktivitäten, die Deadlines, die Zwischenziele und die Verantwortungsbereiche jedes Einzelnen festgelegt.

(wird fortgesetzt)

Initiativen	Empfohlene Schritte
Entwicklung und Kontrolle des Aktionsplans	Die ToC gibt auch ein Muster für die Bewertung der Aktivitäten von Antragstellern und Mäzenen vor, die aufgefordert sind, die Indikatoren zu ermitteln, um ihren Erfolg zu messen.
Implementierung	Die ToC ist ein dynamischer Prozess, eine Gesamtheit von Ideen, die die Implementierung der Aktivitäten anführen, und liefert einen Referenzrahmen, um zu überprüfen, welcher Anteil der Initiative tatsächlich realisierbar bleibt.
Überprüfung des Plans (Korrekturen, die in der Zwischenphase des Prozesses vorgenommen werden können)	Da die ToC eine dynamische Gesamtheit von Ideen ist, kann sie während des Ablaufs verändert werden, auf der Grundlage dessen, was die Erfahrungen lehren. Die Theorie leitet den Entscheidungsprozess darüber, wie Veränderungen vorgenommen werden, und zeigt die Zusammenhänge zwischen den Outcomes klar auf.
Bewertung	Der Erfolg der Initiativen hängt vom Grad an Präzision und Detailliertheit ab, mit dem die Problematik, Gedankengänge und die Bedingungen des Bezugsrahmens definiert wurden.
Reporting	Die ToC gibt dem Mäzen und dem Antragsteller die Instrumente, um vom Erreichen der Ziele, den Niederlagen und Lehren und den Ergebnissen des Bewertungsprozesses zu berichten.[21]
Teilen der Ergebnisse mit einem größeren Publikum	Die ToC ist darüber hinaus ein gutes Kommunikationsmittel, denn sie erfasst die Komplexität der Initiativen und teilt sie auf klare, verständliche Weise auch denjenigen mit, die nicht am Prozess teilgenommen haben. Für den Mäzen und den Antragsteller bedeutet das, einem breiten Publikum die Tragweite des Projekts zu vermitteln und so auch eventuelle weitere Entwicklungen anzustoßen.
Einfluss auf die Policy Maker	Die ToC kann überdies genutzt werden, um den politischen Entscheidungsträgern die Elemente vorzulegen, die es erlaubt haben, die Veränderung herbeizuführen und die gesetzten Ziele zu erreichen, um sie in einem anderen Kontext zu wiederholen. Für den Mäzen und den Antragsteller bedeutet das, die erreichten Verbesserungen über den eigenen Bezugsrahmen hinaus zu tragen.

Quelle: Sabrina Pedrini e Francesca Battistoni, „La Teoria del Cambiamento", 2014[22]

3 Die systemische Philanthropie

Die systemische Philanthropie ist eine noch umfassendere (oder, wenn man so will, weiterentwickelte) Form des strategischen Mäzenatentums, die einen Wandel des gesamten sozialen Systems bewirken will, das mit einer bestimmten Problematik verbunden ist. Die systemische Philanthropie *lässt die Logik der Kontingenz hinter sich und will die tieferen Wurzeln von sozialen Problemen angehen, um durch ein mit-*

21 Die Art, wie die Kontrollberichte und Rechenschaftsberichte verfasst werden, ist subjektiv. Wir empfehlen unseren Lesern den „Bewertungsbericht", der eine, aber nicht die einzige Möglichkeit darstellt, die Ergebnisse der Bewertung zu kommunizieren.

22 Pedrini S., Battistoni F., „La Teoria del Cambiamento", in Zamagni S. (Hg.), *Dalla quantità al merito. Una proposta per valutare gli istituti culturali* (Paradoxa VIII, 4), Fondazione Internazionale Nuova Spes, Rom 2014.

tel- und langfristiges Engagement nachhaltige und dauerhafte Veränderungen herbeizuführen.

Diese Vorgehensweise stellt eine kopernikanische Wende in Bezug auf die traditionelle Auffassung von Philanthropie dar. Das philanthropische Ziel ist nicht dann erreicht, wenn sich die Lebensbedingungen des einzelnen Antragstellers verbessern, sondern erst, wenn eine Veränderung des gesamten Systems erreicht wird, das einem bestimmten Problem zugrunde liegt. Eine systemische Veränderung hervorbringen bedeutet: „Die Ursachen bekämpfen, nicht die Symptome. Die Zusammenarbeit unterschiedlicher Akteure verändert, verschiebt und wandelt Strukturen, Gewohnheiten, Einstellungen, Machtgefüge und Regeln. Ziel ist, gesellschaftliche Belange auf lokaler, nationaler und globaler Ebene dauerhaft zu verbessern."[23] Ein Beispiel: Ein Mäzen, der einer systemischen Logik folgt, nimmt sich nicht nur vor, die Konzertsaison eines bestimmten Symphonieorchesters zu fördern, sondern stellt sich der Notwendigkeit, gemeinsam mit den betreffenden Stakeholdern die Konzertsaison des gesamten Gebiets zu finanzieren.

Merkmale der systemischen Philanthropie

Der systemische Ansatz philanthropischer Investitionen

- zielt darauf, die Ursachen eines Problems zu bekämpfen, nicht die Symptome, und grundlegende Veränderungen herbeizuführen;
- erkennt die Komplexität der Systeme, die verändert werden sollen, und die wechselseitige Abhängigkeit der verschiedenen Problematiken;
- setzt auf Effizienz und bedient sich eines multidisziplinären Ansatzes mit langfristigen Perspektiven, der viele Stakeholder einschließt;
- geht die einzelnen sozialen Probleme mit dem Ziel an, dauerhafte und solide Verbesserungen zu erreichen;
- behandelt alle Eigenheiten eines Systems, von den expliziten (Strategien, Praktiken und Bewegungen von Ressourcen) über die halbexpliziten (Beziehungen und Machtgefüge) bis zu den impliziten (Denkmodelle);
- bringt eine Veränderung hervor, die sich nicht nur in Verhaltensweisen, Gepflogenheiten und Verfahrensweisen übersetzt, sondern in einen Mentalitätswandel, der alle Stakeholder des Systems betrifft.

Diesem Ansatz liegt das Bewusstsein zugrunde, dass die wachsende Komplexität der heutigen Welt es verbietet, auf alle strukturellen Probleme der Gesellschaft ein und die-

23 Vgl. Ashoka Italien und Assifero (2020), *Accogliere la complessità. Verso una comprensione condivisa del finanziamento e supporto al cambiamento sistemico*; www.assifero.org.

selbe Antwort zu geben, und dass eine positive und dauerhafte Veränderung im System folglich nur gemeinschaftlich herbeigeführt werden kann, wenn die verschiedenen beteiligten Akteure zusammenarbeiten, sich austauschen und voneinander lernen.

Wie der Bericht von Ashoka anführt, den wir hier teilweise übernehmen,[24] umfasst die systemische Philanthropie einige fundamentale Schritte:

- *den systemischen Blick annehmen:* Dabei handelt es sich um einen tiefgehenden psychologischen Prozess, der auch das Verhalten betrifft. Er setzt bei dem Bewusstsein an, dass das System, das man verändern möchte, komplex ist und vom Mäzen verlangt, von Anfang an mit allen wichtigen Akteuren zusammenzuarbeiten, um möglichst viele Informationen und Wissen zu sammeln. Für den Antragsteller bedeutet das, von einer rein individualistischen Perspektive abzurücken, um die seines Milieus einzunehmen und auf der nächsten Ebene zu verstehen, wie sein Bereich mit den anderen Akteuren des Gebiets interagiert;

- *die Analyse der Bedürfnisse an einem Standort*, in enger Zusammenarbeit mit den Stakeholdern, um ein Netzwerk als kooperatives Ökosystem aufzubauen. Die von Einzelnen praktizierte Großzügigkeit läuft heute Gefahr, nicht fruchtbar zu sein, Wirksamkeit zu verlieren und die gesetzten Ziele nicht zu erreichen. Für den Antragsteller bedeutet das zu begreifen, dass seine Bedürfnisse und Veränderungswünsche von weiteren Menschen aus seinem Milieu und Organisationen, die in benachbarten Sektoren arbeiten, geteilt werden;

- *die Unterstützung von Entwicklungsprozessen* mit Geldmitteln und anderen Ressourcen hin zu strukturellen Veränderungen. Das heißt, der Antragsteller muss die Bedeutung von Investitionen in *Capacity Building*, Betreuung und *Mentorship* begreifen;

- *die Aktivierung von partnerschaftlichen Kooperations- und Lernprozessen.* Die Beziehung zwischen Mäzen und Empfänger wird zu einer Partnerschaft auf Augenhöhe. Sie beruht auf gegenseitigem Zuhören. Die Beteiligten bringen finanzielle, menschliche, intellektuelle und relationale Ressourcen ein. Diese sind unterschiedlich, aber gleichermaßen wichtig dafür, die gewünschte Veränderung zu erreichen;

- *die Bereitschaft zu einem langfristigen Engagement* in psychologischer Hinsicht, aber auch im Sinne einer ökonomischen Investition und operativen Infrastruktur. Für den Antragsteller bedeutet dies, die Möglichkeiten von Planung und

24 Ebenda.

Implementierung von Projekten zu verbessern und solide Beziehungen zu seinen Mäzenen und Förderern zu pflegen;

- *Engagement für die Bildung von Philanthropen-Netzwerken*, die den Austausch von Erfahrungen und Know-how ermöglichen. Für den Antragsteller bedeutet das, mehr Kontakte knüpfen und die Entwicklungschancen der Projekte erweitern zu können;

- *die Aufwertung des Vermögens*, das für philanthropische Zwecke bestimmt ist. Es kann sich als notwendig erweisen, über Projekte unterschiedlichen Umfangs und Charakters zu verfügen, um sowohl dem Wunsch nach unmittelbaren Förderaktivitäten wie nach langfristigen Projekten zu entsprechen. Das bedeutet für den Antragsteller, dass er seinen Bedarf an Geldmitteln quantifizieren und die vom System gebotenen Möglichkeiten genau analysieren kann. Diese Zusammenarbeit mit verschiedenen Stakeholdern und bei bestimmten Projekten erlaubt es dem Mäzen, nicht nur seinen *Return on Investment*, sondern auch seinen *Return of Happiness* zu optimieren.

Eine systemische Geisteshaltung anzunehmen und den systemischen Wandel zu fördern, erlaubt es, die Wirkung und Effizienz der philanthropischen Tätigkeit zu vergrößern und Organisationen und Individuen zu unterstützen, die darauf zielen, die tieferen Ursachen eines bestimmten Problems zu beheben, auch und vor allem zur Unterstützung der immer komplexeren Situation der öffentlichen Wohlfahrt. Wenn man die sinkenden öffentlichen Ausgaben in verschiedenen Bereichen des Non-Profit-Sektors bedenkt (insbesondere als Folge der Wirtschaftszyklen, aber auch globaler Ereignisse wie der Covid-19-Pandemie), wird eine Partnerschaft mit unterschiedlichen Rollen, aber einer gemeinsamen Vision von strategischer Bedeutung immer wichtiger.

Dem Mäzen bietet die systemische Philanthropie darüber hinaus die reale Möglichkeit, Erfahrungen zu machen, die nicht allen offenstehen, und Bereiche kennenzulernen, zu denen man nur schwer Zugang erhält. Der Mäzen, der zum Beispiel eine kulturelle Einrichtung unterstützt, die dem künstlerischen Schaffen gewidmet ist, wird Teil einer Zukunft, die sich aus unzähligen Projekten und Lebenserfahrungen zusammensetzt, mit denen er niemals in Berührung gekommen wäre, wenn er sich darauf beschränkt hätte, Kunst zu sammeln. Anders gesagt: Dieser Mäzen wird ein Garant für die Zukunft, ein qualifizierter Mentor und Schutzherr des Morgen, mit einer ausgeprägten sozialen Bereitschaft, die weit über seine persönliche Erfahrung hinausgeht.

3.1 Die Grenzen der systemischen Philanthropie

Egal, ob es sich um die Förderung von Kulturinitiativen oder von sozialen Projekten handelt – es versteht sich, dass die systemische Philanthropie auch Grenzen hat und eine Reihe von kritischen Punkten aufweist. Insbesondere:

- das Entstehen von Abhängigkeiten und Interessenskonflikten als Folge enormer philanthropischer Investitionen auf systemischer Ebene;
- das vom Handlungsspielraum des Philanthropen her gegebene Risiko, denn er kann entscheiden, die Investition aufzugeben oder zu verändern;
- die Schwäche der Institutionen in bestimmten Systemen und/oder während Wirtschaftskrisen und ihre geringen Erfahrungen mit strategischer Philanthropie und systemischer Philanthropie;
- die operativen Schwierigkeiten, die darauf beruhen, dass ein angemessener Austausch von Kompetenzen und bewährten Schemen und Prozeduren fehlt, sowie die Schwierigkeit, von der *governance* zum *government* überzugehen, und umgekehrt.

4 Ein Blick in die Zukunft

Heute noch, wie vor Jahrhunderten, sind Mäzenatentum und Philanthropie Entwicklungsfaktoren, denen es gelingt, Wohlstand, Beschäftigung und Sozialkapital hervorzubringen.

Was sich gegenüber der Vergangenheit verändert hat, ist die Art der Förderaktivitäten. Heute ist es nicht mehr gefragt, sich in der eigenen Großmut zu sonnen. Wenn die Ressourcen nicht richtig kanalisiert werden, können sie leicht in Geldverschwendung münden. Der Beitrag des Mäzens ist eine echte Investition, die zur Triebkraft von Innovation wird, wenn hinter der Großzügigkeit inspirierte Menschen stehen, die imstande sind, sie aufzugreifen und zu teilen. Wenn sich die Großzügigkeit in den Dienst der Menschlichkeit stellt, wird sie zum Feuer, das die Herzen entflammt und erleuchtet.

In diesem historischen Moment ist der Mensch auf der Suche nach vortrefflichen Mechanismen, die eine positive und mitreißende Veränderung bewirken. Das Wohlwollen des Mäzens kann der Samen sein, aus dem die Früchte für eine Wiederaufnahme der dringendsten Thematiken wachsen. Häufig reicht schon einer aus, um die Erde erfolgreich zu befruchten und die erste neue Ernte wachsen zu lassen, aus der dann ein epochaler Wandel hervorgehen kann.

Auf genau dieser Bahn siedeln sich die strategische Philanthropie und die systemische Philanthropie an – auf einer Erweiterung des Betätigungsfelds der Philanthropie, damit sie immer wirkungsvoller wird, sowohl was die direkten Ergebnisse zugunsten der Zivilgesellschaft angeht als auch die Stärkung des Systems aus Individuen und Non-Profit-Organisationen, die im Zentrum der *großzügigen Beziehung* stehen.

Auf dem Weg zu einem neuen Mäzenatentum 10

Leitsätze für eine neue Dimension von Philanthropie und Mäzenatentum

Am Ende dieser Reise in die *großzügige Beziehung*[1] sollte deutlich geworden sein, welche zentrale Rolle die Philanthropie dabei spielt, Wachstumsprozesse zu beschleunigen und soziale Innovation zu ermöglichen. Nachfolgend fassen wir die Erkenntnisse zusammen, die Mäzene und Fachleute des Non-Profit-Sektors inspirieren und anleiten können, positive Philanthropie auf neue Art zu leben – profitabel und effizient für sie selbst, für die Zivilgesellschaft und für zukünftige Generationen.

Zunächst drei Prämissen. Erstens: Wer Philanthropie ausübt, tut das aus freien Stücken, nicht, weil die Gesellschaft ein Anrecht darauf hätte. Wenn also die Großzügigkeit von Philanthropen heute eine wichtige Rolle für die Entwicklung eines Wohlfahrtssystems spielt, so bedeutet dies im Rückkehrschluss nicht, dass die Gemeinschaft das Recht auf diese Großzügigkeit einfordern darf.

Man sollte sich immer über das Motivationssystem von Philanthropen im Klaren sein. Selbst wenn sie in hohem Maße die Interessen eines Gemeinwesens und die Ursachen sozialer Missstände im Blick haben, ist ihr Engagement doch immer verbunden mit einer persönlichen Vision. Wird diese Vision auch nur implizit in eine

---

1 Die *großzügige Beziehung*, die bereits in Kapitel 3 besprochen wurde, ist auf fünf Säulen aufgebaut:
- Selbstbewusstsein: Eine glückliche und positive Beziehung zu einem Mäzen zu leben, beginnt mit Selbsterkenntnis und dem Erkennen des Werts der eigenen kreativen Arbeit.
- Ausgewogenheit: Man sollte den Wert des Engagements der Großzügigkeit (jenseits der wirtschaftlichen Dimension) klar einschätzen können, die Verpflichtungen verstehen, die damit einhergehen, es anzunehmen, und dem Mäzen gegenüber keine Anhänglichkeit entwickeln.
- Offenheit: echte Neugierde gegenüber dem Mäzen und aufrichtiges Interesse daran, ihn als Partner zu sehen, auch die Grenzen der Beziehung zu akzeptieren. Das bedeutet zu verstehen, dass durch sein Engagement der Großzügigkeit auch der Mäzen seinen Traum verwirklichen kann.
- Intelligentes Vertrauen: Urteilsvermögen und Analyse auf der einen Seite und die Neigung, Menschen zu vertrauen, auf der anderen.
- Bereitschaft: die Entschlossenheit und das Engagement zu kultivieren, für den gemeinsamen Erfolg zu arbeiten.

Verpflichtung umgemünzt, schwindet die Motivation unweigerlich. Es müssen vielmehr die idealen Bedingungen dafür geschaffen werden, dass Mäzene ihre Großzügigkeit spontan zum Ausdruck bringen können. Unter dieser Voraussetzung wird sie zu einem Zeugnis echten Bürgersinns, zu einem freien Ausdruck von Menschen, die wirtschaftliche Ressourcen, Kompetenzen und Netzwerke zum Nutzen einer Gesellschaft zur Verfügung stellen; einer Gesellschaft, die auf dem Schutz der individuellen Freiheiten gründet und zugleich in der Lage ist, ehrgeizige Ziele von kollektivem Interesse im Dienste der Gemeinschaft zu verfolgen.

Dies führt zu einer zweiten Prämisse: Philanthropie ist nicht demokratisch. Sie richtet sich nicht nach dem Mehrheitsprinzip. Mäzene bestimmen nach eigenem Belieben, wem oder wofür sie Geld geben, nicht nach den Wünschen einer Mehrheit. Ohne Entscheidungsfreiheit keine Großzügigkeit. Das sollte nicht als Einschränkung verstanden werden, sondern als ein echter Pluspunkt. Indem der Mäzen eine eigene Vision entwickelt, übt er schöpferische Freiheit aus. Sie kann darin bestehen, das Vorhandene aufrechtzuerhalten, aber auch darin, sich das Mögliche vorzustellen und die Voraussetzungen dafür zu schaffen, dass es Wirklichkeit wird.

Dritte Prämisse: Philanthropie kann und darf die öffentlichen Institutionen nicht ersetzen, auch wenn es ihr gelingt, die sozialen und kulturellen Bedürfnisse eines Gemeinwesens zu erfassen und sie – mit Hilfe von Investitionen, beweglichem Handeln und Innovation – effizient zu befriedigen. Der Grund: Der Staat, der Markt und der Non-Profit-Sektor sind die Säulen der Wirtschaft, sie müssen kooperieren, nicht konkurrieren. In einer komplexen Gesellschaft ist jeder Handlungsbereich mit jedem anderen verbunden, indem er seine eigenen Besonderheiten zur Geltung bringt. Auch wenn der Mäzen den Zweck der Wohlfahrt verfolgt, ersetzt er nicht den Staat. Vielmehr folgt er einer Logik des Sozialen, indem er in Projekte und Kontexte eingreift, die ihr Potenzial noch nicht voll entfaltet haben. Er fördert deren Wachstum, indem er Fähigkeiten und die Ausarbeitung einer eigenen Wertkultur begünstigt.

Leitprinzipien auf individueller und interpersoneller Ebene

1. Der *neue Philanthrop* ist ein aufgeschlossener Visionär: Wenn es dem Mäzen gelingt, bereits heute zu handeln und gleichzeitig an morgen zu denken, bedeutet das, dass er vor allem in der Lage ist, eine klarsichtige und nachhaltige Planung zu entwickeln, und dass er sich seiner Mission, seiner Rolle als jemand, der Großzügigkeit gewährt, voll bewusst ist. Er erreicht Wohlbefinden, indem er an der Gegenwart arbeitet – als Fundament für eine bessere Zukunft.
2. Der *neue Philanthrop* ist gut in der heutigen Welt verwurzelt, achtet stets auf die Signale des Wandels und der Entwicklung der sozialen, wirtschaftlichen und kulturellen Rahmenbedingungen und hat einen offenen Blick für die tatsächli-

chen Bedürfnisse der Gesellschaft. Das ermöglicht ihm, erfolgreiche Verfahren zu schaffen, die replizierbar sind und vielleicht sogar skalierbar Er zielt darauf ab, einen zukunftsträchtigen Weg des Wachstums und des Wohlbefindens zu errichten. So wird er zum Innovator und findet in der Philanthropie jenen fruchtbaren Boden, den es braucht, um einen positiven gesellschaftlichen Wandel im Sinne der menschlichen, sozialen, kulturellen und wirtschaftlichen Weiterentwicklung zu bewirken.

3. Der *neue Philanthrop* drückt in karitativen Projekten all seine Managementfähigkeiten aus, indem er die Ziele klar definiert und eine strategische Ausrichtung vornimmt, die es ihm ermöglicht, eine soziale Vision in ein effektives, nachhaltiges, wiederholbares und wirkungsvolles Engagement umzusetzen. Darüber hinaus weiß er, wie man Partnerschaften und Kooperationen schafft, die zur Skalierbarkeit von Projekten und zu Nachhaltigkeit führen. Ist er Unternehmer, erwachsen aus seinem Engagement Vorhersagen (was wir heutzutage als „strategische Philanthropie" bezeichnen), die seiner Fähigkeit entsprechen, die Welt mit einem wachen Blick für die Gegenwart und darüber hinaus mit einem Sinn für das Künftige zu lesen.
4. Der *neue Philanthrop* ist sich der Bedürfnisse der Zivilgesellschaft bewusst und verfolgt aufmerksam die Entwicklung von Lösungsmodellen. Wenn er einen Bedarf identifiziert, fragt er sich, wie er das Geld am effektivsten einsetzen kann. Er optimiert die Investitionen für den maximalen Nutzen der Institutionen, die seine Schenkungen erhalten. So trägt er dazu bei, die Voraussetzungen dafür zu schaffen, dass die Institution, das Projekt oder die Idee zukunftsfähig werden und eigene Kompetenzen entwickelt werden, um zunehmend unabhängig von seiner Schenkung zu werden. Gleichzeitig erlangt er seine volle persönliche Zufriedenheit. Denn eine der stärksten Triebfedern der Philanthropie ist das Wohlbefinden, das durch das Schenken entsteht.
5. Philanthropie erzeugt Wohlbefinden, und zwar auf verschiedenen Ebenen. Auf der individuellen, weil, wie die Neurowissenschaft gezeigt hat, „Schenken einen Zustand des Friedens, der Gelassenheit und des allgemeinen Wohlbefindens schafft";[2] auf der gesellschaftlichen, denn wenn Mäzenatentum respektvoll und einvernehmlich ausgeübt wird, Ungerechtigkeiten beseitigt und zum sozialen Frieden beiträgt, bringt es nicht nur offensichtliches und konkretes Glück, sondern, mehr noch, ein Verständnis für die tiefe soziale und existenzielle Bedeutung des Schenkens. Diese umfasst alle Aspekte des Daseins und hilft, sie in die richtige Wertperspektive einzuordnen.

2 Vgl. Kapitel 2, insbesondere die Studie von Ernst Fehr, Philippe Tobler u. a., „A Neural Link Between Generosity and Happiness", in *Nature Communications*, 11. Juli 2017, S. 1-10.

6. Großzügigkeit, Spontaneität und Unmittelbarkeit sind ureigene Qualitäten philanthropischen Engagements. Es ist in erster Linie Ausdruck der Persönlichkeit dessen, der es ausübt; gleichzeitig respektiert der *neue Philanthrop* aber zutiefst die Regeln der Zivilgesellschaft und achtet auf die Kohärenz seines Verhaltens auf allen Ebenen.[3] Die *neue Philanthropie* folgt nicht einer selbstreferenziellen Logik, wie aufgeklärt auch immer sie sei. Sie zielt darauf, ein umfassendes, gemeinsames und verantwortungsvolles Handeln zu fördern, das der Veränderung dient.
7. Die Beziehung zwischen Künstler und Mäzen oder zwischen soziokulturellem Arbeiter und Philanthropin ist immer eine gleichberechtigte, weil sie im Raum der persönlichen Freiheit besteht. Sie lebt von Leidenschaft und von der Bereitschaft, Träume und Freude zu teilen, und das lässt die Verbindung mit der Zeit immer intensiver werden. Sie ist „Nächstenliebe", verstanden als der Wunsch, einem größeren Projekt anzugehören, sich hingezogen zu fühlen zu einer höheren Form der Selbstverwirklichung.
8. In diesen wunderbaren Räumen menschlicher Erfahrung beruhen Großzügigkeit und Dankbarkeit immer auf dem Teilen und auf Gegenseitigkeit. Im neuen Mäzenatentum aber setzt derjenige Maßstäbe, der fähig ist, philanthropische Schenkungen zu suchen, zu empfangen und zu würdigen. Denn ohne dessen Klarheit, Bewusstsein, Autorität und Verantwortungsbereitschaft kann der Mäzen das volle Potenzial seiner Großzügigkeit nicht entfalten.

Leitprinzipien auf allgemeiner und systemischer Ebene

1. Das *neue Mäzenatentum* ist ein Innovationsförderer, denn es kann Risikokapital, Fähigkeiten und Infrastruktur auf agile und direkte Weise bereitstellen. Seine Schlüsselbegriffe lauten: System, Sorgfalt und Wirkungskraft. Es geht mit Leichtigkeit über andere Formen öffentlicher und privater Unterstützung hinaus, indem es neue Paradigmen und alternative Strategien der Produktion, der kulturellen und sozialen Wirksamkeit und der aktiven kulturellen Teilhabe fördert. Diese zusammen führen dazu, dass Kunst, Kultur und der soziale Bereich nicht nur ihre eigenen Zwecke verwirklichen, sondern sich auch und vor allem weiterentwickeln und ihr Potenzial entfalten, zum Beispiel durch das Auflösen veralteter Formen des Ausdrucks oder des Engagements, und die transformative Wirkung erzeugen, die die Lebensqualität und die Dynamik von Gemeinschaften verbessert.

3 Konkret heißt das zum Beispiel, Widersprüche zwischen der Höhe der Spendengelder und der Entlohnung der Mitarbeitenden zu vermeiden oder darauf zu achten, nicht Entwicklungsländer zu unterstützen und gleichzeitig in Aktien von Unternehmen zu investieren, die auf Kinderarbeit setzen.

2. Das *neue Mäzenatentum* führt zu einem grundlegenden Umdenken in der Arbeitsweise philanthropischer Institutionen. Wie die jüngsten Erfahrungen mit der Covid-19-Pandemie gezeigt haben, braucht es einfachere und transparentere Prozesse, schnellere Entscheidungen und wesentliche Vereinfachungen für diejenigen, die die Spende eines Philanthropen suchen. Es geht darum, möglichst effektiv zu sein und schnell und oft auch in unerwartetem Ausmaß auf ein Umfeld zu reagieren, das sich rasch verändert, so wie bei der Pandemie-Krise.
3. Vorbedingung für ein *fruchtbares Mäzenatentum* ist ein günstiges Klima, in dem die Logik des Schenkens in wirtschaftliches und soziales Handeln eingebettet ist und die Kooperation zwischen Mäzenen und kulturellen beziehungsweise gesellschaftlichen Akteuren über das bloße „Bereitstellen" von wirtschaftlichen Ressourcen hinausgeht. Die Herausforderung für den Mäzen besteht nicht nur darin, Unterstützung anzubieten, sondern auch darin, einen Beitrag zu einem kulturellen Wandel zu leisten, der wiederum ein förderliches gesellschaftliches Umfeld schafft. In einem solchen Umfeld kann sich Mäzenatentum dank des effektiven Zusammenwirkens aller anderen beteiligten gesellschaftlichen, wirtschaftlichen und institutionellen Kräfte entfalten.
4. Das *neue Mäzenatentum* realisiert wirtschaftliche und soziale Projekte mit großer Wirkung auf die Gemeinschaft, wobei auch Mittel aus gewinnorientierten Aktivitäten verwendet werden. Es muss jedoch sowohl bei der Festlegung von Strategien als auch bei der Art und Weise, wie es eingreift, weitgehend unabhängig von Staat und Markt bleiben. So kann es seine Funktion optimal und ohne Zwänge erfüllen, die seine Wirksamkeit untergraben könnten.[4]
5. Das *neue Mäzenatentum* ist eigenständig und unabhängig von Staat und Markt. Gleichwohl hat es als oberstes Ziel das Gemeinwohl; der ethische, gesellschaftliche und kulturelle Wert seiner Projekte ist in der örtlichen Gemeinschaft verwurzelt, aus der es stammt, und wird Tag für Tag durch einen andauernden Dialog mit dieser Gemeinschaft erneuert. Das geschieht, indem man ihr einerseits zuhört und sie andererseits einlädt, sich ständig weiterzuentwickeln und zu verbessern, ohne sich jemals mit dem Erreichten zufriedenzugeben.[5] Aus diesem Grund fördert es Wachstum, Zusammenhalt und gesellschaftliche Innovation.
6. Philanthropisches Handeln kann helfen, Verwerfungen zu korrigieren und Notlagen zu überwinden, es kann aber nicht die Aufgabe übernehmen und die Verantwortung dafür tragen, soziale Gerechtigkeit zu garantieren. Dies ist Sache des Staates und der Bürger und Bürgerinnen, die vermittels ihrer politischen Vertretung ihre eigenen Regeln frei wählen. Gleichzeitig kann die neue Philanthropie dank ihrer großen Agilität und Effektivität des Handelns zu einem wert-

4 Vello P. M., Reolon M., *La società generosa*, Feltrinelli-Vita, Mailand 2014, S. 196.

5 Ebenda.

vollen Gesprächspartner der Öffentlichkeit im Streben nach sozialer Gerechtigkeit werden, indem sie – oft im Voraus durch Pilot-Initiativen – Probleme und kritische Themen identifiziert, die der Staat dann in einer ganz anderen Größenordnung und mit anderen Mitteln angehen kann.

7. Glückliche Gesellschaften sind jene, in denen Gemeinschaftsgefühl gelebt wird, die Werte und Verantwortlichkeiten teilen, auch in Bezug auf Mäzene. Im gegenwärtigen Kontext besteht die Gefahr, dass das Engagement eines Mäzens, der autonom und nicht in Abstimmung mit dem örtlichen Bezugsraum arbeitet, die angestrebten positiven Effekte nicht erzielt und in eine Verschwendung von wirtschaftlichen Ressourcen ausartet. Die Komplexität der Probleme erfordert immer klare und gemeinsame Ziele, multidisziplinäre Methoden, einen großen Respekt vor der Meinungsfreiheit eines jeden und ein gut abgestimmtes Vorgehen mit den lokalen Stakeholdern.
8. Kommunikation und das Wissen der Mäzene voneinander, das Schaffen effizienter Netzwerke und der strukturierte Austausch von Informationen und Vorgehensweisen auf internationaler Ebene sind die idealen Voraussetzungen für eine erfolgreiche Beziehung zwischen Philanthropie und Zivilgesellschaft.

   In einer zunehmend komplexen und sich rasch entwickelnden Gesellschaft kann die Koordination philanthropischen Engagements tatsächlich neue, nie dagewesene Möglichkeiten schaffen. Es geht darum, interessante Experimentierfelder für ein Mäzenatentum zu schaffen, das es immer besser versteht, neue Entwicklungen in der Gesellschaft auf das Interesse der Gemeinschaft auszurichten.

Nachwort

Ernst Fehr[1]

Mäzenatentum und Glück

Als Verhaltensökonom interessiere ich mich für das menschliche Verhalten in wirtschaftlichen Situationen. Meine Forschung hat zum Ziel, wirtschaftliches Verhalten und seine Folgen besser zu verstehen. Dazu gehört auch die Analyse von altruistischem Verhalten – ein Bereich, der mich seit vielen Jahren beschäftigt. Warum engagieren sich Menschen freiwillig und uneigennützig? Warum entscheidet sich ein Mäzen für eine Schenkung? Menschen treffen ständig Entscheidungen – bewusst oder unbewusst. Wie Menschen diese Entscheidungen treffen, ob sie davon profitieren oder Nachteile davontragen – und wie man sie unterstützen kann, bessere Entscheidungen zu treffen –, das untersuchen wir in der Verhaltensökonomie anhand experimenteller Forschung. Studien aus den letzten zwanzig Jahren haben gezeigt, dass der Mensch ein vielfältig motiviertes Wesen ist und dass wir auch an Fairness interessiert sind, nicht nur an materiellem Wohlstand. Wir sind ehrlich, weil wir ehrlich sein wollen. Das Wohl der anderen ist uns nicht egal.

Im vorliegenden Buch geht es um das großzügige Verhalten von Mäzenen. Nun ist es so, dass Verhaltensökonomen auch Sozialingenieure sind und sich darum für gesellschaftliche Prozesse und Strukturen interessieren. Daher stellt sich mir die Frage, was das Mäzenatentum für die Gesellschaft bedeutet. Jede Gesellschaft profitiert vom großzügigen Verhalten ihrer Mitglieder, wie etwa von Spendenbeiträgen oder Freiwilligenarbeit. So sind zahlreiche Organisationen und Institutionen auf das altruistische Verhalten der Menschen angewiesen. Auch für meine Zunft ist die Unterstützung durch Mäzene und Philanthropen von großer Bedeutung, da die anhaltenden Kürzungen der öffentlichen Ausgaben auch die Universitäten treffen und diese somit verstärkt auf Fremdfinanzierung angewiesen sind. Um auf die Frage der Motivation und des Verhaltens von Mäzenen zurückzukommen, stellt sich mir als Ökonom die Frage: Warum sind Menschen großzügig? Großzügiges Verhalten ist kostspielig, da man eigene Ressourcen aufwenden muss, damit andere einen Nutzen daraus ziehen. Warum nehmen großzügige Menschen diese Kosten auf sich? Forschungsergebnisse aus der Psychologie weisen darauf hin, dass das zunehmende Glücksgefühl, welches mit Großzügigkeit in Verbindung gebracht wird, das Verhalten erklären kann. Einer anderen Person Gutes zu tun, erfüllt Menschen mit einem

1 Ernst Fehr ist Professor für Mikroökonomie und Experimentelle Wirtschaftsforschung am Department of Economics der Universität Zürich.

wohligen Gefühl. Dieses Phänomen nennen wir Verhaltensökonomen *warm glow*. Doch woher kommt dieses Gefühl und wie wird es ausgelöst?

Um diese Frage zu beantworten und den Zusammenhang zwischen Altruismus und Glück näher zu beleuchten, habe ich in Zusammenarbeit mit internationalen Forscherkollegen an der Universität Zürich eine experimentelle Studie durchgeführt. Wir wollten herausfinden, was auf der neuronalen Ebene passiert und welche Gehirnareale für den *warm glow*-Effekt zusammenspielen. Das Experiment fand im Labor zur Erforschung sozialer und neuronaler Systeme (SNS Lab) am Department of Economics in Zürich statt. Zu Beginn des Experiments wurde den 50 Probanden eine Geldsumme zugesprochen, die sie in den nächsten Wochen erhalten würden und ausgeben sollten. Die eine Hälfte der Probanden verpflichtete sich, das Geld für eine ihnen bekannte Person auszugeben. Diese 25 Personen bildeten die Experimentalgruppe. Die andere Hälfte verpflichtete sich, das Geld für sich selbst auszugeben, und bildete die Kontrollgruppe. Während die Probanden ihre Entscheidung für oder gegen großzügiges Verhalten fällten, wurde mittels funktioneller Magnetresonanztomographie (fMRI) die Aktivität in drei Gehirnarealen untersucht: im temporo-parietalen Übergang, wo prosoziales Verhalten und Großzügigkeit verarbeitet werden, im ventralen Striatum, das mit Glücklichsein assoziiert ist, und im orbitofrontalen Kortex, wo wir Entscheidungen abwägen. Es zeigte sich, dass diese Gehirnareale anders interagierten – je nachdem, ob sich die Probanden zu Großzügigkeit oder Egoismus verpflichtet hatten. Probanden, die sich großzügig verhielten, waren danach glücklicher als ihre egoistischeren Kollegen. Der Teil der Probanden, der sich vor den Experimenten zu großzügigem Verhalten verpflichtet hatte, war bereit, höhere Kosten in Kauf zu nehmen, um jemandem etwas Gutes zu tun. Ebenso schätzten sie sich nach diesem großzügigen Verhalten, nicht aber vorher, glücklicher ein als die Kontrollgruppe, welche sich dazu verpflichtet hatte, sich selbst etwas Gutes zu tun. Interessant ist auch die Erkenntnis, dass bereits das Versprechen, sich großzügig zu verhalten, ausreichte, um den altruistischen Bereich im Gehirn zu aktivieren und die Interaktion zwischen diesem und dem Bereich, der für Glücksempfinden zuständig ist, zu verstärken. Somit könnte kommuniziertes Versprechen zu großzügigem Verhalten als Strategie genutzt werden, um einerseits die Handlungsabsicht zu verstärken und um sich andererseits einfach glücklicher zu fühlen.

Was kann man nun aus diesen Erkenntnissen für das Mäzenatentum ableiten? Wenn wir wissen, dass Großzügigkeit und Glück das individuelle Wohlbefinden verbessern, kann dies ein Anreiz für Menschen sein, sich altruistischer zu verhalten. Insbesondere auch darum, weil wissenschaftlich belegt ist, dass höhere Lebenszufriedenheit mit besserer Gesundheit und einem längeren Leben einhergeht. Im Alltag unterschätzen Menschen jedoch die Verbindung zwischen Großzügigkeit und Glücksempfinden und übersehen daher den Vorteil von altruistischem Verhalten. Diese Wissenslücke gilt es zu schließen, was ich mit meiner Arbeit anstrebe. Es braucht jedoch weitere Forschung, um die Zusammenhänge zwischen Altruismus und Glück besser zu verstehen. Anknüpfend an die hier erwähnte Studie ist zum Beispiel die Frage offen, ob der Effekt auch dann anhält, wenn er bewusst eingesetzt wird, also wenn man sich nur großzügig verhält, um sich dadurch glücklicher zu fühlen. Ich vermute, dass dies nicht funktionieren wird, man also das Glücksempfinden nur dann hervorruft, wenn man tatsächlich aus selbstlosen Gründen spendet und nicht zum Zweck des Glücklichseins. Schließlich geht es für mich auch darum, wie wir Anreize schaffen können, um altruistisches Verhalten grundsätzlich zu fördern – im Privaten wie auch in der Arbeitswelt. Davon kann die gesamte Gesellschaft profitieren.

Bibliografie

Adam T., Lässig S., Lingelbach G. (Hg.), *Stifter, Spender und Mäzene. USA und Deutschland im historischen Vergleich* (Transatlantische Historische Studien), Franz Steiner Verlag, Stuttgart 2009.

Aknin L. B., Barrington-Leigh C. P., Dunn E. W., Helliwell J. F., Burns J., Biswas-Diener R., Kemeza I., Nyende P., Ashton-James C. E., Norton M. I., „Prosocial Spending and Well-Being: Cross-Cultural Evidence for a Psychological Universal", in *Journal of Personality and Social Psychology* 104, 4, 2014, S. 635-652.

Alberg-Seberich M., Berg H., „Donor Education – Der Reiseplan in die Welt des Stiftens und Spendens", in *Stiftung & Sponsoring* 3, 2013, S. 14-15.

Alternative Bank Schweiz und Center for Philanthropy Studies, *Mit Wirkung anlegen: Ein Leitfaden für Stiftungen*, CEPS/ ABS, Basel-Olten 2020.

Anderson A. A., *The Community Builder's Approach to Theory of Change: A Practical Guide to Theory Development* (The Aspen Institute Roundtable on Community Change), New York 2005.

Anderson A. A., *Theory of Change as a Tool for Strategic Planning: A Report on Early Experiences* (The Aspen Institute Roundtable on Community Change), New York 2004.

Andreoni J., Brown E., Rischall I., „Charitable Giving by Married Couples: Who Decides and Why Does It Matter?", in *The Journal of Human Resources* 38, 1, 2003, S. 111-133.

Anheier H. K., Leat D., *Creative Philanthropy*, Routledge, London-New York 2006.

Anheier H. K., Simmons A., Winder D. (Hg.), *Innovation in Strategic Philanthropy. Local and Global Perspectives*, Springer, New York 2007.

Annibaldi C., *La musica e il mondo. Mecenatismo e committenza musicale in Italia tra Quattro e Settecento,* Il Mulino, Bologna 1993.

Appley M. H. (Hg.), *Adaptation-Level Theory: A Symposium*, Academic Press, New York 1971.

Argano L., Dalla Sega P., *Nuove organizzazioni culturali. Atlante di navigazione strategica*, Franco Angeli Editore, Mailand 2009.

Aristoteles, *Etica Nicomachea*, hg. von N. Carlo, Gius. Laterza & Figli, Rom-Bari 1999.

Arundhati R. S., „Capitalism: A Ghost Story", in *Outlook India Magazine*, 26. März 2012.

Ashoka Italia, Assifero, *Accogliere la complessità. Verso una comprensione condivisa del finanziamento e supporto al cambiamento sistemico*, 2020 (verfügbar online: http://assifero.org/wp-content/uploads/2020/05/Accogliere-la-complessita%CC%80-Ashoka-e-Assifero.pdf).

Ashoka und McKinsey & Company, *Embracing Complexity. Towards a Shared Understanding of Funding Systems Change*, Januar 2020 (verfügbar online: https://catalyst2030.net/resources/embracing-complexity-report/).

Ashoka und McKinsey & Company, *Influence for Good. How Highly Resourced Individuals Can Work Towards Positive Systemic Change,* April 2022 (verfügbar online: https://www.ashoka.org/en/influence-for-good).

Bancel M., Melandri V. (Hg.), *La campagna di raccolta capitali. Fare fundraising per affrontare le esigenze patrimoniali di un'azienda nonprofit*, Edizioni Philanthropy, Forlì 2007.

Barclays Wealth, in Zusammenarbeit mit Ledbury Research, *Global Giving: The Culture of Philanthropy*, 2010 (verfügbar online: www.issuelab.org/resources/19244/19244.pdf).

Baron-Cohen S., *The Essential Difference: Men, Women and the Extreme Male Brain*, Penguin, London 2003.

Baselmans B. M. L., Bartels M., „A Genetic Perspective on the Relationship Between Eudaimonic – And Hedonic Well-Being", in *Scientific Reports – Nature* 8, 14610, 2018 (verfügbar online: https://doi.org/10.1038/s41598-018-32638-1).

Bear S., Rahman N., Post C., „The Impact of Board Diversity and Gender Composition on Corporate Social Responsibility and Firm Reputation“, in *Journal of Business Ethics* 97, 2, 2010, S. 207-221.

Bekkers R., *Giving and Volunteering in the Netherlands: Sociological and Psychological Perspectives*, Dissertation, Fachbereich Soziologie, Universität Utrecht, Utrecht 2004.

Bekkers R., „Intergenerational Transmission of Volunteering“, in *Acta Sociologica* 50, 2, 2007, S. 99-114.

Bekkers R., „Measuring Altruistic Behavior in Surveys: The All-or-Nothing Dictator Game“, in *Survey Research Methods* 1, 3, 2007, S. 139-144.

Bekkers R., Wiepking P., „A Literature Review of Empirical Studies of Philanthropy: Eight Mechanisms that Drive Charitable Giving“, in *Nonprofit and Voluntary Sector Quarterly* 40, 5, 2011, S. 924-973.

Belfield C. R., Beney A. P., „What Determines Alumni Generosity? Evidence for the UK“, in *Education Economics* 8, 2000, S. 65-80.

Belliard C., *L'Émancipation des femmes à l'épreuve de la philanthropie* (Logiques Historiques), Editions L'Harmattan, Paris 2009.

Bennett R., „Factors Underlying the Inclination to Donate to Particular Types of Charity“, in *International Journal of Nonprofit and Voluntary Sector Marketing* 8, 2003, S. 12-29.

Bernholz L., Skloot E., Varela B., *Disrupting Philanthropy: Technology and the Future of the Social Sector*, Center for Strategic Philanthropy and Civil Society, Sanford School of Public Policy, Duke University, Durham 2010.

Berthier M.-T., Sweeney J.-T., *Histoire des Hospices de Beaune: Vins, domaines et donateurs*, Guy Trédaniel Editeur, Paris 2012.

Bettoni B., *I Gambara e Brescia nell'Italia del tardo Rinascimento. Diplomazia, mecenatismo, cultura e costume*, Franco Angeli Editore, Mailand 2019.

Bishop M., Green M., *Philanthrocapitalism: How the Rich can Save the World*, Bloomsbury Press, New York 2008.

Blanchard K., Samuel T. C., *The Generosity Factor: Discover the Joy of Giving Your Time, Talent, and Treasure*, Zondervan, Grand Rapids 2009.

Blasi C., *Major Donor Fundraising. Massimizzare la raccolta fondi e sviluppare il potenziale dei grandi donatori*, Maggioli Editore, Rimini 2017.

Bloemer V., *Stifterinnen: Frauen erzählen von ihrem Engagement – ein Lesebuch*, Bundesverband deutscher Stiftungen, Berlin 2010.

Bolen J. S., *Urgent Message from Mother: Gather the Women, Save the World*, Conari Press, San Francisco 2003.

Boni De Nobili F., *Caterina Cornaro. Dal Regno di Cipro alla Signoria di Asolo*, De Bastiani Editore, Vittorio Veneto 2012.

Boniwell I., David S. A., Conley Ayers A. (Hg.), *The Oxford Handbook of Happiness*, Oxford University Press, Oxford 2013.

Bornstein D., *How to Change the World: Social Entrepreneurs and the Power of New Ideas*, Oxford University Press, Oxford 2007.

Bortoluzzi Dubach E., *Lavorare con le fondazioni. Guida operativa di fundraising*, Franco Angeli Editore, Mailand 2014.

Bortoluzzi Dubach E., „Stato, mercato e filantropia. Per una nuova agenda culturale“, in *Artribune*, 17. März 2014.

Bortoluzzi Dubach E., *Stiftungen. Der Leitfaden für Antragsteller*, Verlag Helbing und Lichtenhahn, Basel 2021.

Bortoluzzi Dubach E., Frey H., *Sponsoring dalla A alla Z. Manuale operativo*, Skira, Mailand 2014.

Bortoluzzi Dubach E., Frey H., *Mäzeninnen: Denken-Handeln-Bewegen*, Haupt Verlag, Bern 2015.

Bosch I., *Besser spenden! Ein Leitfaden für nachhaltiges Engagement*, C. H. Beck, München 2007.

Bosch I., *Besser spenden! Ein Leitfaden für alle, die sich nachhaltig engagieren*, Neuaufl., Verlag Herder, Freiburg/Breisgau 2021.

Bosch I., Eisfeld J., Bollwinkel G., Alberg-Seberich M., *Geben mit Vertrauen. Wie Philanthropie transformativ wird*, Dreilinden Verlag, Hamburg 2018.

Bosch I., Eisfeld J., Bollwinkel C., *Transformative Philanthropy – Giving with Trust*, Dreilinden Verlag, Hamburg 2018.

Boston Consulting Group, *Global Wealth Report 2021: When Clients Take the Lead* (verfügbar online: https://web-assets.bcg.com/d4/47/64895c544486a7411b06ba4099f2/bcg-global-wealth-2021-jun-2021.pdf).

Braun P., Gampp A. C. (Hg.), *Emilie Linder (1797-1867). Malerin, Mäzenin, Kunstsammlerin*, Christoph Merian Verlag, Basel 2013.

Breeze B., *In Defence of Philanthropy*, Columbia University Press 2021.

Breeze B., Lloyd T., *Richer Lives. Why Rich People Give. Directory of Social Change*, 2. Aufl., London 2013.

Brest P., „The Power of Theories of Change", in *Stanford Social Innovation Review*, Spring 2010.

Brown E., Ferris J. M., „Social Capital and Philanthropy: An Analysis of the Impact of Social Capital on Individual Giving and Volunteering", in *Nonprofit and Voluntary Sector Quarterly* 36, 2007, S. 85-99.

Brown M., Osborn C., *Marketing to the Ultimate Power Consumer – The Baby-Boomer Woman*, American Management Association, New York 2006.

Bruni L., *La pubblica felicità. Economia politica e Political Economy a confronto*, Vita e Pensiero, Mailand 2018.

Bruni L., Zamagni S., *Economia civile. Efficienza, equità, felicità pubblica*, Il Mulino, Bologna 2004.

Burgoyne C. B., Young B., Walker C. M., „Deciding to Give to Charity: A Focus Group Study in the Context of the Household Economy", in *Journal of Community & Applied Social Psychology* 15, 5, 2005, S. 383-405.

Burnett K., *The Zen of Fundraising: 89 Timeless Ideas to Strengthen and Develop Your Donor Relationships*, John Wiley and Sons, Hoboken 2011.

Calderini M., „Come evitare l'impact washing? Ecco i tre criteri", in *Vita*, 14. September 2018.

Campolieti G., *Caterina Cornaro: regina di Cipro, signora di Asolo*, Camunia Editore, Mailand 1987.

Cantoni F., *La resilienza come competenza dinamica e volitiva*, Giappichelli, Turin 2014.

Capek M. E. S., Mead M., *Effective Philanthropy: Organizational Success through Deep Diversity and Gender Equality*, MIT Press, Cambridge 2006.

Capgemini, *World Wealth Report*, 2021 (verfügbar online: https://www.capgemini.com/wp-content/uploads/2021/06/World-Wealth-Report-2021.pdf).

Carazzone C., „Le fondazioni filantropiche? Adesso sostengano organizzazioni, non progetti", in *Vita*, 14. März 2020.

Carducci G., Kiesewetter A., Vallone G., *Studi sul Principato di Taranto in età orsiniana*, Società di Storia Patria per la Puglia, Editrice Tipografica, Bari 2005.

Caroli M., Bulgari M., *Per una nuova filantropia. Riflessioni ed esperienze dal Primo Forum italiano della Filantropia*, Franco Angeli Editore, Mailand 2014.

Carrara M., Arduini S., *Storie di straordinaria filantropia. I ritratti di dieci grandi italiani che hanno costruito il futuro*, Il Sole 24 Ore Editore, Mailand 2011.

Casini L., Pellegrini E. (Hg.), *Donare allo Stato. Mecenatismo privato e raccolte pubbliche dall'Unità d'Italia al XXI secolo*, Il Mulino, Bologna 2018.

Cassiano A., Vetere B., *Dal Giglio all'Orso. I Principi d'Angiò e Orsini del Balzo nel Salento*, Congedo, Galatina 2006.

Castelot A., *Maria de' Medici: un'italiana alla corte di Francia*, Fabbri Editore, Mailand 2000.

Chiosso G., *Carità educatrice e istruzione in Piemonte. Aristocratici, filantropi e preti di fronte all'educazione del popolo nel primo '800*, SEI Editore, Turin 2007.

Clift E. (Hg.), *Women, Philanthropy, and Social Change*, Tufts University Press, Medford 2005.

Clinton B., *Giving: How Each of Us Can Change the World*, Alfred A. Knopf, New York 2007.

Covey S. M. R., *The Speed of Trust*, Free Press, New York 2006.

Covey S. M. R., Link G., Merrill R., *Smart Trust. Creating Prosperity, Energy, and Joy in a Low-Trust World*, Free Press, New York 2013.

Covey S. M. R., Link G., Merrill R., *Smart Trust. La fiducia intelligente*, Franco Angeli Editore, Mailand 2013.

Cox J. C., Deck C. A., „When are Women More Generous than Men?", in *Economic Inquiry* 44, 4, 2006, S. 587-598.

Credit Suisse, *Global Wealth Report 2021* (verfügbar online: https://www.credit-suisse.com/about-us/en/reports-research/global-wealth-report.html).

Croson R., Gneezy U., „Gender Differences in Preferences", in *Journal of Economic Literature* 47, 2, 2009, S. 448-474.

Croson R., Handy F., Shang J., „Gendered Giving: the Influence of Social Norms on the Donation Behavior of Men and Women", in *International Journal of Nonprofit and Voluntary Sector Marketing* 15, 2, 2009, S. 199-213.

Crutchfield L. R., Kania J. V., Kramer M. R., *Do More than Give. The Six Practices of Donors Who Change the World*, Jossey-Bass, San Francisco 2011.

Curry O. S., Rowland L. A., Van Lissa C. J., Zlotowitz S., McAlaney J., Whitehouse H., „Happy to Help? A Systematic Review and Metaanalysis of the Effects of Performing Acts of Kindness on the Well-being of the Actor", in *Journal of Experimental Social Psychology* 76, 2018, S. 320-329.

Cutolo A., *Maria d'Enghien*, Congedo, Galatina 1977.

D'Orazio C., *Mercanti di Bellezza. Trenta storie di mecenati che hanno cambiato il volto dell'Italia*, Rai Eri Editore, Rom 2020.

D'Orsogna D., Sacco P., Scuderi M. (Hg.), *Nuove alleanze. Diritto ed economia per la cultura e l'arte*, Edizioni Arte e Critica, Rom 2015.

Damen M. M., Nicastro McCuistion N., *Women, Wealth, & Giving. The Virtuous Legacy of the Boom Generation*, John Wiley and Sons, Hoboken 2010.

De Narbonne R. (Texte), Tiziou M. (Fotografien), *Hôtel Dieu, Beaune*, Service d'Éditions Régionales, Toulouse 1992.

De Neve K. M., Cooper H., „The Happy Personality: A Meta-Analysis of 137 Personality Traits and Subjective Well-Being", in *Psychological Bulletin* 124, 1998, S. 197-229.

De Vivo I., Lumera D., *Biologia della gentilezza. Le 6 scelte quotidiane per salute, benessere e longevità*, Mondadori, Mailand 2020.

Derrida J., *Donare il tempo. La moneta falsa*, Raffaello Cortina Editore, Mailand 1996.

Dove K. E., *Conducting a Successful Fundraising Program*, Jossey-Bass, San Francisco 2001.

Druyen T., *Goldkinder. Die Welt des Vermögens*, Murmann Verlag, Hamburg 2007.

Druyen T., Lauterbach W., Grundmann M. (Hg.), *Reichtum und Vermögen. Zur gesellschaftlichen Bedeutung der Reichtums- und Vermögensforschung*, VS Verlag für Sozialwissenschaften, Wiesbaden 2009.

Dubini P., *Con la cultura non si mangia. Falso!*, Gius. Laterza & Figli, Rom-Bari 2018.

Ebrahim A., Kasturi Rangan V., „The Limits of Nonprofit Impact: A Contingency Framework for Measuring Social Performance", in *Harvard Business School Working Papers* 2010, S. 10-99.

Elevati C., *Theory of Change. Misurare l'impatto della cooperazione*, 2017 (verfügbar online: slideshare.net/volontariperlosviluppo/theory-of-change-75235000).

Ellis G., Wright R., Hale S. D., *The Little Green Book of Venture Philanthropy*, Social Venture Press, Dallas 2008.

Erkut S., Center for Research on Women, Wellesley College und Wind of Changes Foundation, „Inside Women's Power: Learning for Leaders", *CRW Special Report* 28, ICRW, Washington D.C., 2001.

Essl A., *Wie ein gewebter Teppich. Ein Leben für die Kunst*, Amalthea Verlag, Wien 2012.

Ferrari M. (Hg.), *Costumi educativi nelle corti europee (XIV-XVII secolo)*, University Press, Pavia 2010.

Fiorilli M., Gatti S., *Beni culturali. Fiscalità mecenatismo circolazione*, Editoriale Scientifica, Neapel 2019.

Flanagan J., *Successful Fundraising. A Complete Handbook for Volunteers and Professionals*, Contemporary Books, New York 2002.

Fondation de France und Centre d'Étude et de Recherche sur la Philanthropie, *An Overview of Philanthropy in Europe*, 2015 (verfügbar online: https://efc.issuelab.org/resource/an-overview-of-philanthropy-in-europe.html).

Fondazione Lettera 27 onlus mit Unterstützung durch Fondazione Cariplo, *Linee guida per la raccolta fondi*, 2015 (verfügbar online: www.lettera27.org/lettera27-uploads/2016/09/Fundraising-Guidelines_IT_DEFINITIVO.pdf).

Förster L., *Stiftung und Nachlass,* mit einer Einführung von Ise Bosch, Bundesverband Deutscher Stiftungen, Berlin 2010.

Forum per la Finanza Sostenibile, *Impact Investing: la finanza a supporto dell'impatto socio-ambientale,* 2017 (verfügbar online: https://finanzasostenibile.it/attivita/impact-investing-la-finanza-supporto-dellimpatto-socio-ambientale/).

Fredericks L., *Developing Major Gifts: Turning Small Donors into Big Contributors*, Jones & Bartlett Learning, Burlington 2000.

Fredericks L., *The Ask, for Business, for Philanthropy, for Everyday Living*, John Wiley and Sons, Hoboken 2017.

Freidman L. J., McGarvie M. D., *Charity, Philanthropy and Civility in American History*, Cambridge University Press, Cambridge 2003.

Friedrichs J., *Wir Erben – Warum Deutschland ungerechter wird*, Pieper Verlag, München-Berlin-Zürich 2016.

Fritz T. M., von Schnurbein G., „Beyond Socially Responsible Investing: Effects of Mission-Driven Portfolio Selection", in *Sustainability* 11, 23, 2019, 6812.

Frumkin P., *Strategic Giving: The Art and Science of Philanthropy*, Chicago University Press, Chicago 2006.

Fry R., Cohn D., *Women, Men and the New Economics of Marriage*, Pew Research Center, Washington D.C., 2010 (verfügbar online: www.pewresearch.org/pubs/1466/economics-marriage-rise-of-wives).

Fulton K., Blau A., *Cultivating Change in Philanthropy*, Monitor Company Group, San Francisco 2005.

Gambone J. V., *Refirement: A Boomer's Guide to Life after 50*, Kirk House, Minneapolis 2000.

Garin E. (Hg.), *L'uomo del Rinascimento*, Gius. Laterza & Figli, Rom-Bari 1988.

Gary T., Adess N., *Inspired Philanthropy: Your Step-by-Step Guide to Creating a Giving Plan*, 3. Aufl., Jossey-Bass, San Francisco 2008.

Gaudiani C., *The Greater Good: How Philanthropy Drives the American Economy and Can Save Capitalism*, Owl Books, New York 2004.

Gehringer T., von Schnurbein G., „Die philanthropische Infrastruktur der Schweiz für eine nachhaltige Entwicklung", in Theuvsen L., Andessner R., Gmür M., Greiling D. (Hg.), *Nonprofit-Organisationen und Nachhaltigkeit*, Springer Gabler, Wiesbaden 2017.

Gelmini L., *Mecenatismo e performance delle aziende. Quinto Orazio Flacco e la corporate philanthropy*, TAB Edizioni, Rom 2020.

Gemelli G. (Hg.), *Rischio, responsabilità, riflessività nell'agire filantropico*, Baskerville Editore, Bologna 2004.

Gemelli G., *Religioni e filantropia nel Mediterraneo: tradizioni, simboli e iconografie*, Baskerville Editore, Bologna 2015.

Gotti L., *Hospices de Beaune, La saga d'un hôpital-vigneron*, Éditions Féret, Bordeaux 2009.

Grundy I., *Lady Mary Wortley Montagu*, Oxford Dictionary of National Biography (online), Oxford University Press 2004.

Haibach M., *Frauen erben anders. Mutig mit Vermögen umgehen*, Ulrike Helmer, Königsteig 2001.

Haibach M., *Handbuch Fundraising: Spenden, Sponsoring, Stiftungen in der Praxis* Campus, 5. überarbeitete Aufl., Frankfurt/Main, 2021.

Haibach M., Sprengel R., Stödter H., *Frauen im deutschen Stiftungswesen*, Lehmanns, Berlin 2001.

Haibach M., Uekermann J., *Großspenden-Fundraising – Wege zu mehr Philanthropie. Grundlagen, Strategien und praktische Umsetzung*, 2., neu bearbeitete und erweiterte Aufl., Edition Fundraising Magazin, Dresden 2021.

Hall H., „Power of the Purse: Fund Raisers Fail to Tap Self-Made Wealthy Women", in *Chronicle of Philanthropy*, 17. Februar 2005.

Halphen L., „Il regno di Borgogna", in *Storia del mondo medievale*, Cambridge-Garzanti, Mailand 1999, Bd. II.

Haskell F., *Mecenati e pittori: l'arte e la società italiana nell'epoca barocca*, Einaudi Editore, Turin 2019.

Hayden Rector M., *Alva, That Vanderbilt-Belmont Woman*, Dutch Island Press, Wickford 1992.

Helmig B., Hunziker B., *Stifterstudie Schweiz*, Verbandsmanagement-Institut der Universität Freiburg, Freiburg 2005.

Hersberger-Langloh S., „Between Donors and Beneficiaries: Towards a Theory of Dynamic Two-Sided Markets", *Voluntary Sector Review* 2021 (verfügbar online: doi.org/10.1332/204080521X16118348043171).

Hillman J., *Il codice dell'anima*, Adelphi, Mailand 1997.

Hillman J., *Charakter und Bestimmung. Eine Entdeckungsreise zum individuellen Sinn des Lebens*, Goldmann, München 1998.

Hodge J. M., „Major Gifts", in Tempel E. R., Seiler T. L., Burlingame D. F., *Achieving Excellence in Fundraising*, John Wiley and Sons, Hoboken 2016.

Hoelscher P., Ebermann T., Schlüter A. (Hg.), *Venture Philanthropy in Theorie und Praxis* (Maecenata Schriften 7), De Gruyter, Berlin 2010.

Hollingsworth M., *I grandi mecenati del Rinascimento italiano*, Viviani Editore, Rom 1993.

Hughes J. E. Jr., *Family Wealth – Keeping It in the Family*, Bloomberg Press, New York 2004.

Hunter D. E. K., *Working Hard & Working Well: A Practical Guide to Performance Management*, Hunter Consulting LLC, Meridian 2013.

Hunter D. E. K., *Working Hard & Working Well: Guida pratica al Performance Management*, it. Ausgabe in Zusammenarbeit mit Fondazione Lang Italia, hg. von S. Castello, Hunter Consulting LLC, Meridian 2013.

Irwin-Wells S., Melandri V. (Hg.), *Chiedere e ottenere grandi donazioni. Come realizzare la strategia di fund raising rivolta ai grandi donatori*, Edizioni Philanthropy, Forlì 2007.

Israel D. K., „Charitable Donations: Evidence of Demand for Environmental Protection?“, in *International Advances in Economic Research* 13, 2007, S. 171-182.

Italia non profit, *Global Trends in Giving 2020* (verfügbar online: https://italianonprofit.it/risorse/guide/global-trends-in-giving-2020/).

Jacks P., Caferro W., *Gli Spinelli di Firenze: mercadanti e mecenati nel Rinascimento*, Edifir Edizioni, Florenz 2013.

Jamal A., McKinnon H., *The Power of Giving*, Tides Canada Foundation, Vancouver 2005.

Jolliffe D., Farrington D. P., „Development and Validation of the Basic Empathy Scale“, in *Journal of Adolescence* 29, 4, 2005, S. 589-611.

Jung J., *Lydia Welti-Escher (1858–1891)*, mit einer Einführung von Hildegard Elisabeth Keller, NZZ Verlag, Zürich 2013.

Jung T., Phillips S., Harrow J. (Hg.), *The Routledge Companion to Philanthropy*, Routledge, Abingdon-New York 2016.

Kamas L., Preston A., Baum S., „Altruism in Individual and Joint-Giving Decisions. What's Gender Got to Do With It?“, in *Feminist Economics* 14, 2008, S. 23-50.

Karsten A., *Künstler und Kardinäle: vom Mäzenatentum römischer Kardinalnepoten im 17. Jahrhundert*, Böhlau, Köln-Weimar-Wien 2003.

Kartoff P. H. (Hg.), *Just Money: A Critique of Contemporary American Philanthropy*, Philanthropic Initiative, Boston 2004.

Kartoff P. H., Maddox J., *The World We Want: New Dimensions in Philanthropy and Social Change*, AltaMira Press, Blue Ridge Summit 2007.

Kass A. (Hg.), *Giving Well, Doing Well: Readings for Thoughtful Philanthropists*, Indiana University Press, Bloomington 2008.

Kihlstedt A., *Capital Campaigns. Strategies that Work*, 4. Aufl., Jones & Bartlett Learning, Burlington, Massachussetts 2016.

Knight Frank, *The Wealth Report 2020* (verfügbar online: https://content.knightfrank.com/content/pdfs/global/the-wealth-report-2020.pdf).

Kocka J., Frey M. (Hg.), *Bürgerkultur und Mäzenatentum im 19. Jahrhundert,* Fannei und Walz Verlag, Berlin 1998.

Kolm S.-C., Ythier J. M. (Hg.), *Handbook of the Economics of Giving, Altruism and Reciprocity*, 2 Bde., Elsevier, Amsterdam 2006.

Kottasz R., „Differences in the Donor Behavior Characteristics of Young Affluent Males and Females: Empirical Evidence from Britain“, in *Voluntas* 15, 2004, S. 181-203.

Kou X., Hayat A. D., Mesch D. J., Okonkwo Osili U., „The Global Dynamics of Gender and Philanthropy in Membership Associations: A Study of Charitable Giving by Lions Clubs International Members", in *Nonprofit and Voluntary Sector Quarterly* (online), 24. September 2013.

Kouzes J. M., Posner B. Z., *A Leader's Legacy*, Jossey-Bass, San Francisco 2006.

Kunneman M., Gionfriddo M. R., Toloza F. J. K., Gärtner F. R., Spencer-Bonilla G., Hargraves I. G., Erwin P. J., Montori V. M., „Humanistic Communication in the Evaluation of Shared Decision Making: A Systematic Review", in *Patient Education and Counseling* 102, 2019, S. 452-466.

Landensperger C., *Der Künstler zwischen Sponsoring und Mäzenatentum: die Bedeutung der privatwirtschaftlichen Kunstförderung für den künstlerischen Nachwuchs*, VDG, Weimar 2002.

Lauterbach W., Hartmann M., Ströing M., *Reichtum, Philanthropie und Zivilgesellschaft*, Springer Verlag, Wiesbaden 2014.

Leap of Reason Ambassadors Community, *The Performance Imperative. Un modello per l'eccellenza nel settore sociale*, 2015 (verfügbar online: www.fondazionelangitalia.it/wp-content/uploads/2015/07/Performance_Imperative_1-0_web.pdf).

Leonardi A., *The taste of virtuosi. Collezionismo e mecenatismo in Italia 1400-1900*, Edifir Edizioni, Florenz 2018.

Levinson M., *Guide to Financial Markets: Why They Exist and How They Work*, The Economist Books, London 2018.

Lipman-Blumen J., Fryling T., Henderson M. C., Webster Moore C., Vecchiotti R., *Women in Corporate Leadership: Reviewing A Decade's Research* (Special Report 14, Wellesley College Center for Research on Women), Wellesley 1996 (verfügbar online: www.wcwonline.org).

List J., „Young, Selfish and Male: Field Evidence of Social Preferences", in *Economic Journal* 114, 2004, S. 121-149.

Lyubomirsky S., *The How of Happiness*, Penguin Books, New York 2007.

Lyubomirsky S., Sheldon K. M., Schkade D., „Pursuing Happiness: The Architecture of Sustainable Change", in *Review of General Psychology* 9, 2005, S. 111-131.

MacDonald N., Tayart de Borms L., *Philanthropy in Europe. A Rich Past, a Promising Future*, Alliance Publishing Trust, London 2008.

MacIntyre A., *After Virtue*, 3. Aufl., University of Notre Dame Press, Notre Dame 2007.

Mäder U., Jeyaratnam G., Schilliger S., *Wie Reiche denken und lenken. Reichtum in der Schweiz: Geschichte, Fakten, Gespräche*, Rotpunktverlag, Zürich 2010.

Mariotti Masi M. L., *Maria de' Medici*, Ugo Mursia Editore, Mailand 2006.

Marquis Who's Who, *Who's Who of American Women* 2020 (verfügbar online: https://marquiswhoswho.com).

Martina L., „L'ecosistema della Filantropia Strategica", in *Philanthropy Insight* 3, 2015, S. 5-7.

Martinoni M., „5 buoni motivi per cambiare idea sulla pianificazione strategica", in *The Fundraising School*, 3. Mai 2018.

Marx J. D., „Women and Human Services Giving", in *Social Work* 45, 2000, S. 27-38.

Mauss M., *Die Gabe. Die Form und Funktion des Austauschs in archaischen Gesellschaften*, Vorw. E. E. Evans-Pritchard, Übers. Eva Moldenhauer, Suhrkamp, Frankfurt 1968.

Mauss M., *Saggio sul dono. Forma e motivo dello scambio nelle società arcaiche*, Einaudi Editore, Turin 2002.

Mazzetti Di Pietralata C., Amendola A., *Gli Orsini e i Savelli nella Roma dei papi. Arte e mecenatismo di antichi casati dal feudo alle corti barocche europee*, Silvana Editoriale, Mailand 2018.

McCarthy K. D., *The Ms. Foundation: A Case Study in Feminist Fundraising*, Center for the Study of Philanthropy, Graduate School and University Center, City University of New York 1995 (verfügbar online: www.philanthropy.org/publications/online_publications/ms.pdf).

McCarthy K. D., *Women, Philanthropy, and Civil Society*, Indiana University Press, Bloomington 2001.

McKinsey & Company, *Reimagining European Philanthropy* 2020 (verfügbar online: www.mckinsey.com/~/media/McKinsey/Industries/Public%20and%20Social%20Sector/Our%20Insights/Reimagining%20European%20philanthropy/Reimagining-european-philanthropy-vF2.pdf).

McMahon D. M., „The Quest for Happiness", in *Wilson Quarterly*, Winter 2005.

Melandri V., „Come trovare i grandi donatori e mantenerli", in *Il Sole 24 Ore, Terzo Settore* 3, März 2009, S. 51-55.

Melandri V., „Come chiedere una donazione: psicologia e strumenti utili", in *Il Sole 24 Ore, Terzo Settore* 4, April 2009, S. 52-56.

Melandri V., *Manuale di fundraising. Fare raccolta fondi nelle organizzazioni nonprofit e negli enti pubblici*, Maggioli Editore, Rimini 2012.

Melandri V., *Fundraising. Il manuale più completo per fare raccolta fondi*, Maggioli Editore, Rimini 2017.

Melandri V., Breeze B., *I nuovi fundraiser. Perché chi chiede è più importante di chi dona*, Edizioni Philanthropy, Maggioli Editore, Rimini 2019.

Melandri V., Masacci A., *Fund Raising per le organizzazioni non profit*, Il Sole 24 Ore Editore, Mailand 2004.

Mesch D. J., *Women Give 2010 Report. New Research about Women and Giving*, Center on Philanthropy, Indiana University Lilly Family School of Philanthropy, Indianapolis 2011 (verfügbar online: https://philanthropy.iupui.edu/files/file/women_give_2010_report.pdf).

Mesch D. J., „Women's Philanthropy Institute at Indiana University", in *Women Give Research Report 2012*, Center on Philanthropy, Indiana University, Lilly Family School of Philanthropy, Indianapolis 2012.

Mesch D. J., Brown M. S., Moore Z. I., Amir D. H., „Gender Differences in Charitable Giving", in *International Journal of Nonprofit and Voluntary Sector Marketing* 16, 4, 2011, S. 291-297.

Mesch D. J., Rooney P. M., Steinberg K. S., Denton B., „The Effects of Race, Gender, and Marital Status on Giving and Volunteering in Indiana", in *Nonprofit and Voluntary Sector Quarterly* 35, 2006, S. 565-587.

Mezer S., Schulze E., „Stiften Frauen anders? Untersuchung zu Frauen im deutschen Stiftungswesen", in *Zeitschrift für Bevölkerungswissenschaft* 32, 1-2, 2007, S. 205-232.

Miglietta A., Quaglia G., *I nuovi orizzonti della filantropia. La Venture Philanthropy*, Cittadella Editrice, Assisi 2015.

Milligan K., Schwab N., *The Inner Path to Become a Systems Entrepreneur*, 2017 (verfügbar online: https://skoll.org/2017/03/27/the-inner-path-to-become-a-systems-entrepreneur/).

Moody M., Breeze B., *The Philanthropy Reader*, Routledge, Abingdon-New York 2016.

Mustillo S. A., Wilson J., Lynch Scott M., „Legacy Volunteering: A Test of Two Theories of Intergenerational Transmission", in *Journal of Marriage and Family* 66, 2, 2004, S. 530-541.

Nke F., *Les affres de la philanthropie. Essai sur* l'imaginaire, *la dignité et la bêtise dans le monde globalisé*, Editions L'Harmattan, Paris 2017.

Ottoni-Wilhelm M., Bekkers R., „Helping Behavior, Dispositional Empathic Concern, and Principle of Care", in *Social Psychology Quarterly* 73, 1, 2010, S. 11-32.

Ottoni-Wilhelm M., Brown E., Rooney P. M., Steinberg R., „The Intergenerational Transmission of Generosity“, in *Journal of Public Economics* 92, 10-11, 2008, S. 2146-2156.

Panas J., *Asking. A 59-Minute Guide to Everything Board Members, Volunteers and Staff Must Know to Secure Gift*, Emerson & Church, Medfield 2013.

Pantrini P., *Sviluppo e diffusione della filantropia strategica: il ruolo di Fondazione Lang Italia* (Percorsi di secondo welfare), Turin 2016.

Park S. Q. , Kahnt T., Dogan A., Strang S., Fehr E., Tobler P. N., „A Neural Link between Generosity and Happiness“, in *Nature Communication,* 11. Juli 2017, S. 1-10.

Parolini C., *Come costruire un business plan*, Paravia, Turin 1999.

Parsi M. R., *Ingrati. La sindrome rancorosa del beneficato*, Mondadori, Mailand 2012.

Pastore M., *Il codice di Maria d'Enghien*, Congedo, Galatina 1979.

Pecunia Das ErbinnenNetzwerk e.V. (Hg.), *Wir Erbinnen: Frauen übernehmen Verantwortung*, Buch-HandelsGesellschaft, Lübeck 2016.

Perlmutter Felice D., *Women and Social Change. Nonprofit and Social Policy*, National Association of Social Workers, Washington D.C. 1994.

Perry G., *Fired-Up Fundraising: Turning Board Passion into Action*, John Wiley and Sons, Hoboken 2007.

Philanthropy. Webster's Quotations, Facts and Phrases, Icon Group International 2010.

Phineo, Thesenpapier *Initiative #VertrauenMachtWirkung – Ihre Ideen für die Stiftung der Zukunft*, 2019 (verfügbar online: https://www.phineo.org/projekte/initiative-vertrauen-macht-wirkung).

Pierri P. (Hg.), *Filantropia. Attori, caratteristiche e prospettive in Italia*, AIPB Editore, Mailand 2019.

Piovanello L., *Filantropie. Sfide e visioni delle famiglie imprenditoriali italiane*, Gius. Laterza & Figli, Rom-Bari 2017.

Powell A., Wolf Ditkoff S., Twersky F., „How Philanthropic Collaborations Succeed, and Why They Fail“, in *Stanford Social Innovation Review*, 10. Juli 2019 (verfügbar online: https://ssir.org/articles/entry/how_philanthropic_collaborations_succeed_and_why_they_fail).

Pregla C., *Maecenas Erben. Vom Mäzenatentum zum Sponsoring? Gründungsideen und heutige Organisationsformen deutschsprachiger Kultureinrichtungen in Italien* (Opusculum 38), Maecenata-Institut für Philanthropie und Zivilgesellschaft, Berlin 2009 (verfügbar online: http://www.maecenata.eu/publikationen/reihe-opuscula).

Prince R. A., File K. M., *The Seven Faces of Philanthropy. A New Approach to Cultivating Major Donors*, Jossey-Bass, San Francisco 2001.

Pulcini E., *La cura del mondo. Paura e responsabilità nell'età globale*, Bollati-Boringhieri, Turin 2009.

Rahman R., Fenech M., Freeman N., Herbst K., Matielo D., „Let's Bust the Lone Hero Myth: The Role of Collective Leadership in Systems Change“, in *Social Innovations Journal*, 30. November 2018 (verfügbar online: https://socialinnovationsjournal.org/editions/issue-52/75-disruptive-innovations/2908-let-s-bust-the-lone-hero-myth-therole-of- collective-leadership-in-systems-change).

Raymond S. U., *The Future of Philanthropy, Economics, Ethics and Management*, John Wiley and Sons, Hoboken 2004.

[Redaktion], „La Venture Philanthropy. Il modello di venture capital applicato all'economia delle organizzazioni non profit“, in *Vita*, 16. Februar 2008.

Reich R., *Just Giving: Why Philanthropy Is Failing Democracy and How It Can Do Better*, Princeton University Press, Princeton 2018.

Roazzi V. M., *The Spirituality of Success: Getting Rich with Integrity*, Brown Books, Dallas 2002.

Robinson K., Kennedy N., Harmon D., „Happiness: A Review of Evidence Relevant to Occupational Science", in *Journal of Occupational Science* 19, 2, 2012, S. 150-164.

Rockefeller Philanthropy Advisors, „Next Gen Philanthropy: Finding the Path between Tradition and Innovation", *Philanthropy Roadmap*, August 2017 (verfügbar online: https //www.rockpa.org/wp-content/uploads/2017/08/RPA.3747_Next_Gen_Philanthropy_digital_MA.pdf).

Rockefeller Philanthropy Advisors, „The Giving Commitment: Knowing Your Motivation", *Philanthropy Roadmap*, August 2017 (verfügbar online: https://www.rockpa.org/wp-content/uploads/2017/08/Knowing_Your_Motivation.pdf).

Rockefeller Philanthropy Advisors, „Launching Your Own Major Project", *Philanthropy Roadmap*, August 2017 (verfügbar online: https://www.rockpa.org/wp-content/uploads/2017/08/RPA.3747_Launching_a_Major_Philanthropic_Project_digital.pdf).

Rockefeller Philanthropy Advisors, „Talking to Your Family about Philanthropy", *Philanthropy Roadmap*, August 2017 (verfügbar online: https://www.rockpa.org/wp-content/uploads/2017/08/Talking-to-Your-Family-About-Philanthropy.pdf).

Rockefeller Philanthropy Advisors, „Finding Your Focus in Philanthropy: What Challenges Will You Tackle and What Do You Want to Achieve?", *Philanthropy Roadmap*, August 2018 (verfügbar online: https://www.rockpa.org/wp-content/uploads/2017/08/Finding-Your-Focus.pdf).

Rockefeller Philanthropy Advisors, „Scaling Solutions Toward Shifting Systems: Approaches for Impact, Approaches for Learning", Oktober 2018 (verfügbar online: https://www.rockpa.org/wp-content/uploads/2018/10/10-20-RockPA-Scaling-Solutions-02-WEB-1.pdf).

Rockefeller Philanthropy Advisors, „Scaling Solutions Toward Shifting Systems: Assessing Systems Change: A Funders' Workshop Report July 29 – August 1, 2019", August 2019 (verfügbar online: https://www.rockpa.org/wp-content/uploads/2019/10/Assessing-Systems-Change-A-Funders-Workshop-Report-Rockefeller-Philanthropy-Advisors-August-2019.pdf).

Rooney P. M., Brown E., Mesch D. J., „Who Decides in Giving to Education? A Study of Charitable Giving by Married Couples", in *International Journal of Educational Advancement* 7, 3, 2007, S. 229-242.

Rosso H., Tempel E. R., Melandri V., *Il libro del fundraising*, Etas, Mailand 2004.

Ruhbaum A., *Elisabeth von Herzogenberg. Salon – Mäzenatentum – Musikförderung*, Centaurus Verlag, Kenzingen 2009.

Rutsch F., *Seven Steps for Funding System Change. A Comprehensive Guide for Funders, by Social Entrepreneurs*, Dezember 2019 (verfügbar online: https://lac.ashoka.org/sites/default/files/atoms/files/Seven%20Steps%20for%20Funding%20 System%20Change_0.pdf).

Saner R., Yiu L., *Financing Education in Developing Countries: Philanthropic Organizations Need to Monitor their Investment for Impact* (CEPS Working Paper Series 15), CEPS, Basel 2019.

Santagata W., *Simbolo e merce. I mercati dei giovani artisti e le istituzioni dell'arte contemporanea*, Il Mulino, Bologna 1998.

Schäfer-Gümbel T., Baum G. (Hg.), *Eigentum verpflichtet. 14 mal Artikel 14(2) Grundgesetz: Sein Gebrauch soll zugleich dem Wohle der Allgemeinheit dienen*, Dielmann, Frankfurt 2015.

Schiavi G., *L'angelo invisibile. La vera storia del benefattore anonimo che aiuta chi è rimasto indietro*, Feltrinelli, Mailand 2014.

Schmitz R. (Hg.), *Henriette Herz in Erinnerungen, Briefen und Zeugnissen*, Die andere Bibliothek, Berlin 2013.

Schulze E., „Stifterinnen und Stifter im deutschen Stiftungswesen. Eine Analyse der Motive, Ziele und Werte", in Druyen T., Lauterbach W., Grundmann M. (Hg.), *Reichtum und Vermögen. Zur gesellschaftlichen Bedeutung der Reichtums- und Vermögensforschung*, Springer Verlag, Wiesbaden 2009, S. 173 ff.

Schütz D., *Milliardäre. Zehn Superreiche – und die grosse Frage: Macht Geld glücklich?* Beobachter Verlag, Zürich 2021.

Schwab Foundation, World Economic Forum, *Beyond Organizational Scale: How Social Entrepreneurs Create Systems Change*, 2017 (verfügbar online: https://www3.weforum.org/docs/WEF_Schwab_Foundation_Systems_Report_2017.pdf).

Schwartz S. H., Rubel Lifschitz T., „Sex Differences in Value Priorities: Cross-Cultural and Multimethod Studies", in *Journal of Personality and Social Psychology* 89, 6, 2005, S. 1010-1028.

Secchi Tarugi L. (Hg.), *Mecenati, artisti e pubblico nel Rinascimento* (Atti del XXI Convegno internazionale dell'Istituto di Studi Umanistici Francesco Petrarca, Pienza/ Chianciano Terme, Juli 2009), Franco Cesati Editore, Florenz 2009.

Sergeant A., Jay E., *Fundraising Management: Analysis, Planning and Practice*, Routledge, Abingdon-New York 2014.

Shaffer A., Troll T. „Let's Change the System, Not the Symptoms", in *Philanthropy News Digest*, 5. April 2019 (verfügbar online: https://philanthropynewsdigest.org/columns/alliance-pnd/let-s-change-the-system-not-the-symptoms).

Shaw-Hardy S., *Creating a Women's Giving Circle: A Handbook*, Women's Philanthropy Institute, Madison 2000.

Shaw-Hardy S., Taylor M. A. (Hg.), *The Transformative Power of Women's Philanthropy* (New Directions for Philanthropic Fundraising 50), John Wiley & Sons, Hoboken 2006.

Shaw-Hardy S., Taylor M., Beaudoin-Schwartz B., *Women and Philanthropy. Boldly Shaping a Better World*, Jossey-Bass, San Francisco 2010.

Simmons W. O., Emanuele R., „Male-Female Giving Differentials. Are Women More Altruistic?", in *Journal of Economic Studies* 34, 6, 2007, S. 534-550.

Singer P., *The Most Good You Can Do: How Effective Altruism is Changing Ideas About Living Ethically*, Yale University Press, New Haven 2015.

Skoe E. E. A., Cumberland A., Eisenberg N., Hansen K., Perry J., „The Influences of Sex and Gender-Role Identity on Moral Cognition and Prosocial Personality Traits", in *Sex Roles: A Journal of Research* 46, 9-10, 2002, S. 295-309.

Smeets P. M., Whillans A., Bekkers R., Norton M. I., „Time Use and Happiness of Millionaires: Evidence from the Netherlands", in *Social Psychological and Personality Science* 11, 3, 2019, S. 295-307.

Smith J. W., Clurman A., *Generation Ageless: How Baby-Boomers Are Changing the Way We Live Today… And They're Just Getting Started*, HarperCollins, New York 2007.

Soares R., Marquis C., Lee M., *Gender and Corporate Social Responsibility: It's a Matter of Sustainability*, Catalyst 2011 (verfügbar online: www.catalyst.org/file/522/gender_and_corporate_social_responsibility_final.pdf.).

Somaini A. (Hg.), *Il dono. Offerta, ospitalità, insidia*, Charta Editore, Mailand 2001.

Sordiglioni G., *Database per il fundraising, Come gestire efficacemente le informazioni per la raccolta fondi*, Maggioli Editore, Rimini 2014.

Sprinkel Grace K., *Beyond Fundraising. New Strategies for Nonprofit Innovation and Investment*, 2. Aufl., John Wiley and Sons, Hoboken 2011.

Sprinkel Grace K., Wendroff A. L., *High Impact Philanthropy*, John Wiley and Sons, Hoboken, 2001.

Stefanini F., *How to Build Public Trust by Advanced International Fundraising Models: a Case Study*, Masterarbeit, Institute of Fundraising Academy, London 2018.

Stühlinger S., Schmucki L., „Wie finde ich das passende Impact Investment? Hilfreiche Kriterien im Überblick", in *Expert Focus* April 2021, S. 184-188.

Sulek M., „On the Modern Meaning of Philanthropy", in *Nonprofit and Voluntary Sector Quarterly* 39, 2, 2010, S. 193-212.

Taplin D. H., Clark H., *Theory of Change Basics*, ActKnowledge, New York 2013.

Tempel E. R., Seiler T. L., Burlingame D. F., *Achieving Excellence in Fundraising*, 4. Aufl., John Wiley and Sons, Hoboken 2016.

The European Fine Art Foundation, Petterson A., *TEFAF Art Market Report: Art Patronage in the 21st Century* 2020 (verfügbar online: https://arttactic.com/product/tefaf-art-market-report-2020-art-patronage-in-the-21st-century/).

Timmer K., *Stiften in Deutschland. Die Ergebnisse der Stifter-Studie*, Bertelsmann-Stiftung, Gütersloh 2005.

Togoh I., „'Please Tax Us': Dozens of Millionaires Urge Governments to Tax the Rich to Pay for Coronavirus Impact", *Forbes*, 13. Juli 2020.

Trevor-Roper H., *Principi e artisti. Mecenatismo e ideologia alla corte degli Asburgo (1517-1633)*, Einaudi Editore, Turin 1980.

Trust-Based Philanthropy Project, *Trust-Based Philanthropy in 4D*, Oktober 2021 (verfügbar online: https://static1.squarespace.com/static/607452f8ad01dc4dd54fc41f/t/61606874440b79448fb082c3/1633708148997/TBP+in+4D_Oct2021.pdf).

Trust-Based Philanthropy Project, *Trust-Based Philanthropy: An Approach*, undatiert (verfügbar online: https://thewhitmaninstitute.org/wp-content/uploads/TBPP-2-pager.pdf).

UBS und PwC, *Billionaires Insights 2021: Riding the Storm. Market Turbulence Accelerates Diverging Fortunes* (verfügbar online: https://www.pwc.ch/en/publications/2020/UBS-PwC-Billionaires-Report-2020.pdf).

UBS und The Hauser Institute for Civil Society – Harvard University, *From Prosperity to Purpose. Perspectives on Philanthropy and Social Investment among Wealthy Individuals in Latin America* 2015 (verfügbar online: https://cpl.hks.harvard.edu/prosperity-purpose-perspectives-philanthropy-and-social-investment).

Urselmann, M. (Hrsg.), *Handbuch Fundraising*, 2. Aufl., Springer Gabler Verlag, Wiesbaden 2020.

Vallely P., „How Philanthropy Benefits the Super-Rich", in *The Guardian*, 8. September 2020.

Vallely P., *How Philanthropy Benefits the Super-Rich*, Bloomsbury Publishing, London 2020.

Vello P. M., Reolon M., *La società generosa*, Feltrinelli-Vita, Mailand 2014.

Vita De Giorgi M., *Sponsorizzazione e mecenatismo* (Le Monografie di Contratto e Impresa), Editore Cedam, Padua 1988.

Vogel P., Eichenberger E., Kurak M., *Family Philanthropy Navigator. The Inspirational Guide for Philanthropic Families on Their Giving Journey*, IMD International, Lausanne 2020.

von Peter F., „Philanthropie und Family Office – Stiftungstrategien für private Großvermögen", in Richter A., Wachter T. (Hg.), *Handbuch des internationalen Stiftungsrechts*, Zerb, Bonn 2007, S. 21ff.

von Schnurbein G., Bethmann S., *Philanthropie in der Schweiz* (CEPS Forschung und Praxis 1), Basel Center for Philanthropy Studies (CEPS), Basel 2010.

von Schnurbein G., Fritz T., *Philanthropie für die Wissenschaft. Wie die Schweizer Stiftungen die Forschung unterstützen* (CEPS Forschung und Praxis 11), Basel Center for Philanthropy Studies (CEPS), Basel 2014.

von Schnurbein G., Rey-Garcia M., Neumayr M., „Contemporary Philanthropy in the Spotlight: Pushing the Boundaries of Research on a Global and Contested Social Practice“, in *Voluntas* 32, 2021, S. 185-193.

Walton A., *Women and Philanthropy in Education*, IU Press, Bloomington 2005.

Warrington, T., „Boom. Marketing to the Ultimate Power Consumer – The Baby Boomer Woman“, in *Journal of Consumer Marketing*, 24, 3, 2007, S. 182-183 (verfügbar online: https://doi.org/10.1108/07363760710746193).

Wealth-X, *The Wealth-X Billionaire Census 2021* (verfügbar online: https://go.wealthx.com/2021-billionaire-census).

Wealth-X, *World Ultra Wealth Report 2021 Findings* (verfügbar online: https://go.wealthx.com/world-ultra-wealth-report-2021).

Wealth-X, *Ultra High Net Worth Philanthropy Report 2022,* (verfügbar online: https://go.wealthx.com/download-ultra-high-net-worth-philanthropy-report-2022?utm_source=press&utm_medium=referral&utm_campaign=wx_uhnwphilanthropy2022_2022-01-26)

Weisman C., *Fundraising Superheroes*, F. E. Robbins & Sons, St. Louis 2009.

Wiepking P. u. a., „Global Philanthropy: Does Institutional Context Matter for Charitable Giving?“, in *Nonprofit and Voluntary Sector Quarterly*, 50, 4, 2021 (verfügbar online: doi.org/10.1177/0899764021989444).

Wiepking P., (Hg.), *The State of Giving Research in Europe. Household Donations to Charitable Organizations in Twelve Countries*, Pallas Publications (Amsterdam University Press), Amsterdam 2009.

Wiepking P., Bekkers R., „Does Who Decides Really Matter? Causes and Consequences of Personal Financial Management in the Case of Larger and Structural Charitable Donations“, in *Voluntas* 21, 2010, S. 240-263.

Wiepking P., De Wit A., „Unrestricted Impact: Field Note on a Mixedmethod Project Studying the Effects of Unrestricted Funding on Grantees' Organisational and Project Impact“, in *International Review of Philanthropy and Social Investment* 1, 1, 2020, S. 97-98.

Wiepking P., Einolf C., *Cross-National Gender Differences in Giving. An International Perspective*, Vortrag beim 22. Symposium des Center on Philanthropy der Indiana University, Chicago 2011.

Wilmington Trust und Campden Research, „The New Wealth Paradigm: How Affluent Women are Taking Control of their Futures“, in *Campden FB Magazine* 43, 2009.

World Values Survey, *European and World Values Surveys: Fourwave Integrated Data File 1981-2004*, 2006 (verfügbar online: http://www.worldvaluessurvey.org/WVSContents.jsp?CMSID=intinfo).

Wymer W., „The Implications of Sex Differences on Volunteer Preferences“, in *Voluntas* 22, 2011, S. 831-851.

Yen S. T., „An Econometric Analysis of Household Donations in the USA“, in *Applied Economics Letters* 9, 2002, S. 837-841.

Yörük Bari K., „Charitable Giving by Married Couples Revisited“ in *The Journal of Human Resources* 45, 2010, S. 497-516.

Zamagni S. (Hg.), *Dalla quantità al merito. Una proposta per valutare gli istituti culturali* (Paradoxa VIII, 4), Fondazione Internazionale Nuova Spes, Rom 2014.

Zamagni S., Venturi P., Rago S., „Valutare l'impatto sociale. La questione della misurazione nelle imprese sociali“, in *Impresa sociale* 6, 2015, S. 77-97.

Zanella E., *Professione Fundraiser. Ruolo, competenze, strumenti e tecniche*, Franco Angeli Editore, Mailand 2015.

Žižek S., „La nuova beneficenza dei capitalisti“, in *Internazionale* 869, 24. Oktober 2010.

Zeitschriften

www.agcult.it
www.artribune.com
www.che-fare.com
www.die-stiftung.de
www.donorrelationsguru.com
www.exibart.it
www.forbes.com
www.fundraiser-magazin.de
www.givingmagazine.com
www.handelszeitung.ch/bilanz
www.insidephilanthropy.com
https://italianonprofit.it
www.manager-magazin.de
www.news.harvard.edu/gazette
www.philanthropy.com
www.philanthropy-impact.org
www.secondowelfare.it
www.stiftung-sponsoring.de
www.thephilanthropist.ch
www.ticinowelcome.ch
www.vita.it
www.we-wealth.com

Websites, Branchenblogs und Datenbanken

www.acri.it
www.afpglobal.org
www.ariadne-network.eu
www.artbonus.gov.it
www.ashoka.org
www.assif.it
www.assifero.org
www.axonfintech.com
www.baypath.edu
www.blogfundraising.it
https://blogs.kent.ac.uk/philanthropy/
www.cantiereterzosettore.it
www.ceps.unibas.ch
www.cgap.org.uk
www.charitywatch.org
www.cof.org
www.communityfoundationatlas.org
https://data.worldbank.org
www.donorsearch.net
www.elenazanella.it
www.ernop.eu
www.evpa.eu.com
www.festivaldelfundraising.it
www.fitzcarraldo.it
www.fondazionelangitalia.it
www.foundationcenter.org
www.fundersonline.org/
www.fundraising.co.uk
www.fundraising.it
www.fundraisingkmzero.it
www.fundraisingnow.wordpress.com
www.fundraisingschool.it
www.fundraiso.ch
www.giving.nl
www.givingusa.org
www.givingwomen.ch
https://globalindices.iupui.edu
www.institute-of-fundraising.org.uk
www.inwf.org
https://maecenas.at/
www.maecenata.eu
www.major-giving-institute.org
www.pecunia-erbinnen.net
www.philea.eu
https://philanthropy.iupui.edu
www.pierriphilanthropy.com
www.profonds.org
www.renebekkers.wordpress.com
www.rockpa.org
www.stiftungschweiz.ch
www.swissfoundations.ch
www.swissfundraising.org
www.transnationalgiving.eu
www.unige.ch/philanthropie/fr/
www.valeriomelandri.it
www.wealthx.com
www.wiepking.com/
www.wingsweb.org